南京特殊教育师范学院学习贯彻党的二十大精神与校庆四十周年专项课题(重点项目)：行政伦理视域下淬炼自我革命锐利思想武器防治腐败研究(编号：2022NTSXSXZX01)

U0663122

伦理的力量：

先秦儒家行政伦理思想研究

高 云◎著

东南大学出版社
SOUTHEAST UNIVERSITY PRESS
·南京·

内容提要

先秦儒家行政伦理思想博大精深、内涵丰富的超越性价值,凝聚着古圣先贤们的政治智慧和管理经验。自创始人孔子提出为政以德之后,孟子、荀子等儒家先哲则予以继承并不断丰富发展,他们以修身、齐家、治国、平天下为己任,奉行内圣外王,认为统治者要实施德治仁政,要以德修身,要以民为本,并能做到选贤使能、礼法并用,同时还提出了具体的行政伦理道德规范。

本书旨在对先秦儒家行政伦理思想进行挖掘、爬梳和整理,试图勾勒出内在的逻辑脉络,使之以理论化、体系化的形式呈现。本书由六大部分构成,具体为:先秦儒家行政伦理思想形成的历史渊源及发展脉络;先秦儒家行政伦理的基本原则;先秦儒家行政伦理道德规范;尚贤使能的人事行政伦理思想;先秦儒家行政伦理的制度设计;先秦儒家行政伦理思想的当代启示。

图书在版编目(CIP)数据

伦理的力量:先秦儒家行政伦理思想研究 / 高云著
. — 南京 : 东南大学出版社,2023.2
ISBN 978-7-5766-0483-2

Ⅰ.①伦… Ⅱ.①高… Ⅲ.①儒家—行政学—伦理学
—研究—中国—先秦时代 Ⅳ.①B222.05 ②B82-051

中国版本图书馆 CIP 数据核字(2022)第 231664 号

责任编辑:陈 佳 张丽萍 责任校对:子雪莲 封面设计:顾晓阳 责任印制:周荣虎
伦理的力量:先秦儒家行政伦理思想研究
Lunli de Liliang: Xian Qin Rujia Xingzheng Lunli Sixiang Yanjiu

著 者	高 云	
出版发行	东南大学出版社	
社 址	南京市四牌楼 2 号(邮编:210096 电话:025-83793330)	
经 销	全国各地新华书店	
印 刷	广东虎彩云印刷有限公司	
开 本	700 mm×1000 mm 1/16	
印 张	12.75	
字 数	264 千字	
版 次	2023 年 2 月第 1 版	
印 次	2023 年 2 月第 1 次印刷	
书 号	ISBN 978-7-5766-0483-2	
定 价	56.00 元	

本社图书若有印装质量问题,请直接与营销部联系,电话:025-83791830。

前　言

研究传统是为了以史为鉴,是为了更好地继承发扬传统从而推陈出新,任何民族的发展进步都不可能割断历史抛弃传统而另起炉灶,而且只有深入传统源头,挖掘提炼形成精华,才会有真正的价值及现实启迪意义。先秦儒家行政伦理思想源远流长、博大精深,是我国传统文化极为重要的组成部分,是一份弥足珍贵的历史文化遗产,对于今天的行政伦理研究和建设有着一定的参考借鉴意义和启示作用。

本书在前人研究的基础上,以辩证唯物主义与历史唯物主义为指导,立足整体论、系统论,采用理论联系实际、历史与逻辑相结合并注重比较研究的多种方法路径,试图对先秦儒家行政伦理思想进行挖掘梳理、分析探讨。概括总结、挖掘梳理先秦时期儒家主要代表人物,尤其是孔孟荀三位巨儒的行政伦理思想,指出:为政以德、民为政本是先秦儒家行政伦理的基本原则;恭宽中庸、敬业勤政,厉行节约、清廉为政,诚实守信、公平理政是具体的行政伦理规范。先秦儒家主张贤人治国,在强调为政在人的同时也注重制度安排及保障。先秦儒家行政伦理思想蕴含着极为丰富的有益于后世的政治思想理论资源,对于维护我国两千多年的封建社会秩序的异常稳定发挥了功不可没的支持作用。

当然,先秦儒家行政伦理思想毕竟产生于社会政治经济剧烈变化的春秋战国转型期,难免存在着历史局限性。因此,我们应本着扬弃的正确态度,以批判鉴别的眼光去分析探讨,科学剖析,辩证对待,汲取其合理普世的精华,剔除其阻碍社会进步的不利因素,从而推动当前的行政伦理建设,不断构建与完善具有中国特色的行政伦理体系。

先秦儒家行政伦理思想内涵丰富,具有深厚的伦理力量,对后世影响深远重大。作为炎黄子孙,尤其是理论工作者,我们有必要孜孜不倦地深入研究、系统整理、继承发扬这一重要的历史政治资源之精华,以扬我国威、铸我国魂。这项神圣使命光荣艰巨、任重道远,需要有志于此的人们不懈努力、坚持求索。本书希望通过对先秦儒家行政伦理思想的系统梳理、审视评判,为学界对其进一步分析研究起到抛砖引玉的作用。为知识结构、专业背景、时间精力所限,本书还存在诸多不足及缺憾,敬请广大读者批评指正。

高　云

目 录

第一章
绪　论

行政伦理学作为一门交叉学科最早出现并兴起于西方,但在中国古代社会政治实践和政论思想领域,却早已提出了很多关于行政伦理建设的真知灼见,这其中尤为值得关注研究的是先秦儒家在治国理政层面的思想。在中国传统社会,家国同构,政治伦理化,伦理政治化,有着丰富的政治伦理和行政伦理思想。作为中国古代社会治理中影响最大、提供方法论最多的儒家学派,其行政伦理思想无疑是一座有待开采挖掘的宝藏。党的十九届四中全会指出,必须坚持一切行政机关为人民服务、对人民负责、受人民监督,创新行政方式,提高行政效能,建设人民满意的服务型政府。服务型政府实现的基本路径是行政管理道德化,而推进行政伦理研究和建设是关键和核心。在行政伦理的建设中,鉴于中西方文化传统及现实情况的差异,一方面需借鉴西方行政伦理的研究成果,另一方面更需根据我国的具体国情对传统行政伦理文化进行深入挖掘和继承创新。正如习总书记指出:"优秀传统文化是一个国家、一个民族传承和发展的根本,如果丢掉了,就割断了精神命脉";"中华优秀传统文化是中华民族的精神命脉,是涵养社会主义核心价值观的重要源泉,也是我们在世界文化激荡中站稳脚跟的坚实根基"。我国优秀传统行政伦理文化特别是以孔、孟、荀为代表的先秦儒家行政伦理思想博大精深、源远流长、内涵丰富,对促进我国行政伦理特别是官德建设,对规范现代行政行为,具有一定的启示作用和借鉴价值。

第一节　研究缘起及背景

当今世界正经历百年未有之大变局,我国正处于实现中华民族伟大复兴关键期,当前社会经济正转向高质量发展,在这个重要战略机遇期,行政伦理建设也要适合社会政治经济形势发展的需要,实现同步转型。诚然,改革开放以来,行政价值观、行政体制、行政行为等都在发生着深刻变化，行政管理体制经过数轮改革后得到不断完善，行政角色也由原来的领导管理型向服务为民型转变。同时，中国共产党提出的以人为本、科学发展、和谐发展及贯彻新发展的理念已成共识，民生问题日益成为各级政府关注的焦点，公民参政、议政的积极性也空前高涨。

十一届三中全会以来，党和政府十分重视党风廉政建设，不断加大反腐倡廉的力度，并努力建设一支公正、廉洁、高效的干部队伍，在行政伦理建设方面取得了一定成就。党的十九大报告明确指出："人民群众最痛恨腐败现象，腐败是我们党面临的最大威胁。只有以反腐败永远在路上的坚韧和执着，深化标本兼治，保证干部清正、政府清廉、政治清明，才能跳出历史周期率，确保党和国家长治久安。"腐败是个世界性难题，对政权合法性基础有着极大的危害性和腐蚀性，如何治理腐败是世界各国面对的一个现实性课题。在我国，党的十八大以来，以习总书记为核心的党中央重拳惩贪反腐，坚持有腐必反、有贪必肃，"打虎""拍蝇""猎狐"重拳频出，严明纪律管党治党。当前，反腐败斗争压倒性态势已经形成并巩固发展，反腐正由治标向治本迈进。习总书记强调：要更加科学有效地防治腐败，坚定不移地把反腐倡廉建设引向深入；要从源头上预防和治理腐败。2016年以来，反腐败"治本之策"密集启动，中央层面推出至少10部与反腐有关的党内法规。2016年11月，中共中央办公厅印发《关于在北京市、山西省、浙江省开展国家监察体制改革试点方案》，部署在3省市设立各级监察委员会，从制度建设、体制机制上先行先试、探索实践，为在全国推开积累经验，以陆续建立权威、统一的监察机构。2017年是全面从严治党和惩治腐败的关键一年，反腐败斗争取得赫赫战果：39名省部级以上高官落马，百名"红通人员"归案人数过半，巡视制度更趋完善，国家监察体制改革试点全国推开。2018年，中央纪委、国家监委参与制定和修改监察法、刑事诉讼法等8部国家法律，参与制定和修改党纪处分条例、监督执纪工作规则等两部中央党内法规和3部党中央发布的党内规范性文件，发布中央纪委文件28部、国家监委文件5部，反腐败工作走上法治化、规范化。2019年反腐成绩单引人注目，查处的中管干部、省管干部这些"关键少数"干部数量相比较前两年仍然保持高位并呈现增长态势。党的十九届四中全会指出要构建一体推进不敢腐、不能腐、不想腐体制机制，确保党和人民赋予的权力始终用来为人民谋幸福。制度防腐具有根本性，但也不能忽视行政伦理建设的必要性、重要性。在同样的制度环境下，面对相同诱惑，有人能坚守底线，洁身自好，有人却无法遏止贪欲，利令智昏，走上违纪违法道路。因此，只有把制度、法律建设与行政伦理建设结合起来，才能在内外多个角度上实现抑制腐败的目标。防治腐败是个系统大工程,行政伦理建设理应是其重要组成部分,大力加强行政伦理建设,对构建不想腐、不愿腐、不易腐的思想堤坝具有一定的激励促进作用。

加强行政伦理建设,需要借鉴参考西方行政伦理践履和研究的文明成果,但由于中西方历史文化和社会制度的差异,我们不能实行拿来主义全盘接收,而应对其进行中国化的改造。加强行政伦理建设,更应该对中国传统行政伦理特别是以孔、孟、荀为代表的先秦儒家行政伦理思想进行研究挖掘,深入历史的源头,从传统文明的智慧之井中汲取丰富有益的营养。中国传统社会具有政治与伦理紧密结合的特点,伦理政治化,政治伦理化。公元前 136 年,汉朝的思想家董仲舒上书汉武帝,认为"《春秋》大一统者,天地之常经,古今之通谊也。今师异道,人异论,百家殊方,指意不同,是以上亡以持一统";"诸不在六艺之科、孔子之术者,皆绝其道,勿使并进"①。汉武帝采纳了他的意见,废黜百家、独尊儒术,以儒学为国家正统之学。自此,儒家伦理思想大兴,成为统治中国封建社会几千年的正统思想。虽然历经一些思想家的改造,在某些朝代走向极端、发生变异,但其精髓始终闪耀着夺目的光辉,凝聚着古圣先贤总结提炼出来的政治智慧和管理真经。儒家融伦理道德于行政之中,作为传统社会政治秩序之价值支撑,儒家学说蕴含着广博丰厚的行政伦理思想,自先秦儒家创始人孔子提出"为政以德"之后,孟子、荀子等先秦大儒们不断继承发扬之,他们以"修身、齐家、治国、平天下"为己任,追求奉行"内圣外王",认为统治者要实施德治仁政,要修身正己,要爱民、重民、富民、教民,以民为本,要选贤任能,同时主张仁礼结合、礼法并用,并且提出了系统的行政伦理原则及道德规范,从而构建了一整套较完备的行政伦理思想体系。先秦儒家行政伦理思想的践履成就了中国延续两千多年的超稳定结构的封建统治。以孔、孟、荀为代表的先秦儒家行政伦理思想对中国古代社会的发展有着极为深刻的影响,同时也为人类社会的文明进步作出了非凡贡献。可以说,中国传统文化的核心是传统伦理思想,先秦儒家行政伦理思想则是中国传统行政伦理思想的精华所在。

当然,任何伦理思想都是特定时代的产物,都是具体的和历史的。"人们自觉地或不自觉地,归根到底总是从他们阶级地位所依据的实际关系中——从他们进行生产和交换的经济关系中,获得自己的伦理观念。"②的确,先秦儒家行政伦理思

---

① 《汉书·董仲舒传》
② 《马克思恩格斯选集》第三卷,人民出版社 1995 年版,第 434 页。

想产生于几千年前的过去,带着明显的历史烙印,有着不可避免的历史局限性及消极因素,但不能因此而否定之,先秦儒家行政伦理思想是先人留给我们的宝贵精神财富,具有很高的内在价值和丰富的合理内涵,是一座有待挖掘的宝藏。况且,人类社会的发展是一个螺旋式上升不间断发展的连续过程,任何思想理论的形成都离不开其历史文化基因。新旧社会之间总有诸多共同的、一脉相承的东西。研究历史不是为了复古,而是着眼于现实和未来发展的需要。任何脱离本民族文化渊源的思想理论都是无生命力的,任一时代的研究者在剖析、探索乃至解决包括行政伦理在内的社会伦理道德现象和问题时,都不可避免要利用既存的思想理论资料,借鉴前人创造的优异成果,站在巨人的肩膀上。正如马克思所指出的:"人们自己创造自己的历史,但是他们并不是随心所欲地创造,并不是在他们自己选定的条件下创造,而是在直接碰到的、既定的、从过去继承下来的条件下创造。"①我们从事理论研究,推动中国行政伦理建设要有这种历史意识,要能做到不断地回溯历史的思想源头,以史为镜观照现实,为自身发展提供动力支持及精神源泉。

　　先秦儒家行政伦理思想博大精深、源远流长,蕴含着极为丰富的超越性价值,我们对其进行研究、整理、挖掘,无疑是对历史的一种很好的认识和反思,根本目的是使现阶段我国的行政伦理建设有所借鉴。先秦儒家行政伦理思想作为中华民族传统文化的重要组成部分,实际上已客观影响着我们当前的行政伦理建设。虽然,在现代社会行政伦理的具体生态环境已经变迁,儒家行政伦理思想在意识形态领域已经丧失了统治地位,但其精髓历久弥新,对我国的行政伦理建设有着启迪和参考价值。由于先秦儒家行政伦理思想自身的特点是兼具合理性与局限性,我们应立足于当前行政伦理建设的实际需要,正确对待,厘清精华与糟粕,在批判扬弃的基础上继承创新,传承发扬积极的方面,克服消解消极不利的因素,从而实现传统行政伦理思想的创造性转化和创新性发展,使传统行政伦理文明与现实行政伦理文明发展并达成最大限度的融合。总之,对先秦儒家行政伦理思想的研究、探索、挖掘、比较、借鉴,有益于我们树立起真正符合国情的科学的行政管理理念,有益于提升党和各级政府的为民、务实、清廉、高效的执政能力,有益于改革、完善行政管理体制机制以建设服务型政府,从而有力地推动和谐社会目标背景下的中国政治文明建设。

① 《马克思恩格斯选集》第一卷,人民出版社 1995 年版,第 603 页。

第二节　行政伦理的研究现状

一、国内外研究现状

中国古代虽然没有现代意义上的行政伦理学,但行政伦理思想却是非常丰富的。实际上,无论在我国还是西方,行政伦理思想都有着悠久历史,并且源远流长。然而,真正对行政伦理进行深入系统研究还是最近几十年发生的事。

20世纪30年代,美国的学术界开始了对行政伦理问题的研究探讨,到了70年代已经形成了一个独立的研究领域,90年代行政伦理学就作为一门学科诞生了。西方率先兴起研究行政伦理问题,主要是因为随着政府行政权力及责任扩大,政府官员利用手中公权力谋取私利、贪污腐败等不道德现象凸显并被频频曝光,行政管理及公务员制度面临严峻挑战,重塑强化行政伦理建设,制定政府官员的伦理道德规范,遏制政治腐败迫在眉睫。同时,这也是西方行政学合乎逻辑的发展必然。

1887年,美国的伍德罗·威尔逊发表了著名的《行政学研究》一文,奠定了行政学的基础,标志着公共行政作为一门学科开始出现。然而,在行政学研究早期阶段,人们更多关注的是科学管理与行政效率,也就是行政的工具理性和技术操作问题,而以价值理性为本质特征的行政伦理问题则未引起人们足够的重视。随着行政学的实践和理论发展,人们开始反思现实行政领域中存在的诸多问题,逐渐意识到价值问题是不容忽视的,行政人员的责任感、廉洁自律等道德品质比行政效率要重要得多。因此,不能因为单纯追求行政效率而忽视行政人员的伦理道德规范建设。

在这种历史背景下,美国于20世纪30—60年代出现了一大批关于行政伦理问题的研究成果。1936年,迪莫克在其所著的《公共行政的标准和目标》一书中批判了效率中心论,指出行政伦理道德准则及价值对公共行政格外重要,行政人员的诚实守信等良好品质能带来优质服务。1940年前后,哈佛大学的两位教授卡尔·弗里德里奇和赫尔曼·凡纳就行政人员的责任及监督控制问题展开了激烈辩驳。弗里德里奇强调行政人员的主观责任和内部控制,重在自律,而凡纳正相反,他强调客观责任和外部控制,重在他律。这场论战催化了学术界对行政责任问题的进一步研究探讨。1942年,反对公务员价值中立的观点由列维坦明确提出。1943年,维恩·李斯在《公共行政评论》上发表了《道德和行政裁决》一文,他认为在行使行政自由裁量权时,不仅需要智慧,还要具备职业道德,因为这些决定对下属、对政府部门和私人企业乃至社会公众都会产生不同程度的影响。他还强调了公共行政的政治性和价值观的重要性①。同年，考德威尔也撰文强调公务员要具有服务意识和自律意识。1947年，保罗·爱泼白在《公共行政评论》发表了《通向更好的公共行政》一文，强调重视社会大众的需求是行政人员的职责，关注公共利益是其工作中心。1948年，列纳德·怀特在《公共行政研究入门》中进一步探讨了行政伦理规范问题，认为其是专业化的重要环节，对于政府取信于民以及提高公共行政的形象和声誉必不可少。他还指出当务之急是对伦理道德这个课题进行广泛深入的研究探讨。1949年，弗里兹·马克斯在《行政伦理和法制》一文中尖锐指出：由于行政行为在很大程度上受到"自觉不自觉的个人利益""个人判断力和洞察力成熟度"的影响，很难保证行政行为不偏离公共利益，因此十分需要一个"连贯一致的行政伦理体系"来对其加以制约②。1953年，莫尼彭尼也提出了建立行政伦理法则等相关问题。1965年，斯蒂芬·贝利发表《伦理与公共服务》一文，论述了公共行政人员的品质与德行问题，指出"与道德的模糊性、环境的侧重点、公共生活程序的自相矛盾相关联的思想态度，是政府官员的道德行为的必要前提"，而"态度必须有道德品质这种实际美德作为基础"。在诸多的行政人员的品质德行中，贝利还遴选了乐观、勇气和仁慈的公正作为三个最基本的道德品质③。在行政伦理学发展的这一阶段，学者们就行政伦理的价值基础，行政人员的行政责任、品质德行，以及行政行为的内外部控制等重要问题进行了深入分析探讨，为美国行政伦理学的进一步发展奠定了良好的理论基础。

20世纪70年代以来，美国的行政伦理研究得到了长足的发展，更加系统、成熟且呈现繁荣态势。60年代末70年代初，美国连续出现了多起关涉政府行政的系列事件，如民权运动、越南战争、水门事件、伊朗门事件等等。特别是臭名昭著的水门事件，该事件不仅造成了严重的政府信任危机，更是对美国的行政伦理研究与实践产生了持续深远的影响。人们深入反思一直以来的行政伦理建设问题，深化并拓展了对行政伦理这一领域的研究，理论储备日趋充分完善，人们深刻认识、体悟到行政伦理在公共行政实践中的重大作用。行政伦理学得以真正从理论上和实

---

① Wayne A. Leys, Ethics and Administrative Discretion, *Public Administration Review*, 1943, Vol. 3(1), pp. 10-23.

② Fritz Morstein Marx, Administrative Ethics and the Rule of Law, *the American for Public Science Review*, 1949, Vol. 43(6), pp. 1119-1144.

③ 李春成：《美国行政伦理学的兴起》，《广东社会科学》，2001年第5期。

践中完全独立出来,作为一门新的学科诞生了。在这期间,发生了一些重要事件,涌现了大量的研究成果。具体表现在:

(1) 1976 年,美国公共行政学会,即 ASPA,组建了"职业标准与伦理委员会",为从事行政伦理学研究与实践的人们提供了交流提升的平台。ASPA 成立伊始,就提出了制定行政伦理法规的任务,虽然几经周折,未能如期完成任务,但梅尔丁斯编辑出版的《职业标准与伦理:公共管理者的工作手册》却成了畅销书,且引发了一系列的相关讨论,对在行政实践领域运用行政伦理规范起到了直接的推动作用。1978 年 10 月,被誉为美国公共行政道德演变过程中具有里程碑意义的《政府道德法》由国会通过,扩大了对联邦政府伦理道德问题的管理和监督。1989 年 11 月,布什总统签署了由国会通过的《道德改革法》,该法明确了政府及行政官员应该遵守履行的行政伦理道德规范,要求行政人员不能有利用职权谋取私利的行为。同时,美国的绝大多数州也制定了行政伦理道德规则,并设立了专门机构来进行监督管理。同年,ASPA 在华盛顿召开了第一次"全国政府伦理学大会",700 多名学者和行政人员参加了这次会议①。1991 年,美国第一届"政府伦理研究大会"在犹他州帕克城召开,为期两天的大会重点讨论了公共伦理学的研究状况②。1995 年,在佛罗里达州坦帕公共行政学院召开"全国伦理学与价值观研讨会",成为美国行政伦理学研究发展的第二个主要里程碑③。1997 年,《公共道德准则年鉴》创刊,标志着行政伦理学已走出纯学术阶段,其内容既包括学者们的论文,也包括公共行政从业者撰写的文章,现已发展成为学术季刊《公共道德准则》,并被大家视为质量极高的行政伦理学专业刊物④。

(2) 行政伦理学成为一门独立的课程。1976 年,罗尔发表了《在公共行政课程中的伦理学习》一文,目的是使行政伦理学成为公共行政的一门课程。1980 年,罗尔在《行政管理与社会》上发表了《高级行政服务伦理:管理培训的建议》,论证了可通过管理培训这一途径,普及行政伦理专业知识,提高人们对行政伦理的兴趣,深

① [美]特里·L.库珀:《行政伦理学:实现行政责任的途径》,张秀琴译,中国人民大学出版社 2010 年版,第 2 页。

② [美]特里·L.库珀:《行政伦理学:实现行政责任的途径》,张秀琴译,中国人民大学出版社 2010 年版,第 3 页。

③ [美]特里·L.库珀:《行政伦理学:实现行政责任的途径》,张秀琴译,中国人民大学出版社 2010 年版,第 3 页。

④ [美]特里·L.库珀:《行政伦理学:实现行政责任的途径》,张秀琴译,中国人民大学出版社 2010 年版,第 3-4 页。

入研究相关问题。1998 年,阿普尔金·哈耶克-艾金斯对全球公共政策、事务与管理院校联盟(NASPAA)旗下的 200 多所高校中的 139 所进行了调查,结果发现,其中有 66 所于 1985—1986 年或 1986—1987 年间开设过伦理学课程①。在研究生课程设置方面,1994 年,卡特伦和登哈特调查了 1989—1991 年间 39 所 NASPAA 成员学校的内部研究报告后,发现有 18% 的学校不仅开设了伦理学课程,而且将其设定为必修课②。根据门泽尔 1997 年的调查:1996 年,225 所 NASPAA 成员学校中有 78 所(占 35%)已开设行政伦理学课程③。

(3) 出版了一系列有代表性的专著。1971 年,罗尔斯出版了《正义论》一书,他的关于"社会公正"的理论对行政领域的影响极其深远,实现"社会公正"作为公共行政的主要目标和行政伦理学的核心逐渐被接受。罗尔斯关于"正义"的两个基本原则,也为绝大多数学者所认可,并被作为行政伦理学的基础。1981 年,弗莱希曼、利普曼和穆尔编著出版了《公共职责:政府官员的道德责任》一书,从行政与政治两方面多视角地对政府伦理问题展开了研究探讨。该书旨在使政府官员意识到应对自己的行政行为自觉承担责任。1982 年,库珀的《行政伦理学:实现行政责任的途径》一书出版。该书探讨了行政人员面临的各类伦理问题,并对其进行了解释。库珀认为,行政人员作为个体面临的最大困难是权力、角色及利益三种责任冲突,并相应地提出了解决的决策模式、方法及途径。在美国,该书成为大学公共行政伦理学课程使用最广泛的教材。1988 年,丹哈特出版了《公共事务中的伦理学:解决公共组织中的道德困境》。1991 年,路易斯出版了《公务中的道德挑战》。1994 年,库珀主编的《行政伦理学手册》出版,被视为美国行政伦理研究领域具有里程碑意义的著作,可谓是行政伦理学的"百科全书"。

至此,行政伦理学在美国完成了理论构建,成为一门特殊的应用伦理学科而完全独立出来,并保持着蓬勃发展的势头。由于国情的差异,当美国的行政伦理学研究已成系统时,中国的行政伦理研究才刚刚起步,虽然学术界基本达成共识,认为我国对行政伦理问题的探究始于 20 世纪 90 年代,起步晚,但进展迅速,专著论文

① [美]特里·L.库珀:《行政伦理学:实现行政责任的途径》,张秀琴译,中国人民大学出版社 2010 年版,第 4 页。

② [美]特里·L.库珀:《行政伦理学:实现行政责任的途径》,张秀琴译,中国人民大学出版社 2010 年版,第 4 页。

③ [美]特里·L.库珀:《行政伦理学:实现行政责任的途径》,张秀琴译,中国人民大学出版社 2010 年版,第 4 页。

等文献数量逐年递增,对行政伦理相关问题的探讨日益深刻。2005 年,刘祖云在《行政伦理何以可能:研究进路与反思》一文中,将十多年的研究成果总结概括为:"译著 1 部——[美]库珀《行政伦理学:实现行政责任的途径》;专著 5 部——王伟《行政伦理概述》、孟昭武《行政伦理研究》、张康之《寻找公共行政的伦理视角》、周奋进《转型期的行政伦理》、罗德刚等《行政伦理的理论与实践研究》;期刊文章 120多篇。"①同时,该文也指出了"从我国行政伦理研究的思路和方法来看,有两个根本性的缺陷,即缺少历史感和现实感,因而理论研究常常是'无根'的"②。为改变上述状况,刘祖云认为:一要加强对西方行政伦理学发展史的研究;二要加强对我国传统政治伦理思想的研究;三要有强烈的问题意识③。2008 年,张增田、骆小琴在《中国行政管理》上发表了《我国行政伦理研究文献统计分析》一文。该文选取了1996 年至 2007 年间我国学术期刊所发表的行政伦理研究论文 254 篇进行统计分析,将研究主题大体分为 10 类,具体为:行政伦理的一般问题(行政伦理的概念、内涵、结构、性质、原则和价值等)、行政伦理的作用、行政伦理责任、行政伦理困境、行政伦理失范、行政伦理建设(包括途径、内容、指导思想和目标方向等)、国外行政伦理、当代政治人物行政伦理思想、中国古代行政伦理、行政伦理视角的观察。其他还包括行政伦理现状、行政伦理评价和行政伦理监督等。以中国古代行政伦理为研究对象的论文十来年间仅 14 篇,只占总数的 5.51%,这 14 篇的分布是 1999年、2001 年、2002 年、2003 年各 1 篇,2004 年 2 篇,2006 年 3 篇,2007 年 5 篇。这些研究数据表明,1995 年以来,我国学术界对中国古代行政伦理思想的研究还比较薄弱,但研究势头呈逐年上升状态④。

2009 年,罗蔚发表了《我国行政伦理研究状况的分析与反思》一文。该文选取了 1996 年以来的 565 篇行政伦理研究论文作为分析文本,从研究主题、研究方法及研究者三个视角分析了我国行政伦理研究的基本情况。罗蔚对行政伦理研究主题进行了大致归类,包括:国外行政伦理思想资源研究、中国行政伦理思想资源研究、以"行政伦理建设/政府建设"为议题的研究、以"政府公务员/行政人员/政府官员"为议题的研究、以"行政组织/官僚制度"为议题的研究、行政文化/行政荣誉/行政责任/行政人格/行政忠诚等范畴的研究、以"以德治国/和谐社会/科学发展观"

---

① 刘祖云:《行政伦理何以可能:研究进路与反思》,《江海学刊》,2005 年第 1 期。

② 刘祖云:《行政伦理何以可能:研究进路与反思》,《江海学刊》,2005 年第 1 期。

③ 刘祖云:《行政伦理何以可能:研究进路与反思》,《江海学刊》,2005 年第 1 期。

④ 张增田、骆小琴:《我国行政伦理研究文献统计分析》,《中国行政管理》,2008 年第 9 期。

等为议题的研究、行政伦理基础问题的研究、行政实践中真实伦理情境的研究、行政伦理研究的反思。该文认为在我国行政伦理研究的起步阶段，学者们首先关注的主题就是探究国外行政伦理思想资源，其研究从介绍西方及亚洲发达国家行政伦理建设的经验开始，主要介绍了美国、韩国、日本等国的行政伦理制度、机构与规范要求。近年来，开始转向西方行政理论前沿分析。在中国行政伦理思想资源研究方面，该文认为研究主要涉及古代儒家、墨家行政伦理思想，也包括现代一些党政领导人的行政伦理思想分析。在古代行政伦理思想资源的分析上，大多数研究围绕"礼""仁""慈"等范畴概括古代行政伦理的德目，仅有少量研究改变传统的归纳式写作方式，进而探究传统行政伦理理论的分野与行政伦理观念的不同类型，但这些文章数量有限①。

　　截至 2020 年底，通过登录中国期刊全文数据库，本文对 1998 年以来我国关于儒家行政伦理的研究成果进行了搜索考察，发现 1998 年至 2003 年 6 年间这方面的研究仅为 4 篇期刊论文。2004 年是个转折点，2004 年至 2008 年这 5 年间产生了 15 篇成果，具体为：2004 年及 2005 年每年均有 1 篇硕士学位论文、1 篇期刊论文；2006 年出现了 2 篇硕士学位论文，1 篇期刊论文；2007 年是 5 篇期刊论文；2008 年为 3 篇期刊论文。到了 2009 年，这种状况有了可喜的变化，竟然出现了 2 篇硕士学位论文，9 篇期刊论文；但 2010 年却出现了回落，仅有 3 篇期刊论文发表。2011 年和 2012 年又有了新的变化，这两年每年都有 1 篇博士学位论文、2 篇硕士学位论文，期刊论文 2011 年为 1 篇，2012 年为 2 篇。到了 2013 年，产生了 2 篇硕士学位论文，4 篇期刊论文。2014 年为 1 本图书，1 篇期刊论文。2015 年为 1 篇博士学位论文，2 篇期刊论文。2016 年为 0 篇，2017 年也很薄弱，仅有 1 篇期刊论文。2018 年至 2020 年为 3 篇硕士学位论文，2 篇期刊论文。也就是说，在 1998 年至 2020 年这 23 年间，我国学术界对儒家行政伦理思想研究的成果在文献方面仅为：40 篇期刊论文，15 篇硕士论文，3 篇博士论文，1 本图书。这些成果的研究侧重点具体为：陈必龙在《孔孟荀行政伦理思想及其当代价值》一文中对孔孟荀的行政伦理思想作了整理分类，概括为利民安民、民为政本，坚持正义、公平理政，忠于职守、敬业勤政，节用裕民、清廉为政和正身律己、以德为政五个方面②。冯春芳、刘爱莲对儒家行政伦理思想基本内涵进行了解读，认为行政伦理思想是儒家学说的一个

---

① 罗蔚：《我国行政伦理研究状况的分析与反思》，《公共行政评论》，2009 年第 1 期。
② 陈必龙：《孔孟荀行政伦理思想及其当代价值》，《理论学刊》，2001 年第 4 期。

重要组成部分。儒家以内圣外王为理想诉求,以以民为本为核心,以修身正己为关键,以礼法并用为保证,构成了自己的行政伦理思想体系。张红英在《试析中国古代儒家行政伦理思想》中对儒家行政伦理思想的行政为民观,道义标准观,厉行节俭、清正廉洁观,忠于职守、敬业勤政观,以身作则、严于律己观进行了分析探讨。韩贤良就儒家伦理思想对我国现阶段行政伦理建设的消极影响作了分析,并提出了化解的意见、建议。2008 年,韩作珍在《重庆社会科学》上发表了《儒家传统行政伦理思想及其现代价值》一文,分析了儒家传统行政伦理思想的逻辑演变,并探讨了儒家传统行政伦理思想的现代价值。高青莲发表了《"道德人"假设与儒家行政伦理价值观——孟子的行政伦理价值观分析》,分析了儒家行政伦理的价值依据、价值基础、价值目标和价值评价。卢先明在《〈大学〉行政伦理思想及其现代价值》中认为:《大学》的行政伦理思想具体体现在"三纲、八目"之中,其核心是强调统治者"修身"在"治国、平天下"过程中的重要性。撇开其历史与阶级的局限性,这一思想对于我们现阶段在行政伦理建设中如何加强行政人员的道德修养是有益的。《大学》的"知止"观对我国的党风廉政建设也有着重要的启示和借鉴意义。孔毅解读了儒家构建和谐社会的行政伦理思想,认为研究和总结儒家为构建和谐社会而进行行政伦理建设的理论经验和教训,无疑有益于当前中国共产党的行政伦理建设和行政能力的加强。2013 年苑秀丽在《中国古代廉吏与儒家伦理浅论》中指出,在中国古代社会儒家伦理有着非常深刻的影响,汉以后的历朝历代以儒家伦理作为自己的行为准则和立身规范,不仅将之内化为个人操守品格,而且将之贯彻于为官做人的实践活动中,廉吏即是其中非常典型的一个特殊群体,他们既是儒家伦理身体力行的实践者,也是儒家文化的传播者和弘扬者,其特殊的伦理品格和文化功能,对中国的文化价值观和行政伦理发展均产生了深远的影响。还有个别学者梳理了朱熹的行政伦理思想,分析了其对当代的启示。硕士学位论文中有 7 篇综合研究了儒家行政伦理思想,1 篇研究朱熹行政伦理思想,2 篇研究孔子行政伦理思想,1 篇研究孟子行政人格思想,1 篇研究孟子政治伦理思想及其对现代行政伦理建设的借鉴,研究荀子行政伦理思想的 2 篇,对儒墨行政伦理思想进行比较研究的 1 篇。3 篇博士论文中有 2 篇是以荀子为研究对象的——1 篇是山东大学李季的《荀子行政伦理思想及其现代价值研究》,另 1 篇是华东师范大学林俊俊的《〈荀子〉管理哲学思想研究》。

我国行政伦理研究起步以来,也有一些专家学者在专著中对传统行政伦理思想进行过探讨。例如,余玉花、杨芳在其主编的《公共行政伦理学》一书中,就辟有一章专门论述了"中国传统行政伦理文化"。2009 年，周红主编的《行政伦理学》，在其第二章也对中国传统行政伦理进行了研究探讨。作者首先从政治、社会、精神三方面条件剖析了中国古代行政伦理产生的历史前提；接着分析了传统行政伦理发展的历史过程及传统行政伦理主要规范；最后对中国传统行政伦理进行了评价①。杨贺男主编的《行政伦理学》第三章第一节专门分析了中国古代行政伦理思想的发展沿革，挖掘了古代行政伦理规范的内涵，并进行了评析②。李建华、左高山在《行政伦理学》一书中对中国传统行政伦理的理据和主要规范进行了研究，认为"'德'与'孝'是传统行政伦理的逻辑起点，'仁'与'礼'是传统行政伦理的理据；中国传统行政伦理的主要规范是忠、信、廉、智"③。

综上所述，自 20 世纪 90 年代我国行政伦理研究起步，学术界对传统行政伦理思想的研究有所涉及，但研究成果十分有限，对儒家行政伦理尤其是先秦时期以孔孟荀为代表的传统儒家行政伦理思想研究还比较薄弱，有待加强。

二、行政伦理内涵界定

行政伦理是行政伦理学的核心概念。学术界从不同的视角给行政伦理下过定义，对概念内涵进行过有益的探讨。王伟等学者认为应从"行政伦理的主体性、政治性、层次性、职业性、现实性、系统性等几个不同角度，来把握行政伦理的基本内涵"。"从国家公务员个体作为行政伦理主体的意义上，行政伦理是指国家公务员的行政道德意识、行政道德活动以及行政道德规范现象的总和；在行政机关群体作为行政伦理主体的意义上，行政伦理是指行政体制、行政领导集团以及党政机关在从事各种行政领导、管理、协调、服务等事务中所遵循的政治道德和行政道德的总和。"④在 2005 年出版的《行政伦理学》一书中，王伟、鄢爱红指出，对于行政伦理概念的界定，首先要从法、道德、伦理的区别和联系中去把握，同时，还需要对行政、公共行政、公共管理的历史沿革进行考察，从行政改革的视角理解和把握其内涵。在做了这一系列的分析考察之后得出结论："行政伦理就是伦理在公共行政关系、公共行政活动中的体现；是指执政的中国共产党、国家机构和国家公务员在公共行政领域，在实践立党为公、执政为民，在坚持科学执政、民主执政、依法执政，在履行经

---

① 周红：《行政伦理学》，南开大学出版社 2009 年版。

② 杨贺男：《行政伦理学》，黑龙江人民出版社 2010 年版。

③ 李建华、左高山：《行政伦理学》，北京大学出版社 2010 年版。

④ 王伟、车美玉、[韩]徐源锡：《中国韩国行政伦理与廉政建设研究》，国家行政学院出版社 1998 年版，第 73 页。

济调节、市场监管、社会管理、公共服务等职能的过程中,所形成的一种应然关系,与调节这种应然关系的伦理规范,以及执政党、国家机构和国家公务员由于内化伦理规范而形成的伦理品格。""行政伦理问题包含两个基本方面的内容:一是指政治体制与政府体制及运行机制中包含着什么样的伦理内涵,二是指国家公务员个体的伦理状况。这个概括表明,公共行政伦理没有只是属于自己的独特的领域,但是它渗透在政治、行政、公共行政与政府过程的方方面面,体现在诸如行政体制、行政领导、行政决策、行政监督、行政效率、行政素质等,直到行政改革中。"①周奋进认为,行政伦理是"研究行政机关及公务员的道德理念、道德准则、道德操守等的学说。具体来说分为两大部分:一是行政机关整体的伦理约束、导向的机制。这包括行政机关所应确立的道德观念与道德追求,并以此作为严格约束机关人员伦理行为的一种机制,这种伦理约束、导向的机制要内化为机关自身运转的一种机理。它代表着整个国家政权所追求的伦理道德的水平及国家管理活动时所必须遵守的'践履'与'实践'的基本原则。……二是行政机关人员,即公务员的伦理观念及操作。这是从微观角度去剖析'个体化'的行政伦理行为。这部分的内容也常常被人称为公务员的职业道德"②。罗德刚认为"行政伦理是关于公共行政系统以公正和正义为基础的行政伦理价值观、行政伦理理论原则和行为规范的综合"③。还有学者认为"行政伦理就是政府行政活动中所有要素应具有的伦理要求和伦理品格,以及处理所有行政关系的伦理规范"④。

以上学者对行政伦理概念的分析论述各有侧重点,也有交叉点,大体勾勒出了行政伦理的基本内涵。本书认为对于行政伦理概念基本内涵的揭示不仅要全面系统,更要真正把握其本质特征。在中国,"行政"一词古已有之,两千多年前的《左传》中,就有"行其政事""行其政令"的记载,《孟子·梁惠王上》也有"为民父母,行政不免于率兽而食人,恶在其为民父母也?"的表述,《史记·周本纪》也有"召公、周公二相行政"的记载。行政的最初含义就是执掌政权,治国理政,管理国家,处理政务。西方在古希腊时期亚里士多德就开始使用"行政"一词。到了近代,西方资产阶级思想家英国的洛克明确提出了行政概念,主张将行政权、立法权及外交权分开。以此为基础,孟德斯鸠则进一步提出了立法、行政及司法三权分立的学说,奠

---

① 王伟、鄢爱红:《行政伦理学》,人民出版社 2005 年版,第 7—8 页。
② 周奋进:《转型期的行政伦理》,中国审计出版社 2000 年版,第 6 页。
③ 罗德刚:《行政伦理的涵义、主体和类别探讨》,《探索》,2002 年第 1 期。
④ 余玉花、杨芳:《公共行政伦理学》,上海交通大学出版社 2007 年版,第 24 页。

定了西方国家政治体制的基本原则。虽然，随着时代的变迁，行政的含义也不断演变，有广狭之分，但与政治、立法、司法相对应的行政，一般是做狭义理解的，"指国家权力机关的执行机关依法管理国家事务、社会公共事务和机关内部事务的活动"①。自国家诞生之后，人类社会才有政治现象出现，才有政可行。然而，在很长的一段历史时期，行政与政治是没有严格区分的，两者无论在实践上还是理论上都没有明显的界限。直到近代，随着资本主义国家政府职能的日益扩大，分工精细，对两者进行区分的必要性才逐步被人们意识到。

行政与政治分离的理论源于对19世纪80年代美国政府体制改革的经验总结与反思。1883年，以功绩制为基本内容的近代文官制度在美国确立，将立法与政治决策划归为政党与政务类公务员职能，行政官员的主要职能在于执行法律和政治决策。实践的发展推动了理论的思考，学术界提出了政治与行政二分的观点，论证了这次改革的合理性。1887年，美国著名的行政学家伍德罗·威尔逊发表了《行政学研究》，以政治与行政二分原则为基础提出了将行政学从政治学中分离出来的著名见解。F.J.古德诺对行政与政治的不同作用进一步加以区分。他认为，"在所有的政府体制中都存在着两种主要的或基本的政府功能，即国家意志的表达功能和国家意志的执行功能"②。"为了方便起见，政府的这两种功能可以分别称作'政治'与'行政'。政治、政策与国家意志的表达相关；行政则与这些政策的执行相关。"③行政与政治的区分有着一定的积极意义，行政自此成为一个独立的研究领域，促进了现代意义上的行政伦理学的产生发展。然而在阶级社会中，政治并非仅为统治阶层的立法、决策行为，根据马克思主义的观点，"政治与行政都是建立在一定阶级基础之上、为一定经济基础服务的上层建筑。两者密切联系，又有一定的区别。首先，政治的实质是阶级之间的关系。在一定社会形态中，各阶级之间特别是统治阶级和被统治阶级之间的关系构成政治的实质内容。在阶级社会中，政治首先是阶级的政治，而行政的根本任务就是巩固统治阶级的政治统治。其次，政治的核心是国家政权，某些政党、集团之所以拥有立法权和政治决策权，正因为其所属的阶级掌握了国家政权。一切政治行为和政治活动，归根结底是为了夺取政权和巩固政权，而行政正是以国家政权为后盾，以维护和巩固国家政权为根本任务

---

① 夏书章：《行政管理学》，中山大学出版社1998年版，第2页。
② ［美］F.J.古德诺：《政治与行政》，华夏出版社1987年版，第12页。
③ ［美］F.J.古德诺：《政治与行政》，华夏出版社1987年版，第10页。

的。所以,政治主导行政,行政从属于政治,行政的目标、职能、行为和活动,都不同程度地具有政治的属性"①。当然,古德诺也不是位绝对主义者,他不仅关注行政与政治在某种程度上的分离,更关注两者的协调,指出政治应对行政进行适度控制、行政应适度集权以及政党与政治体制的相关改革。

行政与政治的区分与联系亦成为我们理解行政伦理与政治伦理关系的基础。有学者认为,行政伦理本质上是一种政治伦理。这种观点有一定的道理,因为两者关系密切,行政伦理的主体是国家权力机关的执行机关,也就是政府,政府是不可能与政治绝缘的,因为政府由执政党来组建,政府的行政理念必然体现着执政党的政治意识。同时政府行政管理活动涵盖政治、经济、文化、外交等方方面面,不可能游离于政治之外,政治的方式方法亦可以成为政府的管理手段之一。可见,政治伦理会对行政伦理产生影响,行政伦理具有政治性,但不能因此得出行政伦理就是政治伦理的结论。行政伦理重在突出政府管理中的伦理,而政府管理面向全社会,具有公共性或社会性。从这个视角来看,行政伦理具有超党派的性质,具有相对独立性,因而也具有继承性。李建华、左高山在《行政伦理学》一书中从五个方面对行政伦理内涵做了界定,第一个方面就是从公共性特别是公共利益角度来界定的,他们认为"政府及其官员是否能够代表并回应公共利益是行政伦理的核心议题之一"②。值得一提的是,他们从其他四个方面对行政伦理内涵的界定也具有一定的参考价值,具体为"从决策及其过程的角度来界定行政伦理,行政伦理就是指行政过程和行政决策中的道德;从价值理性的角度来界定,行政伦理可以看作是行政活动和行政过程中的价值追求和实现;从方法论的角度来界定,行政伦理被当作是抑制行政腐败、重塑政府信任和重建公共行政伦理秩序的手段和方法;从行政责任的角度来界定,行政伦理就是与行政责任相关的各种伦理问题"③。

行政伦理在整个社会伦理道德体系中居于主导地位,具有强烈的示范性、导向性。"政府是一个感染力极强的以身示教的教师,不论教好教坏,它总是以自己的楷模行为教育整个民族。"④行政伦理影响整个国家社会的伦理道德状况,对于社会公共道德、家庭伦理道德以及其他职业道德有着很高的示范性与导向性。可见,行政伦理是一种特殊的社会意识形态,它是公共行政的灵魂,既包括政府行政的价

---

① 夏书章:《行政管理学》,中山大学出版社 1998 年版,第 3-4 页。
② 李建华、左高山:《行政伦理学》,北京大学出版社 2010 年版,第 8 页。
③ 李建华、左高山:《行政伦理学》,北京大学出版社 2010 年版,第 8 页。
④ 〔美〕道格拉斯、〔美〕瓦克斯勒:《越轨社会学概论》,河北人民出版社 1987 年版,第 387 页。

值理念问题，也包括公务人员的德行问题。其核心内容是行政伦理价值理念，主干是行政伦理制度规范，载体是行政伦理行为。行政伦理是一个因素复杂的结构体，因此可将其分类为：行政组织伦理、行政体制伦理、公共政策伦理、行政行为伦理和公务员职业道德①。总之，行政伦理是关于治国的伦理，是调整行政关系中人们之间及个人与行政组织之间关系的伦理，是执政党、国家机构、政府管理部门及公职人员在治理国家、制定执行政策、履行公务职责过程中，所应遵循的伦理道德行为规范要求的总和。

第三节　研究内容与研究方法

先秦儒家行政伦理思想博大精深、内涵丰富的超越性价值，凝聚着古圣先贤们的政治智慧和管理经验。自创始人孔子提出"为政以德"之后，孟子、荀子则予以继承并不断丰富发展，他们以修身、齐家、治国、平天下为己任，追求、倡导、奉行内圣外王，认为统治者要实施德治仁政，要以德修身，要以民为本，并能做到选贤使能、礼法并用，同时还提出了一系列具体的行政伦理规范，从而构建了一整套系统完备的行政伦理思想体系。先秦儒家行政伦理思想的践履成就了绵延两千多年的超稳定的封建专制统治，对中国古代社会的发展有着极为深远重大的影响，同时也为人类社会的文明进步作出了巨大贡献。如果说，传统伦理思想是中国传统文化的内核中心，那么，以孔孟荀为代表的先秦儒家行政伦理思想则是中国传统行政伦理思想的精华。本书在前人研究的基础上，以辩证唯物主义与历史唯物主义为指导，立足整体论、系统论，采用理论联系实际、历史与逻辑相结合，并注重比较研究的多种方法路径，试图对先秦儒家行政伦理思想进行挖掘梳理、分析探讨：剖析了先秦儒家行政伦理思想形成的历史渊源，揭示其基本原则是为政以德、民为政本，并将其行政伦理规范概括归纳为恭宽中庸、敬业勤政，厉行节约、清廉为政，诚实守信、公平理政三个方面。先秦儒家主张内圣外王、贤人治国，在贤才的培养塑造、识别选拔、招揽任用及考核评价上也提出了许多真知灼见。先秦儒家在强调为政在人的同时并没有忽视制度安排及设计的重要性，主张礼法结合并重，先秦大儒荀子还提出了掷地有声的隆礼重法思想。研究内容具体为：

---

① 周红：《行政伦理学》，南开大学出版社 2009 年版，第 4－9 页。

一、先秦儒家行政伦理思想形成的历史渊源及发展脉络

先秦儒家行政伦理思想是其所处时代的产物。先秦大儒孔孟荀所处的历史阶段正值我国历史上社会变革剧烈的时期,诸侯纷争、割地称雄,社会政治制度、价值观念、道德规范、宗教信仰等皆陷入严重混乱状态。整个社会伦理遭遇到严重挑战,当时礼崩乐坏,旧有的伦理道德原则规范已被打破,社会道德失范。正是这样一种社会历史条件,为先秦儒家行政伦理思想的产生提供了重要的基础。具体而言,先秦儒家行政伦理思想形成的社会历史背景条件是:以小农经济为主导的宗法社会、诸侯割据纷争的社会政治格局以及诸子百家争鸣的文化环境。其思想理论渊源为上古三代的德政历史和周公姬旦的德治理论与实践。

中国传统文化的主干是儒家思想,自由儒家先师孔子确立以来,一直被视为中华精神文化的集大成者和主要代表。儒家学派的创始者是孔子,其言论学说奠定了儒家思想的基础,提出了儒学的大致思想框架,确立了基本的理论价值原则。以孟子为代表的思孟学派和以荀子为代表的荀况学派对孔子思想进行进一步展开、发挥、引申和推进,使儒家思想的价值理论体系取得了不同阶段的发展形态。孔子与孟子、荀子的行政伦理思想关系密切,呈现源流分合的理论文化发展脉络。孔子是儒家学说的开山祖师,孟子和荀子的行政伦理思想是对孔子思想的继承、补充和完善,源于孔子但不拘泥于孔子,从不同方面继承、丰富、发展了孔子思想,形成了同源异流、分离重合的理论格局。

二、先秦儒家行政伦理的基本原则

先秦儒家行政伦理思想中居于核心地位的是行政伦理基本原则,它是从笼统抽象的思想理论到可实际操作的具体规定要求之间的桥梁媒介。通过对先秦儒家行政伦理思想的梳理、考察及研究,可以概括出为政以德、为国以礼和民为政本这三大基本原则。儒家先哲孔孟荀勾画了王道政治的美好蓝图,而且还指出了实施王道政治的最佳途径和实践纲领,那就是内圣外王。为政以德旨在使国家长治久安、国泰民安,在先秦儒家看来,为国以礼即礼治也具有同样的功能,统治者在实施德政的同时,亦须实行礼治。礼以定分、礼以行义,礼具有规范和理顺民众行为及关系的社会整合功用。对执政者而言,礼是治国大纲。同时,先秦儒家继承发展了周公姬旦及春秋诸贤的重民爱民思想,并把民为政本作为其行政伦理思想的根本原则之一。先秦儒家认为民贵君轻,统治者得失天下的关键在民众,民为邦本,本固邦宁;统治者践履民为政本这一行政伦理原则时必须做到爱民、保民、富民、惠

民；在重视富民，让老百姓过上富足的生活之后，还要进行礼乐教化，以提高其道德水准。

三、先秦儒家行政伦理道德规范纲要

先秦儒家以行政伦理基本原则为指导，在总结前人为政经验及自己从政实践体悟的基础上，结合现实政治社会需求，提出了一系列规范为政者及其为政行为的伦理道德要求和主张。具体为：诚实守信、公平行政，恭宽中庸、敬业勤政，厉行节约、清廉为政。这些行政伦理的基本规范要求对于指导、约束、调节为政者的具体行政行为有着积极的意义和推动作用。

四、尚贤使能的人事行政伦理思想

礼法在儒家传统行政伦理思想体系中居于核心地位。然而，礼法皆由人来制定，礼法也不会自动运作发挥作用，它需要人去推动落实，去贯彻执行；况且国家治理包罗万象、繁杂多变，礼法不可能事无巨细皆予以规定；事实上，礼法还具有一定的滞后性，总处于一种因革损益的过程中；因此，人在执法时是有一定程度的自由裁量权的。凡此种种，凸显了人在行政管理或曰治理国家过程中的重要性。先秦儒家在肯定礼法在治国中的根本性作用时，也强调彰显了人的关键性作用，指出为政在人，主张尚贤使能。先秦儒家就"何谓贤人"问题进行了全面深入的研究探讨，在贤人的标准内涵、层次类型、选拔任用、教育培养等方面都提出了诸多具体实用的意见、建议，形成了丰富系统的人事行政伦理思想体系。

五、先秦儒家行政伦理的制度设计

生活在社会转型、伦理纲常严重失范时期的先秦儒家代表们，他们一方面倡导通过德治仁政实现王道理想，另一方面积极构建落实政治理想的现实制度保障，重视制度建设在治国中的作用。孔子和孟子皆强调礼，荀子隆礼重法，其实这里的法源于礼，本质上都属于规章、制度、规定等范畴。儒家的创始人孔子毕生孜孜不倦地致力于复兴传统礼乐文化，将恢复周礼作为自己终身奋斗的政治目标，主张以礼求仁、仁与礼结合的行政管理治国模式，认为礼能经国家定社稷，协调人际关系、维持社会秩序，使个体自我修养、安身立命。荀子一方面继承、发展了孔孟的礼制思想，另一方面对法家的法治思想进行改造、汲取，使两者得以功能互补、有机结合，开启了政治领域隆礼重法、礼法并举的新篇章。

六、先秦儒家行政伦理思想的当代启示

先秦儒家行政伦理思想是我国传统文化极其重要的组成部分，无论对于当时

还是之后以至现在的政治和思想心理都有着深远的影响。先秦儒家行政伦理思想的合理内核及积极因素,对于当前的行政伦理建设有着极其重要的借鉴意义和参考价值。执政为民层面的当代启示:牢固树立以人为本的执政理念;物质文明与精神文明建设长抓不懈;切实有效解决重大民生问题。官德建设领域的当代启示:提升官员以德从政意识;加强行政伦理道德教育;健全考核评价监督机制。制度建设方面的当代启示:在着力加强行政伦理建设过程中,应将行政制度、体制及机制的伦理道德导向问题置于首要地位;突出制度伦理与伦理制度的有机结合、相互促进,将行政伦理原则、道德准则及相关具体要求系统化、规范化及法制化,不断健全完善切合中国实际的行政伦理制度框架及体系。

第二章

先秦儒家行政伦理思想形成的
历史渊源及发展脉络

先秦儒家行政伦理思想是其所处时代的产物。儒家先哲所处的先秦历史阶段正值我国历史上社会变革剧烈的时期，诸侯纷争、割地称雄，社会政治制度、价值观念、道德规范、宗教信仰等皆陷入严重混乱状态，整个社会伦理遭遇到严重挑战。当时礼崩乐坏，旧的伦理道德原则规范已被打破，社会道德失范，正是这样一种社会历史条件，为先秦儒家行政伦理思想的产生提供了重要的基础。

第一节　社会历史政治经济背景和文化环境

一、小农经济为主导的宗法社会

任何思想理论都是一定时代的产物，都是历史的、具体的，"一切以往的道德论归根到底都是当时的社会经济状况的产物"①。先秦儒家行政伦理思想是在继承前人、批判前人的基础上，结合现实，不断总结丰富而逐步形成和发展起来的，它的形成亦有其深厚的客观条件和源远精深的理论来源。

先秦儒家所处的时代背景是小农经济占主导地位的宗法社会，小农经济这种经济形态以家庭为单位，规模很小，生产力落后，分散、封闭、保守，缺乏社会凝聚力。小农经济占主导地位决定了宗法社会的形成、确立和巩固。

宗法是"指一种以血缘关系为基础，由若干具有亲近的血缘关系的家庭组成，标榜尊崇共同祖先，以此维系亲情，而在宗族内部区分尊卑长幼，并规定继承秩序以及不同地位的宗族成员各自不同的权利和义务的法则"②。宗法社会其本质为家族制度的政治化，家国同构，家族制度长盛不衰，基本是家天下的延续。一部中

---

① 《马克思恩格斯选集》第三卷，人民出版社 1995 年版，第 435 页。

② 阴法鲁、许树安：《中国古代文化史（一）》，北京大学出版社 1989 年版，第 82 页。

国古代史,其实就是一部家族统治史。宗法社会中族权是政权的强有力补充,同时又具有政权不具备的特殊社会作用。宗法社会的基本制度是宗法制度,这种制度主要在统治阶级内部实行,其最初是用于调整统治阶级利益、规范宗族内部权益分配关系的,也是奴隶主贵族阶级维护统治、奴役奴隶的有力工具。

宗法制度在夏朝得以萌芽,于商朝进一步发展,至西周时日趋完备,对之后的各个封建王朝影响深刻。宗法制度从制度上成为维持宗法社会正常运转的重要保障。

宗法制度萌芽于夏朝。在父系氏族后期,一定程度上部落联盟的领袖已经拥有了君主的权力,依"禅让"他们获得职位,即由各部落酋长通过协商而推选联盟首领。大禹死后,他的儿子启继位,王位"禅让"制被打破,王位世袭制开始确立。在王位世袭制确立的同时,夏朝还规定按血缘关系的远近亲疏,将部分经济政治特权通过分封诸侯的方式分配给宗族中的其他成员,从而使之在分享部分统治权的同时,还承担着为夏朝效力的责任义务。这种方式被其他奴隶主贵族效仿,在其宗族内部区分等级尊卑,达到明确权利和义务的目的。所有这些构成了宗法制度的主要内容。到了商朝,君统与宗统进一步结合,宗法制度发展得更为严密。商朝时期,商王既是国家的最高统治者也是其宗族的族长,无论在全国还是宗族内部皆享有至高无上的权力地位。商朝其他贵族的宗族族长为"子",商王和"子"的权威都是世代因袭的。商朝的宗族内部权位继承以传子为主,由此嫡庶、直系旁系、大小宗之分得以产生,这种区分是宗法制度持续发展的结果。到了西周,宗法制度日臻系统完善,在对原有宗法制度承袭的基础上又有进一步发展充实,从而强有力地维护了当时的政治经济统治。西周的宗法制度不但成为规范社会秩序的指导思想,更是政治制度的建制原则,其显著特点在于:严格区分嫡庶,确立嫡长子优先继承权,宗族内部区分大小宗,大小宗皆以嫡为宗子,宗子具有统帅族人、统帅民众的特殊权力;宗法制度和政治制度紧密结合,宗法等级与政治等级完全重合,宗族组织和国家组织重叠一致,国家的各级政权机构,实际上就是宗族组织的扩大化,行政制度体制具有十分浓厚的血缘宗族性质。

据史料记载,夏朝时行政组织机构已经产生,有掌管中央及地方事务的行政人员,也有从事宗教事务的行政人员,军队里也有行政人员,还有负责管理生产的行政人员。不过,夏朝各种行政人员身份等同于奴隶主贵族家臣,可见,当时的国家行政管理体制尚处于起始阶段。到了商朝,这种行政管理制度体系有所发展。商王将疆土划分为内服与外服两种不同的统治区,内服由商王直接管辖,以其所居京师为中心，周围方圆五百里范围为界，又称王畿。外服是指王畿以外的广大地区，也就是分封诸侯的地区①。商朝的中央行政机构皆实行"亲贵合一"的组织原则，即国家官职只有王室贵族才有资格担任，官职高下也由与王室的血缘亲疏远近关系来决定，即"今王公大人，其所富，其所贵，皆王公大人骨肉之亲，无故富贵面目爱好者也"②。作为镇压奴隶及平民暴动、防御外敌入侵的军队，其最高指挥权在商王，军队的主干也是由贵族家庭成员组成的。西周的行政管理体制得到进一步加强完善。相比商朝，西周的中央及地方行政管理组织机构比较完整，分工也比较明确。在中央行政管理体制方面，周天子拥有统治天下的最高权力，也是天下的大宗，作为同姓贵族的最高族长，周王的命令诸侯必须服从。西周王位继续实行嫡长子继承制，其他一系列的官位及俸禄也是世袭的。在地方行政管理体制方面，分封制紧密结合宗法制度，分封的诸侯地位由宗法血缘关系来确定。诸侯与周王两者关系既是政治从属关系，又兼具宗法血缘关系。权位与宗法紧密结合。通过这种宗法分封制，上自周王，下至诸侯、卿大夫、士，形成了等级森严的行政管理机构，组成了严密的统治网，统治着全国民众。

二、诸侯割据纷争的社会政治格局

在公元前 771 年，犬戎攻克西周镐京，周幽王被害，周平王被逼无奈迁都至洛邑即今天的河南洛阳。公元前 770 年东周伊始。这时，周王室日渐衰微，大片领土丧失，实力与一般的诸侯国相当，周天子已不具备一统天下的权威，最高统治权不断下移，诸侯国凭借各自的政治、经济及军事实力竞相争夺霸主地位，"诸侯恣行，政由强国"③的局面形成。周王室的衰败直接导致社会政治秩序混乱，中国由此步入诸侯争霸、礼崩乐坏的春秋战国时代。春秋战国时期是中国国家政治制度、社会性质发生重大变革的时期，此时奴隶制度日渐走向崩溃瓦解，封建制度逐步形成确立。新兴地主阶级一方面通过战争攫取土地与权力，另一方面实施改革来增强自己的实力。春秋时期有"春秋五霸"，先后起来争夺霸主地位的诸侯是齐桓公、宋襄公、晋文公、秦穆公、楚庄王。战国时期又形成了"战国七雄"即齐、楚、燕、韩、赵、魏、秦争霸的局面。战国时期各诸侯国为争雄图强，还相继实行改革变法。如李悝变法使魏国富强，商鞅变法成功使秦国居于群雄之首。

---

① 袁行霈、严文明：《中华文明史（第一卷）》，北京大学出版社 2006 年版，第 144 页。

② 《墨子·尚贤》

③ 《史记·儒林列传》

在"争于气力"的时代,政治制度、行政规范、社会秩序遭到严重破坏,纲纪紊乱,礼崩乐坏,人们在政治生活和社会生活中无所适从,违背伦常、背信弃义的行为频繁发生,尔虞我诈、彼此相残竟成常态。当时各诸侯国之间虽然有着各种各样带有浓厚宗教色彩的结盟,但这种结盟十分脆弱,不堪一击。《左传·襄公十一年》记载,诸侯伐郑,使郑国签订了盟约,内容为"凡我同盟,毋蕴年,毋壅利,毋保奸,毋留慝,救灾患,恤祸乱,同好恶,奖王室。间或兹命,司慎司盟,名山名川,群神群祀,先王先公,七姓十二国之祖,明神殛之,俾失其民,队命亡氏,踣其国家"①。也就是说,结盟者在盟约中发誓,如违背盟约将会遭到天地鬼神的严惩,甚至亡国灭种。具有讽刺意味的是,两个月后,当更为强大的秦国"将以伐郑",郑伯即刻背叛了盟约。可见,盟约根本没有什么刚性约束力,仅为各诸侯国之间平衡、处理权力利益的权宜之计,一旦有其他更大的利益诱惑,相关诸侯国就会立刻突破盟约。政治结盟契约与行政伦理道德规范已经严重失效,诚信守约被弃之敝屣。

不仅诸侯国间纷争不已、政治关系混乱异常,各诸侯国内部争权夺利的情况也十分严重。正所谓上梁不正下梁歪,上行下效,当诸侯在觊觎篡夺周天子权力的同时,卿大夫也在积极策划谋篡其上司诸侯的权力,而卿大夫的权力也正在被其属下家臣、陪臣篡取。据相关记载,当这些属下一旦掌控某座城邑的时候,常常就会据邑叛乱背弃他们的主子。更有甚者竟将自己霸占的领域从原来的诸侯国带到另一个诸侯国。先秦时期儒家创始人孔子的出生地鲁国就是一个非常典型的例子。《论语》中常会出现"三家"一词,指三个贵族大家族,他们分别是鲁桓公三个儿子季孙、孟孙和叔孙的后人,这"三家"在身份地位上只是鲁公的卿大夫,但在孔子的时代,"三家"逐步篡取瓜分了鲁公的实权。其中,季氏实力最强,霸占了鲁国国土的一半以上,剩下的由孟氏和叔氏均分,鲁公被迫沦为傀儡摆设,名存实亡。然而,三家中势力范围最大的季氏也没能长久维持巩固好自己的实力地位,他的篡上夺权被他的下属家宰阳虎效仿。公元前 505 年,阳虎向季氏发难,随后把季桓子囚禁了起来,并驱使强迫季桓子与他签订承认其权力的协约。紧接着,阳虎又征服了其他两家,并逼迫他们签订了类似条约,从而一跃而为鲁国的实际执政统治者。两年后,阳虎因企图完全取代季氏而筹划谋杀三家首领计划败露而出逃。正所谓"春秋无义战",在统治者你争我夺、频频发动战争的同时,民众的生命更被视为草芥,《左传》中就记载了诸多惨无人道的事例。如吴君主由于厌恶听到吃败

---

① 《左传·襄公十一年》

仗的报告,就手持利刃残忍地划断了恰巧在旁边的七人咽喉。晋灵公的厨师由于烹饪的食物不合晋灵公胃口,就招来了杀身之祸。晋灵公还酷爱在高处用弹弓打人,并以观赏被弹射之人左躲右闪的窘态为乐。统治者的道德沦丧导致老百姓失去了最起码的生活生存保障,整个社会充斥着残暴野蛮、不仁不义的风气。为了维持战争机器运转,为了满足君主贵族们的穷奢极欲,统治者愈加残酷压榨盘剥老百姓,横征暴敛、严刑峻法,真正是"苛政猛于虎"。统治集团的反人道、反伦理行径败坏了整个社会的道德风气,从上至下整个社会道德彻底沦丧。据记载,当时长期被攻打围困的宋国,老百姓为了活命,竟然令人发指地易子而食。可见,当时的社会伦理道德状况糟糕透顶,让人难以忍受,重建社会伦理秩序,重塑内心道德良知,成为历史提出的严肃课题。传统儒家的主要代表人物孔孟荀就诞生在这样一个时代,他们具有很强的社会责任感,有着强烈的担当意识,一方面对混乱局面进行鞭挞批判,另一方面积极思索治国理政的有效方法,提出了一系列关于行政执政的珍贵伦理思想。

三、诸子百家争鸣的文化环境

在周王室衰微、诸侯纷争林立、社会动荡不安的大变革时期,一方面"天子失官,学在四夷",官学被打破,私学兴起,文化学术由贵族统治集团垄断的状况有所缓解,开始下移至民间,人们的知识水平不断得到提高,学术团体勃兴。这些学术团体能突破传统,积极主动探索治国方略,从不同的侧面提出了各具特点的治国理念和强国之道。另一方面,各诸侯国为争生存、图富强、求霸主地位,纷纷招贤纳士,竞相改革变法,意图运用有效的治国理论和改革谋略使自己的国家富裕强盛起来,从而在客观上创造了一个诸子百家争鸣的宽松活跃的学术环境,形成了中国历史上第一次思想大解放、大繁荣时期。这一时期成为我国思想道德文化学术发展上的关键期,为中国思想文化的发展奠定了坚实的基础。这一时期的诸子百家们不依附于任何政治团体,他们议论时事,阐述哲理,著书立说,在各国间游走,为诸侯们出谋划策,向各诸侯阐释自己的治国理念和主张。诸子百家中的主要代表人物有孔子、孟子、荀子、墨子、老子、庄子、杨朱、惠施、公孙龙、列子、商鞅、慎到、申不害、韩非子、告子、孙膑、苏秦、张仪、吕不韦、管仲、鬼谷子等等;影响最大、流传最广的学派首推儒家,除儒家外,还有墨家、道家和法家。

儒家思想由于其创始人孔子继承发展了三代中原正统文化,在诸子百家中脱颖而出、地位显著,成为中国传统文化的核心、主流,对中国思想文化的发展产生了深远的影响。先秦儒家的"仁者爱人""己所不欲,勿施于人"的"忠恕"思想,

"德治""仁政"的执政治国理念,荀子的"隆礼重法"主张,这些都给后世带来深刻启示。

墨家的创始人是墨子,又名墨翟,是先秦著名的政治家、哲学家。墨家崇尚研发先进的武器,弩、云梯、战车等都是他们发明出来的,墨家子弟活跃在整个战国时期,颇受诸侯君王们的赏识。然而,墨家主张兼爱非攻,提倡"兼相爱,交相利"。墨子认为"国之与国之相攻,家之与家之相篡,人之与人之相贼,君臣不惠忠,父子不慈孝,兄弟不和调"①的根本原因在于人的自爱不相爱、自利不相利。只有做到"视人之国,若视其国;视人之家,若视其家;视人之身,若视其身。是故诸侯相爱,则不野战;家主相爱,则不相篡;人与人相爱,则不相贼;君臣相爱,则惠忠;父子相爱,则慈孝;兄弟相爱,则和调;天下之人皆相爱,强不执弱,众不劫寡,富不侮贫,贵不敖贱,诈不欺愚。凡天下祸篡怨恨,可使毋起者,以相爱生也"②。在墨子看来,只要国与国之间、家与家之间、人与人之间都兼相爱,交相利,天下就会太平,就会秩序井然了。墨子还提出了"节用""非乐"思想,认为衣食住行只要能满足基本的生活需求就可以了,反对贵族统治集团的铺张浪费、享乐主义和穷奢极欲,墨家思想代表了小生产者的利益,反映了劳动人民的心声。

道家思想在先秦诸子百家思想中独具特色,其突出代表人物是老子和庄子。"道"是道家思想的核心,"道生一,一生二,二生三,三生万物。万物负阴而抱阳,冲气以为和"③。道家认为万事万物皆由"道"派生而出,以"道"为存在法则,且以"道"的形式变化运动。因此道家认为治国也要符合"道",提倡顺应自然、无为而治的治国理论;指出贵族集团要想维持、巩固其统治地位,得到更长久更大量的利益好处,就要在表面上做出欲求甚少的姿态,要少一点作为。《老子》一书还列举了一系列的统治术,如"将欲歙之,必固张之;将欲弱之,必固强之;将欲废之,必固兴之;将欲夺之,必固与之"④"故贵以贱为本,高以下为基"⑤"古之善为道者,非以明民,将以愚之"⑥。庄子也认同最佳的统治方式是"无为而治",他极力反对统治集团实行高压政策,大力鞭挞政府压制差异强求一律。庄子认为,如违背民众顺其自然、

---

① 《墨子·兼爱中》
② 《墨子·兼爱中》
③ 《老子》第四十二章
④ 《老子》第三十六章
⑤ 《老子》第三十九章
⑥ 《老子》第六十五章

本性享受自由生活的内在要求，而人为地以所谓的政治法律来统治压迫民众，就如同络马首、穿牛鼻、续鸭胫、断鹤胫般导致"以人灭天"，后果只会是悲惨不幸。先秦道家还描绘了一幅"小国寡民"的美好社会图景："使民有什伯之器而不用，使民重死而不远徙。虽有舟舆无所乘之，虽有甲兵无所陈之，使民复结绳而用之。甘其食，美其服，安其居，乐其俗。邻国相望，鸡犬之声相闻，民至老死不相往来。"①

　　法家是先秦诸子百家中以主张"以法治国"而闻名的一个学派，法家学说强调"法""术""势"。"法"指要求民众遵守的法律法令，商鞅重"法"；"术"指权术，即君主驾驭控制群臣的策略和手段，申不害重"术"；"势"指权势，即君主要彻底掌控军政大权，慎到重"势"。到了法家思想的集大成者韩非子，其将"法""术""势"三者紧密结合了起来。法家反对宗法等级制，反对任人唯亲，主张用人唯贤。法家锐意改革，反对复古，商鞅还提出了"不法古不循今"的口号。当商鞅、管仲位极人臣时，就积极变法图强，以实现富国强兵的理想。法家强调"刑无等级""事断于法"，极力否定等级特权，也就是说上至达官显贵，下至黎民百姓，都必须严格遵守法律法令，任何人的违法犯罪行为，都应该受到追究和制裁。商鞅就明确指出："自卿相、将军以至大夫、庶人，有不从王令、犯国禁、乱上制者，罪死不赦。"②法家还主张统治者要做到"信赏必罚"，要依据法令规定，该赏的则赏，该罚的则罚，唯有如此，才能取信于民，做到"令行禁止"。

　　先秦时期，诸子百家群星璀璨，形成了百家争鸣的局面，由于思考问题的角度不同、理念不同，各家学派间曾发生过激烈的辩论，相互间有碰撞，有吸收，有借鉴。正是百花齐放、百家争鸣的环境成就了先秦儒家学派思想理论的丰富和发展。

第二节　先秦儒家行政伦理思想的理论渊源

　　每一种思想形态的形成发展都能够从前代的思想观念和思想资源中找到价值源头和理论依据，先秦儒家行政伦理思想亦不例外。

一、上古三代的德政历史

　　先秦儒家行政伦理思想可溯源至上古三代的德政历史精髓。上古时期的尧舜

---

① 《老子》第八十章
② 《商君书·赏刑》

禅让、大禹治水三过家门而不入等故事流传甚广,尧舜禹的美德、德行成千古佳话。上古三代指夏、商、西周三个朝代,历时一千多年。据《尚书》中的《尧典》记载,尧选接班人,准备禅让帝位,就问在场的部落首领,"汝能庸命,巽朕位"①,意思就是问谁能顺应天命来接替我登上王位呢。部落首领们都说自己德行不够,于是共同推举舜,认为舜"父顽,母嚚,象傲。克谐以孝,蒸蒸乂,不格奸"②,意思是舜的父亲糊涂顽劣,其生母贤淑聪慧,可早早过世,其继母愚昧荒诞,同父异母的弟弟象骄纵狂傲,他们屡屡加害舜,欲置他于死地,可舜却毫不嫉恨,不计前嫌,宽容隐忍,仍然一如既往地孝敬父母,爱护小弟,从而感化了他们,使他们得以改恶从善不再去作奸犯科。尧经过细致观察考验后让位于舜。舜登帝位后,对父亲仍然恭恭敬敬,封弟弟象为诸侯。据《史记》记载,舜在位 39 年,倡导为人处世、为官治国皆要以德为本,他实行德政、注重教化、主张孝道,力倡社会和谐。"天下明德,皆自虞帝始"③,舜被后人推崇为"德圣""道德始祖",开创了中华民族道德文化之先河。舜的"明德"主要体现在:第一,孝行感天动地。据传他在历山耕种,天帝派大象帮他耕地,命小鸟帮他除草。第二,德高望重。"舜耕历山,历山之人皆让畔;渔雪泽,雷泽上人皆让居",只要是他劳作过的地方,便兴起礼让之风。"陶河滨,河滨器皆不苦窳",制作陶器也能带动周围的人认真做事,精益求精,杜绝粗制滥造的现象。所以,他到了哪里,人们都愿意追随。第三,注重道德感化。"当舜之时,有苗不服,禹将伐之,舜曰:'不可! 上德不厚而行武,非道也。'乃修教三年,执干戚舞,有苗乃服。"④意思是舜主政时,南方的有苗氏仍不服他的管辖,于是大禹向他请求率兵征伐,舜不答应,认为处于上位的如果不靠德行而依靠武力去讨伐征服,就违背了治国之道。他认为应以"和"为贵,大力实行道德教化,终于让有苗氏心悦诚服归顺,实现了民族大融合。第四,举贤任能,禅让帝位。舜用人唯贤唯德唯才,他举"八元",用"八恺",荐大禹,从而治水成功;他还任命了二十二贤才,天下得以大治。最后,他以尧为榜样,把帝位禅让给了德才兼备的大禹。

尧在选择接班人传位的过程中其实是有过思想斗争的。据《史记·五帝本纪》记载,尧本来可以传位给自己的儿子丹朱,但丹朱不肖,尧于是面临着传子还是传舜的抉择。经过反复思考衡量,最终尧将帝位传给了舜,他说"终不以天下之病而

---

① 《尚书·尧典》
② 《尚书·尧典》
③ 《史记·五帝本纪》
④ 《韩非子·五蠹》

利一人",意思是如把天下传给丹朱,丹朱一人得利,而全天下的人都会痛苦,但要传给舜,则全天下的人都能得到好处,却只有丹朱一人痛苦,因此是不能够为造福一个人,而让普天下所有人都痛苦的。尧的这种大公无私精神,以天下人利益为重的美德为舜效仿,并得到后人的称颂。因此东汉思想家王充说:"圣王莫过尧、舜。尧舜之治,最为平矣。"

大禹是夏朝的创始人,是家喻户晓的道德榜样,"其仁可亲,其言可信;声为律,身为度,……居外十三年,过家门不敢入"①。《尚书·皋陶谟》记载了大禹和皋陶关于君王美德的谈话。皋陶认为"允迪厥德,谟明弼谐",也就是说君主如果继承先王美德,就能做到决策英明,臣下也会精诚团结,竭尽全力辅佐君王。皋陶进一步指出执政者重在修身、知人和安民。"慎厥身,修思永。惇叙九族,庶明励翼,迩可远,在兹。"②也就是说统治者要谨小慎微,要持之以恒地加强自身修养,对臣民百姓要宽宏大量,这样才有可能长治久安。"在知人,在安民。"③皋陶认为君王还要能做到知人善任,使老百姓能安居乐业。大禹认同皋陶观点,说:"知人则智,能官人;能安民则惠,黎民怀之。"④意思是:知人就会聪明睿智,就能用人得当;能够将臣民治理好,使百姓安居乐业就是给他们恩惠,百姓就会爱戴、拥护、感怀他。《尚书·皋陶谟》详细具体地列出为政者应该具备的"九德",即"宽而栗,柔而立,愿而恭,乱而敬,扰而毅,直而温,简而廉,刚而塞,强而义",并将这"九德"作为选拔官吏的标准。《尚书·皋陶谟》还认为:"天命有德,五服五章哉!"也就是说上天任命具有美德的人来治理国家,并且按照德行的高下把他们分为五个级别。

《吕氏春秋·顺民》记载了关于殷商始祖汤王的一段美德佳话:"昔者汤克夏而正天下,天大旱五年不收。汤乃以身祷于桑林,曰:'余一人有罪,无及万夫,万夫有罪,在余一人。无以一人之不敏,使上帝鬼神伤民之命。'于是剪其发酈其手,以身为牺牲,用祈福于上帝。民乃甚说,雨乃大至。"⑤意思是以前汤王征服夏桀取而代之君临天下时,正赶上天下大旱五年,庄稼颗粒无收。汤王于是独自一人在桑林中向上天祷告:"罪过在我一人,请不要连累百姓;即使百姓有罪,也是因我造成,罪责还是由我来承担。不能因为我一个人不聪敏,而让上帝差遣鬼神来伤害百姓之

① 《史记·夏本纪》
② 《尚书·皋陶谟》
③ 《尚书·皋陶谟》
④ 《史记·夏本纪》
⑤ 《吕氏春秋·顺民》

命。"接着汤王剪发、缚手,把自己当作牺牲贡品,向上天祈福。于是天降大雨,百姓大喜。

殷商君王盘庚在迁都后向群臣解释为:"肆上帝将复我高祖之德,乱越我家。朕乃笃敬,恭承民命,用永地于新邑。"[1]意思是:我之所以兴师动众来迁都是因为上帝将要复兴我们高祖成汤的美德,从而安定治理好我们的国家。我要保持对上帝的敬意,忠厚谨慎,顺从民意保护好民众生命,使大家在新邑永远幸福地安居。

殷商的亡国之君商纣王,荒淫无度,残虐臣民,民怨四起。周武王顺应民意举兵讨伐之,并发布讨伐动员令:"今商王受惟妇言是用,昏弃厥肆祀弗答,昏弃厥遗王父母弟不迪,乃惟四方之多罪逋逃,是崇是长,是信是使,是以为大夫卿士。俾暴虐于百姓,以奸宄于商邑。今予发惟恭行天之罚。"[2]这里详细具体地列举揭露了商纣王的种种罪行,说明对商纣的讨伐不仅为"神授""天罚",更是由残暴昏君不敬德失民心所致。《尚书·周书》中明确提出"皇天无亲,惟德是辅",也就是说上天是不会任人唯亲的,只会将天下的统治权授予有美德的人,只有仁德的君主才能得到上天庇护。而殷商"不敬其德,乃早坠失其王命"[3]。

《尚书》中被誉为阐述治国安邦九类大法的《洪范》,其中的第六大法就涉及君王需具备三种美德:"一曰正直,二曰刚克,三曰柔克。平康正直,强弗友刚克,燮友柔克。沈潜刚克,高明柔克。"[4]意思是第一种德为正直,第二种为刚强,重在以刚取胜,第三种是和蔼可亲,侧重以柔取胜。但要注意避免过分的强硬,推崇以柔取胜,道德威力强大。

上古三代崇尚德治,贤明的君主皆注重道德修养,强调德行,认为统治者只有具备美德才能治理好国家。上古三代的德政历史为先秦儒家的行政伦理思想提供了丰富的理论来源,因此,孔子的孙子子思作《中庸》时就有"仲尼祖述尧、舜,宪章文、武"之说。

二、周公姬旦的德治理论与实践

周公姬旦是西周早期卓越的思想家、政治家,是周文王姬昌的第四子,周武王

---

① 《尚书·盘庚》
② 《尚书·牧誓》
③ 《尚书·召诰》
④ 《尚书·洪范》

的弟弟，因其采邑在周地即今天的陕西岐山，又为太傅，是三公之一，故被尊称为周公。周武王死后，因为继承王位的成王年幼而由周公摄政，他的兄弟即管叔、蔡叔和霍叔三人不服，他们阴谋勾结串通商纣子武庚，以及徐、奄等东方夷族暴动反叛。为了平息叛乱，周公姬旦亲自挂帅出师，经历三年终于平息叛乱，从而将势力范围扩展至大海。之后营建洛邑也就是今天的洛阳为东都。同时，周公姬旦还制礼作乐，建章立制。他的政绩被《尚书·大传》概括为："一年救乱，二年克殷，三年践奄，四年建侯卫，五年营成周，六年制礼作乐，七年致政成王。"周公在巩固和发展周王朝的统治上做出了突出贡献，其言论主要散见于《尚书》中的诸篇，他的德政理论与实践对中国历史的发展具有深远影响。

周公善于以史为鉴，他从殷商灭亡及"三叔"反叛暴乱等事件中得到启示，异常重视对贵族统治集团及其子弟进行政治伦理道德教育，提出了"明德配天""敬德保民""明德慎罚"等思想。为巩固周王朝的政治统治，周公还总结夏商的统治经验，吸取其教训，着力制礼作乐，建章立制，颁布了各种典章制度，发布了各类文告。周公平复叛乱之后，封其小弟康叔为卫君驻守以前商朝的中心统治区，主要管理商朝遗民事务。为使康叔顺利统治情况复杂、矛盾尖锐的前殷商腹心地带，周公叮嘱告诫卫康叔要爱民，要拜访贤人，虚心向他们讨教殷商前兴后亡的经验教训。周公还拟定了《康诰》《酒诰》《梓材》三篇文告给卫康叔作为统治法则。《康诰》旨在安定殷商遗民，主张"明德慎罚"，指出正是因为做到了"明德慎罚，不敢侮鳏寡"，从而民心归服，周文王才成功得到了天下，天命不是固定不变的，只有"敬德保民"，才能万年为王。周公对"天"即"天命"的理解比前人更深一步，他认为"天命"转移与否，以及能否保住"天命"，最终取决于君主有无德性，桀、纣失去"天命"源于失德。因此，周人若想保住"天命"则需有德。这样一来就突破了盲目迷信、服从"天命"、听任"天命"摆布的状况，"天命"成为可保持且可争取的了，从而肯定了人的主观能动性，具有一定的积极意义。天子或者说君主是上天的委托人、代理人，他具有至上权威，身份高贵，地位显赫。然而，天子君主的身份地位却不是固定不变的，而是依附德行存在的。如若失德，"天命"就会转移，故天子君主是不能为所欲为的，是受约束、有条件的，要以"德"为基础，这就是"明德配天"。"德"的一个重要内容就是"保民"，因此，周公在《康诰》中多次反复告诫统治者不能滥用刑罚，要"保民""裕民""康民"，但对于不孝不友者，也不是一味迁就姑息，而是依法惩处。《康诰》要求统治者做到勤勉为政，不能贪图安逸。《酒诰》主要是针对殷商的遗民大肆饮酒成风而发，因为酿酒要大量使用粮食，而在以务农为主的周人看来，酗酒陋习是万万不可容忍的。当然周公也并不是完全禁酒，他认为在祭祀庆典时适度饮酒还是可以的。对于这种饮酒成风陋习，他主张要加以改造，首先要区别对待，要先进行教育引导，情形恶劣者则不可放过，要加以严惩。《梓材》继续提倡明德保民，教育民众之间也不要自相虐待残害，要相互敬重和谐相处。三篇文告是周公一以贯之的施政纲领，旨在使殷商遗民能服从周人统治，在经历动荡战乱之后能安定下来，给他们出路，使之能进行正常的生产生活。

当成王长大可以独立担当治国理政大任时，周公便决定还政于他，为避免重蹈殷商灭亡之覆辙，周公作《无逸》来告诫成王，不要纵情声色犬马，不要贪图安逸享乐，要知道"稼穑之艰难"，只有知晓田地耕作的辛劳，深入底层，才能了解民间疾苦。周公还举例说明殷商先王明君由于勤勉节制、保民惠民、不侮鳏寡，从而能享国甚久。然而，其后的殷王，因为生于安逸，从来不知劳作稼穑艰辛，只一味地贪图享乐，故享国就不长久。接着周公又以周的太王、王季、文王事迹为例加以说明，特别盛赞文王不沉湎于玩乐游猎，不攫取分外之物，节俭朴素，甚至亲自参加农田劳作，废寝忘食，为的是惠泽万众，从而创下了丰功伟绩。周公还进一步告诫成王不能乱罚无罪、乱杀无辜，要自觉省察，不能有丝毫放松，宽容自己享乐。

为巩固周王朝的统治政权，周公还制礼作乐，制定并推行了嫡长子继承制、爵谥制、法制、畿服制以及乐制等一整套典章制度。周公所作这种礼乐制度的礼重在强调"别"，即"尊尊"，要解决的核心问题是区分尊卑贵贱，通过别君臣、父子、夫妇、男女，区分出位置高下，然后引申出"敬"，以下敬上、以贱敬尊、以卑敬贵，使人们各安其位，不得僭越。乐旨在强调"和"，即"亲亲"，乐用以调和等级人伦关系。关系和顺，则人们相亲相爱。有别有和，即从两方面来协调周人内部关系。殷商时王位的继承是传子和传弟并存，传长、传幼和传贤的矛盾始终存在，由于传位不定，曾导致了了"九世之乱"。周武王驾崩前嘱托周公摄政，由于没有严密的继承制，管叔、蔡叔和霍叔竟因争夺王位而挑起内乱反叛。周公目睹这一切，为解决传位不定导致王室纷争以致王室衰落的问题，经过深思熟虑后将嫡长子继承制确立下来，明确规定只有嫡长子才有继承周天子王位的权利，如此就从制度上将支庶兄弟争夺王位这种可能性废除了，进而对维持稳定上层统治集团内部秩序起到了一定的积极影响和作用。周公还将王室庶子们直接分封为诸侯及卿大夫之类，周天子与这些诸侯卿大夫是大宗与小宗、中央与地方的关系。周公大封同姓诸侯，目的就是将政治制度和宗法制结合起来，以血缘为纽带组成牢固的层次分明的政权组织结构。同时，为强化中央政权的统治，有效调整中央与地方、王侯与臣民的关系，周公姬旦还制定了一套严密的礼仪制度,对服饰、居室、用具等方面也做了详细规定说明。这样,礼乐具备,相辅相成,天下大治。周公还政后,仍心系周政权的稳定、巩固,为实现周王朝的长治久安,开始全身心致力于制礼作乐,进一步充实完善各类典章制度。

自西周始,礼乐教化日益成为传统中国政治文化传承的一种经典模式,对行政体制制度的发展演化也有着深刻的影响。周公因此也备受后人推崇。先秦儒家的代表人物孔孟荀皆对周公异常崇敬,孔子盛赞周公之才,向往周公的事业,推崇周礼,他说:"甚矣吾衰也!久矣吾不复梦见周公。"①孟子将周公与孔子相提并论,称周公为"古圣人"。荀子在《儒效》篇中也极力盛赞周公德才。周公姬旦的德政理论与实践成为儒家传统行政伦理思想的直接理论来源。在争于气力、礼崩乐坏的大环境下,先秦儒家自觉以重建社会政治秩序为己任,致力于研究、整理、讲述、传播《诗经》《尚书》等古代历史文献精华,穷毕生之力弘扬德治、仁政、王道精神。当然,以上古政治伦理为范本,先秦儒家提出的对于所处历史阶段社会政治的改革建议主张,更多地侧重于行政管理活动方面。因为一方面,先秦儒家所认同参考的上古政治伦理,尤其是周礼,其形成背景与先秦儒家所处时代本质特征一致,都属阶级社会,且皆是由上层统治集团发起的一种自上而下的政治伦理秩序的构建,我们不应该苛求先秦儒家对这种政治伦理进行完全颠覆后再重建,这种政治伦理具有其存在的合理性价值,先秦儒家所做的是继承、完善、发扬,使统治者在执政、行政过程中有效落实实施这种政治伦理规范。另一方面,在当时那种诸侯争霸争于气力的大环境中,先秦儒家虽然心怀济世大志,但无兵无权无势,无法力挽狂澜,而通过拥有力量的贤德君主来有意识地构建政治伦理道德更具现实性、可行性。因此,先秦儒家更多地寄希望于通过伦理道德的感召力,借助道德自律,使上层贵族统治集团在治国理政过程中真正践履合理的伦理道德规范。同时,在中国传统社会,以皇权为中心的国家治理结构并无政治与行政的明确划分,政治体制与行政体制高度重合。这样,先秦儒家的政治伦理思想就更多地体现在我们今天所说的处于操作层面的行政伦理方面。

---

① 《论语·述而》

第三节　源流分合的理论文化发展脉络

作为先秦诸子中以孔孟荀为突出代表的传统儒家学派,对后世影响尤为广泛深远,其伦理思想更是在中国伦理思想上雄踞重要地位。西汉初期,汉武帝采纳了董仲舒"罢黜百家,独尊儒术"的建议,确立了儒家思想的正统和主导地位,本质上是以先秦儒家孔孟荀的政治伦理和行政伦理思想为基石。自西汉将儒家学说定为一尊,儒家思想作为主流意识形态统治中国长达两千多年。中国传统文化的主干是儒家思想,自被儒家先师孔子确立以来,一直被视为中华精神文化的集大成者和主要代表。儒家学派的创始者是孔子,其言论学说奠定了儒家思想的基础,提出了儒学的大致思想框架,确立了基本的理论价值原则。以孟子为代表的思孟学派和以荀子为代表的荀况学派对孔子思想进一步展开、发挥、引申和推进,使儒家思想的价值理论体系具有不同阶段的发展形态。只有剥茧抽丝,理清先秦这三大巨儒伦理思想一脉相承、源流分合、同中有异的关系,才能明了儒家传统行政伦理思想的历史发展脉络,洞悉儒家伦理思想独具的生生不息的生命力及超越时代的价值。

一、孔子与孟荀伦理思想的源与流

孔子与孟荀的伦理思想关系密切,呈现源与流关系图像。孔子是儒家学说的开山祖师,为传统儒家思想体系奠定了基础。孔子搭建了儒家伦理思想体系的基本框架,提出了诸多涵盖行政伦理层面的命题,孟子和荀子进一步丰富发展了这一思想理论体系,孟子和荀子的伦理思想是对孔子思想的继承补充完善,源于孔子但不拘泥于孔子。下面从伦理价值与原则、道德规范及道德修养等方面加以论证阐述。

孔孟荀认为统治者要施行德治仁政,从政者务必恪守行政伦理道德原则。孔子说:"为政以德,譬如北辰,居其所而众星共之。"①意思是以德治国,就如同北极星,其周边自动为众星所环绕。以德治国主要依赖价值伦理道德体系规范行为,凝聚人心、人力和人气,是一种成本较低的无为而治的治国方略。这种治国方式要求为政者以一身正气来以德服众:"政者,正也,子帅以正,孰敢不正?"②"其身正,不

①　《论语·为政》
②　《论语·颜渊》

令而行；其身不正，虽令不从。"①孟子认为："有大人者，正己而物正者也。"②"其身正而天下归之。"③从这些论述可见孟子已将为政者的德行上升到得失天下的高度，认为为政的无论是天子、诸侯，还是卿大夫、士庶，如不行仁政德行，将宗庙社稷、四海四体难保。孔孟荀亦突出强调为政者德行对民风民德的直接示范引领作用。孔子说："君子之德风，小人之德草，草上之风必偃。"④荀子也强调："君者，仪也；民者，景也。仪正而景正"，"君者，民之原也；原清则流清，原浊则流浊"。⑤

为政者首要的行政伦理原则是什么？那就是要以民为政本，要做到满足人民的物质、精神和文化需要，让人民能够安居乐业。孔子继承了上古三代的"敬德保民"和"善在养民"的民本思想，始终强调要将从政为民作为为政者的出发点和根本宗旨。《论语》中出现频率最高的概念及命题就是"利民""安民""养民""富民""教民"和"保民"。孔子认为，从政者要施行利民惠民政治，要"因民之所利而利之"，才能"惠而不费，劳而不怨"⑥。孟子对孔子的惠民思想进一步阐发，将民众、土地与政事看作诸侯三宝，振聋发聩地提出"民为贵，社稷次之，君为轻"⑦的重要思想，指出要想得到人民的拥护爱戴，君王就要做到使民"有恒产"，要"重民""保民"和"乐民"。孟子曾对齐宣王说："乐民之乐者，民亦乐其乐；忧民之忧者，民亦忧其忧。乐以天下，忧以天下，然而不王者，未之有也。"⑧荀子进一步揭示阐明了富民与强国的内在逻辑和统一，认为"下贫则上贫，下富则上富"⑨。他还强调要"裕民以政"，只有这样才能治国安邦，实现民富国强。孔孟荀一以贯之的利民惠民思想，顺应了人民的意愿要求和社会发展的客观规律，对历代的为政者皆有深刻的启示意义。

先秦儒家伦理价值论核心是关于义与利的理论。孔子关于义和利的著名论断

①　《论语·子路》
②　《孟子·尽心上》
③　《孟子·离娄上》
④　《论语·颜渊》
⑤　《荀子·君道》
⑥　《论语·尧曰》
⑦　《孟子·尽心下》
⑧　《孟子·梁惠王下》
⑨　《荀子·富国》

有："君子喻于义，小人喻于利"①、"见利思义，见危受命"②、"无求生以害仁，有杀身以成仁"③。孔子认为义利并存，但要重义轻利。孟子做了进一步发挥，把功利和道德即"怀利"和"怀义"对立起来。他说："君臣、父子、兄弟终去仁义，怀利以相接，然而不亡者，未之有也"④；"君臣、父子、兄弟终去利，怀仁义以相接也，然而不王者，未之有也"⑤。孟子将孔子的"见利思义"引申为"去利怀义"，将"杀身成仁"发挥为"舍生取义"。荀子的义利价值观与孔孟在本质上是一致的，他指出："义与利者，人之所两有也"，"义胜利者为治世，利克义者为乱世"⑥。作为儒家现实主义的代表，荀子承认义利并存，但同时指出要以义制利，与孔子的见利思义不谋而合，比孟子的去利怀义更符合人性。荀子的义利价值观与他的荣辱观相对应，他说："先义而后利者荣，先利而后义者辱。"⑦荀子还强调君子应做到"义之所在，不倾于权，不倾其利"⑧；要具备"畏患而不避义死"⑨的高贵品质。由此可见，孔孟荀皆具有主张道义、重义轻利的价值观，孔子是这种义利价值观的发轫，孟子和荀子做了进一步的发挥论证。

在具体的行政伦理道德规范上，孔孟荀倡导为政者要公平理政、敬业勤政和清廉为政。关于公平理政，在教育行政上，孔子就主张有教无类，要因材施教；在人事行政上，孔孟荀皆强调要选贤任能；在司法行政上，孔孟荀则主张王子犯法，将与庶民同执。"忠"是孔孟荀行政伦理规范的重要德目。他们认为从政者要忠于能做到圣明和仁敬的君王，要忠于社稷、忠于职守和忠于人民。孟子对于失职不忠者予以抨击谴责，认为君主、士大夫等都要忠诚尽职，谨慎履行职责，要做到敬业勤政。《王制》中，荀子对各级各类官员应做什么，该负何责任阐述分解为："政事乱，则家宰之罪也；国家失俗，则辟公之过也；天下不一，诸侯俗反，则天王非其人也。"⑩他

---

① 《论语·里仁》
② 《论语·宪问》
③ 《论语·卫灵公》
④ 《孟子·告子下》
⑤ 《孟子·告子下》
⑥ 《荀子·大略》
⑦ 《荀子·荣辱》
⑧ 《荀子·荣辱》
⑨ 《荀子·不苟》
⑩ 《荀子·王制》

还劝诫从政者要敬业尽职，强调"百吏官人无怠慢之事"①。孔孟荀还主张为政者要清廉，要节用裕民。孔子说，"不义而富且贵，于我如浮云"②，突出强调为政者要以义取利，不能贪不义之财。孟子认为："可以取，可以无取，取伤廉。"③荀子则痛斥从政者妄取贪得为愚不可及，是很可耻的，他说："为人臣者，不恤己行之不行，苟得利而已矣，是渠冲入穴而求利也，是仁人之所羞而不为也。"④孔孟荀还主张为政者要节制财用、轻车简从。孔子说，"礼，与其奢也，宁俭"⑤，认为一切行政活动都应厉行节俭。

孔孟荀认为实现仁政德治的主要途径是为政者要修身。孔子指出为政者只有以修身为本，才能"安人""安百姓"。孔子对修身的方法如学、思、行等也有诸多论述，如"吾非生而知之者，好古，敏以求知之者也"⑥，"博学而笃志，切问而近思，仁在其中"⑦，等等。孟子继承并做进一步发挥，他说："心之官则思，思则得之，不思则不得也。"⑧他还论证了修身养性与天命的关系，他说："尽其心者，知其性也；知其性，则知天矣。存其心，养其性，所以事天也。夭寿不贰，修身以俟之，所以立命也。"⑨孟子还特别强调为官者要养浩然之气，塑造"富贵不能淫，贫贱不能移，威武不能屈"⑩的大丈夫情怀。荀子对道德修养这一命题有翔实论述，在《荀子》一书中设专章《修身》系统阐述论证。荀子尤其强调"学"的重要性，他说："吾尝终日而思矣，不如须臾之所学也。"⑪荀子继承了孔子"君子躬行"的思想，强调"行"的作用，他说："知之不若行之"；"行之，明也，明之为圣人"⑫。孔子认为修身是一个漫长而艰辛的过程，他说："吾十有五而志于学，三十而立，四十而不惑，五十而知天命，六十而耳顺，七十而从心所欲，不逾矩。"⑬荀子继承发挥了这一思想，认为修身养性

① 《荀子·君道》
② 《论语·述而》
③ 《孟子·离娄下》
④ 《荀子·强国》
⑤ 《论语·八佾》
⑥ 《论语·述而》
⑦ 《论语·子张》
⑧ 《孟子·告子上》
⑨ 《孟子·尽心上》
⑩ 《孟子·滕文公下》
⑪ 《荀子·劝学》
⑫ 《荀子·儒效》
⑬ 《论语·为政》

是个日积月累的长期过程,提出了"积善成德,而神明自得,圣心备焉"①的论断。综上所述,孟子的反省内求和荀子的必求于外这两种不同修身理论都能从孔子的思想中找到依据,体现了源与流的关系。

二、孟子和荀子伦理思想的同源异流与分流离合

孟子和荀子的伦理思想立足儒门,同源于孔子,但由于两人分别处于不同的社会、理论发展阶段,分属于不同的学派,从不同方面继承、丰富、发展了孔子思想,形成了同源异流、分离重合的理论格局。

孔子的伦理学说体系围绕"仁""礼"结合而展开,他认为"仁"和"礼"是道德生活中不可分割、相互依存的两个根本要素,两者有着迥异的道德特质和社会功能作用。"仁"内涵丰富,在《论语》中它包括的德行有:"恭、宽、信、敏、惠"②,"刚、毅、木、讷"③,等等。而"礼"则是一种外在的约束规定,即"约之以礼"④。同时,"仁"也是一种内在的道德情感和信念,孔子主张在"仁"之上"复礼",他说:"人而不仁,如礼何?人而不仁,如乐何?"⑤意思是作为人,如没有仁爱的心,遵守礼仪有什么用呢?没有仁爱的心,礼乐又有什么用呢?孔子将"仁"视作根本,是施行外在规范和礼仪的"礼"的内在心理依据。"仁"侧重于人的内在道德修养,"礼"突出倾向于外在的约束导向,孔子试图通过内在的"仁"和外在的"礼"相结合,以德治为手段,最终实现王道政治。

孟子伦理思想的核心是"仁义",他注重人的德行,强调主体对自身的道德建构,从心性视角构筑儒家思想的人性论基础,向内反省探求,从仁心的内圣层面延伸挖掘,提出人性本善的理论。在道德起源上,他认为"仁义礼智"来源于人的恻隐之心、羞恶之心、恭敬之心、是非之心⑥,人皆有不虑而知的良知和不学而能的良能。他强调属于主观道德意识和情感的"仁义",在"仁义礼智"四德中,"仁义"居中心地位,"礼智"是为"仁义"服务的,是实现"仁义"的手段。"仁"和"义"具有不同的内涵和功能,他说:"人皆有所不忍,达之于其所忍,仁也;人皆有所不为,达之于其

---

①　《荀子·劝学》

②　《论语·阳货》

③　《论语·子路》

④　《论语·雍也》

⑤　《论语·八佾》

⑥　《孟子·告子上》

所为,义也。"①又说:"未有仁而遗其亲者也,未有义而后其君者也。"②可见,在孟子的学说中,"仁"是一种内在的伦理道德信念,其功能作用倾向于调节宗法血缘关系;而"义"则是一种外在的伦理道德行为准则,侧重于处理调整君臣上下的伦理关系。孟子继承了孔子"仁"的思想,并辅之以"义",将仁义结合,充实丰富了"仁"学内涵,强化拓展了"仁"学功用。孔子的"仁"立足于宗法血缘关系,孟子身处战国时期宗法关系受到冲击这一历史情境,提出以"义"来处理调节非宗法血缘的君臣关系,进一步发展了儒家的伦理道德学说。"义"在《论语》中不仅属于道德行为范畴,还是一种通达权变的社会行为,如孔子说:"君子之于天下也,无适也,无莫也,义之与比。"③意思是君子对于天下事,没有必须要怎么做,不要怎么做,而只需考虑如何做恰当合适就行。孟子将"义"和"仁"契合,彻底伦理道德化了"义",使之作为道德行为准则具有权威性,如他说:"大人者,言不必信,行不必果,惟义所在。"④孔子论仁,侧重于个体的道德修为;而孟子的仁重在推行实施仁政,仁政的关键点在君正,他指出,"君仁莫不仁,君义莫不义,君正莫不正。一正君而国定矣"⑤,从而进一步发展了孔子的学说理论。

荀子在其伦理思想中将"礼"和"义"结合起来,他说:"先王之道,仁之隆也,比中而行之。曷谓中?曰:礼义是也。"⑥同时在两者中,他更突出强调了"礼",他说:"礼者,人道之极也"⑦;"国之命在礼"⑧;"礼也者,理之不可易者也"⑨;等等。关于"义",荀子说:"夫义者,所以限禁人之为恶与奸者也……内节于人,而外节于万物者也;上安于主,而下调于民者也;内外上下节者,义之情也。"⑩"义"和"礼"的内涵功能相似,不同之处在于"义"特指观念意识上的伦理道德规范,而"礼"不仅是一种道德行为规范,更是一种制度层面的设置。与孟子注重道德自觉,将道德的内在信

---

① 《孟子·尽心下》
② 《孟子·梁惠王上》
③ 《论语·里仁》
④ 《孟子·离娄下》
⑤ 《孟子·离娄上》
⑥ 《荀子·儒效》
⑦ 《荀子·礼论》
⑧ 《荀子·强国》
⑨ 《荀子·乐论》
⑩ 《荀子·强国》

念"仁"与外在行为尺度"义"相结合不同,荀子强调"礼以定伦"①,突出"礼"作为外在规范对主体道德行为的约束引导作用,并主张"治之经,礼与刑"②。孔子的"仁"具有宗法色彩,是基于血缘关系的情感观念反映。荀子重"礼义"而轻"仁",他说:"虽王公士大夫之子孙,不能属于礼义,则归之庶人。虽庶人之子孙也,积文学,正身行,能属于礼义,则归之卿相大夫。"③荀子重"礼义"是对孔子宗法性思想的一种超越,他主张礼刑,崇尚王霸,追求以"礼义"为特质的王道政治。

三人的哲学基础都涉及对人性的看法。孔子认为"性相近,习相远"④,他对人性问题并没有在理论上展开,孔子学说具有浓厚的现实主义色彩,他对人的自然属性很少涉及,对人的社会性很关注重视,对抽象的人性没有做理论思辨,只是慎重地存而不论,故子贡说:"夫子之文章可得而闻也;夫子之言性与天道,不可得而闻也。"⑤孟子继承了孔子的"性相近"思想,提出"性善"论,认为本质上人都是良善的,他说:"君子所性,仁义礼智根于心。"⑥又说:"人性之善也,犹水之就下也。人无有不善,水无有不下。"⑦据此,孟子认为只要善于反省自察,人人都能保住善良的本性。荀子则发展了孔子"习相远"的思想,对人性做了较深入研究,他说:"生之所以然者,谓之性。性之和所生,精合感应,不事而自然,谓之性。性之好、恶、喜、怒、哀、乐,谓之情。情然而心为之择,谓之虑。心虑而能为之动,谓之伪。虑积焉,能习焉,而后成谓之伪。"⑧他认为"目好色,耳好声,口好味,心好利,骨体肤理好愉佚,是皆生于人之情性者也"⑨,从而得出"人之性恶,其善者伪也"⑩的论断,明确提出要"化性起伪",强调道德后天养成的重要性。

孟子和荀子的伦理思想源于孔子,但有不同的分流发展,其差异性并未削弱两者作为先秦巨儒的地位,两位的伦理思想内容完整、自成体系、逻辑严密,对伦理道德领域种种问题做了独到阐述,提出了伦理思想史上发人深思的问题,促进了儒家

---

① 《荀子・致士》
② 《荀子・成相》
③ 《荀子・王制》
④ 《论语・阳货》
⑤ 《论语・公冶长》
⑥ 《孟子・尽心上》
⑦ 《孟子・告子上》
⑧ 《荀子・正名》
⑨ 《荀子・性恶》
⑩ 《荀子・性恶》

伦理学说的发展。当然，孟荀伦理思想在分流的同时，亦分中有合。

孟荀立足孔门，紧依孔子之源，在诸多问题上构成形异实同局面。如上述孟子的性善论与荀子的性恶论，表面上两者针锋相对，实质上两人是从不同的视角分析论证人性。孟子从人区别于动物的视角规定人性，荀子则用人的动物属性论说人性，两人用不同的评价标准，从不同的前提出发，实质上都认同：人具有恶的动物性，但与动物迥异之处在于善；人性具有先天性，通过后天的努力能培养和保持善良的德行。故孟子得出"人皆可以为尧舜"[①]的结论，荀子亦得出相同的结论——"涂之人可以为禹"[②]，呈现出人性理论方面的殊途同归。在如何对待"义"的价值论问题上，两人观点也是形异实同。孟子倡导"舍生取义"，荀子在承认"利"的合理性同时强调"以义制利"，将"义"置于首要位置，以"义"作为衡量主体行为的道德评价标准，主张"先义而后利"[③]，"重义轻利"[④]。孟荀的伦理道德规范、个体修身养性等理论，实质上皆以调整规范主体的德行，以塑造"成人""圣人"的理想道德人格为目的。可见，孟荀伦理思想的分流本质上形分实合。只有剖析把握孟荀理论的分流离合，才能透彻了解两者思想的差异和同一，进一步理解与孔子思想的源与流及继承发展的关系，从而明确两者在儒家伦理学说发展史上的重要地位。

孟子和荀子伦理思想的分流离合有其文化理论发展和社会历史条件方面的深层根源。从文化理论发展脉络来看，两人立足儒门，思想源于孔子，必然维护儒家学说，与孔子理论一脉相承。但两人分属于不同的理论发展阶段，孟子身处诸子百家争鸣高潮期，为解决现实问题，人们提出各种治世理论，面对这种复杂局面，孟子给道德赋予先天性质，创立了主观内倾的唯心主义伦理思想。不同于孟子，荀子身处百家争鸣后期，争论的问题基本明朗，相应的主体认识能力水平也有所提高，逐步由表及里，由直观形象走向深层逻辑推理，现实主义的荀子集大成，直面这种文化理论发展变化，创建了更真实反映生活实践的伦理思想体系。综上所述，身处文化理论发展的不同时期、依据同一的理论源泉，是孟子和荀子伦理思想呈现分流离合的根本文化理论根源。从社会历史条件根源来看，儒家学说是对鲜活的现实生活的反映，在众生百态复杂纷繁的现实社会，既有重视自律品德高尚的人，也有必须依靠他律约束和外在规范的品质有待提高的人，既要提倡不为贫贱富贵左右、能

---

① 《孟子·告子下》
② 《荀子·性恶》
③ 《荀子·荣辱》
④ 《荀子·成相》

舍生取义的大丈夫风范,又不能无视抹杀民众对正当利益的合理诉求,既要实施德治仁政追求美好和谐,又要礼法并举维护社会稳定。直面错综复杂的现实社会,单一理论无法反映复杂矛盾的社会人生,故在儒家伦理思想中,既需要孟子的主观唯心主义伦理思想来勾勒憧憬美好道德生活,也需要现实主义的荀子的伦理思想来反映人类社会更为真实生动的道德现状。如此,孟荀继承孔子衣钵,从不同的视角,站在同一立场,反映复杂现实百态人生,理论上形成了分流离合的状态。孟子和荀子的伦理思想既分又合,既有差异又有同一,实质上是作为个体对作为一个完整体系的先秦儒家伦理思想的补充完善。整体的完善强大,来源于内部个体的同一和差异。至此,先秦儒家的伦理思想与丰富纷杂的社会生活相契合,适应了统治阶级的统治需要,也正因如此,汉代的董仲舒提议将儒家思想上升到统治思想地位,得到了汉武帝的采纳,这使先秦儒家思想在宋明时期的弘扬成为可能。

第三章
先秦儒家行政伦理的基本原则

先秦儒家行政伦理思想广博丰富,体系完备,其中基于核心地位的是行政伦理基本原则,它决定着行政伦理规范的具体内容,是从笼统抽象的思想理论到可实际操作的具体规定要求之间的桥梁媒介。通过对先秦儒家行政伦理思想的梳理、考察及研究,可以概括出为政以德、为国以礼和民为政本这三大基本原则。

第一节　为政以德

一、天命观人性论

天命、人性不是先秦儒家行政伦理思想的主要概念,却是解读把握其内在本质的钥匙。天命、人性是先秦儒家构建其行政伦理思想体系的价值依据。天命观源于人类对终极问题的探索和思考。中国的天命观是在上古三代产生形成的,在商周之际,天命观出现了一个重大变化,那就是由天命的恒定、不可移易转变为可以依人之德而转移,个人具备高尚品德操守就会博得天命的青睐眷顾。儒家思想直接源于西周文化,孔子曾说过:"周监于二代,郁郁乎文哉!吾从周。"①要了解孔子的天命观,可溯源至周人的天命观。陈来指出,周人信仰的最高代表是"天",甚至是"天命",在天命的意义上更表现出宇宙秩序和宇宙命运的色彩。周人把"天"理解为历史和民族命运的主宰,属于"历史中的上帝"。然而,西周的天命论强调的不是后来作为必然性的"命"的观念。在西周的天命观中,并不认为宇宙是由因果链锁定的严整秩序,并不认为一切事物均已预先确定了所有安排和结局。西周天命观虽然肯定天命神意的主宰作用,但这种主宰作用却表现为可以根据事物的发展和人类的状况随时加以控制、干预和调整,是伦理宗教面对社会历史、人类命运所

---

① 《论语·八佾》

产生的一种理解、要求、思想，并把这种要求诉诸天命论的形式。"天"不再是喜怒无常的暴君，而是善恶有则的裁判。因此，既然"天"是有伦理理性的可知的存在，人所要做的，就是集中在自己的道德行为上，自己为自己的命运负责。我们可以这样来归纳周人对天的认识：周人的"天"是历史中的上帝，也是道德价值的根源。"天"是价值的终极来源，赋予人以"天命"，人则需以诚敬之心承接天命，对自己的行为负责①。

孔子以传承历史文化为己任，他的天命观是对西周天命观的继承和发展，本质上是一脉相承的。正如有学者指出：孔子的贡献与其说是发明一个新宇宙，毋宁说是把一套既存的陈述运用到他特定的社会和政治环境中②。在《论语》中，孔子经常谈到天和天命，据杨伯峻的统计，《论语》中出现"天"的地方有19处。"从《论语》中有关天命的叙述看，孔子的天不仅决定着文明的兴衰（'天之将丧斯文'），而且具有强烈的终极关怀色彩，是支撑孔子人生的强大精神力量。"③孔子说："巍巍乎！唯天为大。"④孔子将天命作为自己追求复礼兴仁事业的原始动力和终极依据，将天命作为为自己传承周文化事业辩护的绝对权威。"天下之无道也久矣，天将以夫子为木铎。"⑤正因为孔子坚信有天可依，其安身立命的托付在天，因此，当他身处险境，被当作阳货遭遇匡人围攻时镇定自如，"匡人其如予何"⑥。有了天的庇护，孔子及其所钟爱的文化皆安然无恙。孔子敬畏天命，孔子说："君子有三畏：畏天命，畏大人，畏圣人之言。"⑦孔子将"畏天命"置于成就君子的"三畏"之首，可见畏天命是"三畏"中最重要的。孔子不仅强调畏天命还注重知天命，除了将天命作为自己传承文化使命的依据，孔子还与天相依相知，视天为真正的知己。孔子说："吾十有五而志于学，三十而立，四十而不惑，五十而知天命，六十而耳顺，七十而从心所欲，不逾矩。"⑧可见，知天命乃个人成长进步的关键环节，是成为君子的必要条件，正所谓"不知命，无以为君子也"⑨。

---

① 陈来：《古代宗教与伦理：儒家思想的根源》，三联书店1996年版，第139、192-193、197页。
② ［美］郝大维、［美］安乐哲：《通过孔子而思》，何金俐译，北京大学出版社2005年版，第246页。
③ 赵法生：《孔子的天命观与超越形态》，《清华大学学报（哲学社会科学版）》，2011年第6期。
④ 《论语·泰伯》
⑤ 《论语·八佾》
⑥ 《论语·子罕》
⑦ 《论语·季氏》
⑧ 《论语·为政》
⑨ 《论语·尧曰》

那么，知命即通往天命，使自己的精神和天命沟通的途径是什么呢？那就是下学上达。孔子说："不怨天，不尤人。下学而上达。知我者其天乎！"①在孔子看来，像生死富贵这样的人生际遇不是人为因素所能操纵控制的，人的生死穷达自己完全没办法掌控，而是来自外力或他者的制约，因此人们不用枉费心机，唯一可取的是将自己的兴衰际遇交给自为自在的天命。君子应尽自己的本分，充分挖掘自身的学习潜力，积极进取去接近天命，而不能为试图掌控力不从心的天命而耽搁修养体仁。君子也不必为他人的阻挠嘲笑而枉费精神，因为"天"自有主张，天命既不为自己掌控又岂能为他人左右。孔子实际上也真正践履了其天命观，他孜孜不倦，以天命为己任不懈奋斗，整理上古三代文化遗产，传承传统文化精华，开创了一代学风，始创了儒家学派。

孔子的天命观一定程度上揭示了在天与人的关系上，人们向往"天人合一"，除了敬畏天命，知天命更是人类所渴望的。当然，孔子并没有明确地提出"天人合一"思想，但他奠定了由神学向人学、由彼岸向此岸的价值转换基础，将人们的关注焦点由天命鬼神转移到社会人事方面。自此，天开始向下观照到人，人不再排斥天命将其推远，而是接纳它并进而转化为自己的性。牟宗三先生认为转折的关键标志是子思作的《中庸》。《中庸》开辟了天命下贯至人性的路径，开篇就振聋发聩地指出"天命之谓性"。在孔子以前的中国典籍中很少谈论人性，因此毛礼锐先生认为真正谈论人性是从孔子开始的。孔子没有明确指出人性是善的还是恶的，他对人性的理解比较接近事实，注意到人同时具有自然性与道德性、有限性与无限性，也就是超越的潜力和能力②。从形式上或者说从表面上看，孔子有关人性的言论并不多，如他的学生就认为夫子直接谈论人性的场合很少，子贡就说过："夫子之言性与天道，不可得而闻也。"③虽然《论语》中"性"字很少出现，但关涉人性的言论却颇多。顾炎武说，"夫子之教人文行忠信，而性与天道在其中矣"，又说"不知夫子之文章，无非夫子之言性与天道"④。的确，孔子的天命人性观是其理论体系的奠基石，贯穿在他的一切政治教育思想中。有学者做过统计，《论语》中"性"只出现过两次，其中一次就是最著名的子曰："性相近也，习相远也。"⑤孔子肯定了人性中具有向

① 《论语·宪问》
② 赵法生：《孔子人性论的三个向度》，《哲学研究》，2010年第8期。
③ 《论语·公冶长》
④ 《日知录》卷七《夫子之言性与天道》
⑤ 《论语·阳货》

善的因子,强调了习的重要性,人性可教化,学无止境,作为人,终其一生要做的是学而不厌,不断超越以接近天命。

孔子之后,谈论人性的人多了起来,孔门弟子大多认为人性有善有恶,告子认为人性无善恶之分,性无善无不善。只有孟子承继了"天命之谓性"思想,旗帜鲜明地提出了性善论。孟子和告子就人性展开过争论。事实上,孟子的性完全不同于告子以人的生理本能为基础的性,我们对孟子人性的理解也绝不能仅限于肯定人人皆有为善的可能,需要更进一步追问的是人人皆有为善可能背后的东西,这个东西在孟子看来才真正是人的性,它是确定无疑、毫不含糊真实存在的,正是因为这个性,人们为善才能"不学而能""不虑而知"①。这个性本质上就是天、天命,是良知良能,是先秦儒家的道德本体,就是"天命之谓性"。孟子不否认人有耳目口腹等感官的生理需要,也就是说孟子也承认人的自然属性,但孟子更看重的是仁义礼智等道德性。孟子认为人性即人心,性善即心善。《孟子·告子上》指出:"体有贵贱,有小大。无以小害大,无以贱害贵。养其小者为小人,养其大者为大人。"这里的"贵贱""小大",朱熹在集注中解为:"贱而小者,口腹也。贵而大者,心志也。"对于朱熹的这种注解,古今学者应该是没有什么疑义的。孟子在人的各种生而即有的人性中,只重"人心可贵",他认为"君子所性,仁义礼智根于心"②。人人皆有恻隐之心、羞恶之心、恭敬之心和是非之心,这四心是上天给予的,人一生下来就有,是人之本性,是善之四端,是仁义礼智的源头。因此,孟子指出:"尽其心者,知其性也;知其性,则知天矣。存其心,养其性,所以事天也。夭寿不二,修身以俟之,所以立命也。"③尽自己的善心就能觉悟到自己的本性,觉悟到本性就是懂得了天命。保存善心,养护本性,以此来对待天命。不论寿命长短都不改变,一心一意修身养性以等待天命,这就是安身立命的方法。在孟子看来,个体通过修身养性,就能知天命,个体发挥主观能动性,加强道德完善顺应天命就能安身立命。《孟子》一书处处谈"心",据学者统计,"心"字在《孟子》中竟出现 122 次,孟子反复谈"心",曰存心,曰尽心,曰赤子之心,曰求放心,人人本有一颗善心,这是人的本性,但因种种原因这颗善心被蒙蔽遭放失,故孟子曰:"仁,人心也。义,人路也。舍其路而弗由,放其心而不知求,哀哉!人有鸡犬放,则知求之;有放心而不知求。学问之道无他,求

---

① 《孟子·尽心上》
② 《孟子·尽心上》
③ 《孟子·尽心上》

其放心而已矣。"①仁是人的本心。义是人的大道。舍弃了大道不走，失去了本心而不知寻求，真是悲哀啊！有人鸡犬丢失了知道去找回来，本心丢失了却不知道去寻求。学问之道没别的什么，不过就是把那丢失的本心找回来罢了。这个本心就是善，求放心就是把丢失的善心再找回来，复归于善。做学问就是自我修养，找回、保存、扩充固有的善端，最终形成良善的美德。总之，孟子一方面不否定天命的决定意义，肯定顺应天命，另一方面弘扬了生命个体的道德自觉性、能动性，一定程度上消解了天与人的距离，初步完成了由天命到人性、由外在向内在的价值转换。

历史车轮滚滚向前，战国时期的儒家集大成者荀子以现实主义的眼光提出了制天命的论断。"荀子的天命观在根本旨趣和思路上并没有背离孔孟之道，相反荀子在继承孔子天命观的基础上，对孔孟的天命观又作了进一步的发展和补充，在更积极的意义上展现了'生'之方式。这就是'制天命而用之'思想的提出。"②荀子的制天命思想前提是肯定天命的存在，但荀子并不认为生命个体在天命面前是消极无为的。相反，他认定个体要努力知天命，认识它，以便利用它，这个天命在荀子那里更多具有自然规律的意义。荀子没有人定胜天、将人的意志强加于天的思想，他仍然是沿袭孔孟的思路：畏天命、知天命、顺天命，再到制天命，认识自然规律、顺应自然规律、利用自然规律，目的是服务人之"生"。因此，荀子的制天命本质上就是治人事。古往今来，人的问题是个永恒的话题，治人事的根本是了解人性，荀子的人性论是有名的"性恶论"，有人说，孟子和荀子将孔子的人性论发挥到两个极端。的确，从表面上、形式上看，孟子的性善论和荀子的性恶论是对立的，然而，在逻辑上两者相互补充，从不同的侧面揭示了人性的特质。孟子强调人天生具备修己的可能性、主动性。荀子的性恶不是指人的本性是邪恶的，而是认为人有各种欲望，如要满足这些欲望，就要有所获取，有所求就可能引起争斗，因此人有修己的必要性、被动性。孟子的性善论和荀子的性恶论殊途同归，共同深化完善了孔子的修己安人修齐治平之道。

综上所述，以孔孟荀为代表的先秦儒家天命观、人性论是其行政伦理思想的逻辑出发点和终极依据，先秦儒家的整个行政伦理思想体系及政治伦理思想体系都是建构在天命观、人性论基础上的。因此有人说儒学是天人之学。如果说天命是先秦儒家建构其行政伦理思想的外在价值源头和依据，那么，人性就是内在价值源

---

① 《孟子·告子上》
② 张舜清：《从知天命到制天命》，《武汉大学学报（人文科学版）》，2009 年第 5 期。

头和依据。正是因为找到了这两大超越性的价值源头,先秦儒家行政伦理思想才成为推动中国政治社会和政治文明发展的最珍贵的思想资源。

二、王道政治理想

王道政治是传统儒家的理想政治形态,王道概念来源于《尚书·洪范》:"无偏无党,王道荡荡;无党无偏,王道平平;无反无侧,王道正直。"①先秦儒家所推崇的王道政治,实际上表达了这些先贤哲人们对尧舜禹、周文王和周武王时期理想社会的向往。在孔子看来,远古时期大同社会所推行的帝道已失去了存在的历史条件,但还有一种比较实际的为政之道值得去实践,那就是周文王、周武王和周公时期实施仁政德治的王道政治。王道政治是美好的理想的政治,是建立在道德基础上的。"在西周以来逐步发展了一种思想,即认为在现行的政治秩序之后,还有个道德法,政治运行必须合于某些道德要求,否则就必然导致失败。"②比如,《尚书》中的《周书》就曾反复强调:正是因为失"德",殷商才被小邦的周取代。由于商纣失德才使得天命转移。先秦儒家以继承西周王道为己任,精心打造了一套王道理论。"王道政治的经典理论形态是由古典儒家思想家精心建构起来的。王道政治与霸道政治相对应而存在、相补充而发展。它在理论论证上的三重建构,显示了结构的复杂性和功能设计上的严谨性。人们常常只是在王道政治的和平逻辑上,平面化地理解这一政治理论建构。其实,王道政治理念的立体化建构,是其适应古典中国政治需要并因此具有政治实际效能的精致观念结构。"③在任剑涛看来,天道、王道、王权构成了王道政治的三个基本方面。在三者关系中,天道处于最高位,天道也就是天命,"是王道政治据以运行的正当性基础","它提供的是政治论述的价值来源、价值担保问题的答案",先秦儒家的天命观为其王道政治架构提供了坚实的价值源头和依据。王道顾名思义就是为王之道,王本身就是对天意的体现,因此,只有圣王才可以称"王天下"。怎么"王天下",《中庸》作了具体阐述:"王天下有三重焉,其寡过矣乎! 上焉者虽善无征,无征不信,不信民弗从。下焉者虽善不尊,不尊不信,不信民弗从。故君子之道:本诸身,征诸庶民,考诸三王而不缪,建诸天地而不悖,质诸鬼神而无疑,百世以俟圣人而不惑。质诸鬼神而无疑,知天也;百世以俟圣人而不

---

① 《尚书·洪范》

② 陈来:《古代宗教与伦理:儒家思想的根源》,三联书店1996年版,第297页。

③ 任剑涛:《天道、王道与王权——王道政治的基本结构及其文明矫正功能》,《中国人民大学学报》,2012年第2期。

惑,知人也。是故君子动而世为天下道,行而世为天下法,言而世为天下则。远之则有望,近之则不厌。"也就是说君王治理天下要做三件重大的事,朱熹注解为议(仪)礼、制度、考文,这三件大事做好了就能减少其过失。居上位的品德虽好但没有得到验证,没得到验证就不确实,因而就不能取信于民。居下位的品德虽好但不尊贵,不尊贵便不踏实,不踏实亦不能取信于民。故君子统治天下之道在于要以品行修养为根本,并在百姓中得到验证取得信任;要用三代先王的准则规范来考查而没有谬误,建立在天地之间没有悖理,卜问鬼神没有可疑,待到百世后圣人出现也不迷惑。卜问鬼神没有可疑是了解天意,待到百世后圣人出现不感迷惑是了解人意。因此,君子的举动为世代天下大道,行为成世代天下法则,言谈为世代天下准则。离得远的会仰慕,离得近的也不会厌恶。

王道政治以仁政为中心,主张统治者要实施德治德政。正如任剑涛指出:"天道为君王规定好了行使仁政德治的为政规范。因此,仁政德治便成为'为政之道'。'为政以德,譬如北辰,居其所而众星共之。'(《论语·为政》)仁政德治便成为王道政治的核心建构。"①据《论语·颜渊》记载,季康子问政于孔子,曰:"如杀无道,以就有道,何如?"孔子对曰:"子为政,焉用杀? 子欲善,而民善矣。君子之德风,小人之德草。草上之风,必偃。"大意是君王要实施德政,不必实行严刑杀戮,而要用自己的美德德行来影响教化百姓。修文德施德政使人自然归顺服从才是王道。孟子继承了孔子的王道思想,认为只有实行仁政才能一统天下,也才能永保天下。所以他说:"仁者无敌","不嗜杀人者能一之","保民而王,莫之能御也","推恩足以保四海,不推恩无以保妻子"。② 又说:"行仁政而王,莫之能御也。"③孔孟的王道政治实质上是建立在人有仁心的基础上的。先秦儒家重视道德的主体性,颜渊问仁时,孔子曰:"为仁由己,而由人乎哉?"④"由己"彰显了意志的独立,具有独立意志的个体可以进行道德选择。"仁远乎哉? 我欲仁,斯仁至矣。"⑤"夫仁者,己欲立而立人,己欲达而达人。"⑥"己所不欲,勿施于人。"⑦以忠恕之道协调人际关系,沟通微妙人

① 任剑涛:《天道、王道与王权——王道政治的基本结构及其文明矫正功能》,《中国人民大学学报》,2012年第2期。

② 《孟子·梁惠王上》

③ 《孟子·公孙丑上》

④ 《论语·颜渊》

⑤ 《论语·述而》

⑥ 《论语·雍也》

⑦ 《论语·颜渊》

心。孟子进一步提出了性善论,并以此作为仁政的依据。孟子认为:"人皆有不忍人之心。先王有不忍人之心,斯有不忍人之政矣。以不忍人之心,行不忍人之政,治天下可运之掌上。"①可见这种"心"就是"仁",也就是仁政的依据源头。这种仁心与仁政的内在延续、直接贯通奠定了王道政治为政以德的基本原则和制度设计。然而在诸侯争霸、狼烟四起的春秋战国时期,尽管孔孟极力宣扬这种行仁政的王道政治,不遗余力地游说诸侯,但由于与实际政治生活距离太远,与人们的实际政治经验疏离,太过理想化而有迂腐之嫌,诸侯们大多敬而远之。"孔子要求统治者要有耐心,'无欲速,无见小利。欲速则不达,见小利,则大事不成'。孔子说:'如有王者,必世而后仁。'(《论语·子路》)朱熹注曰:'三十年为一世。'(《四书集注》)当商鞅以'帝王之道比三代'劝谏秦孝公时,秦孝公说:'久远,吾不能待。且贤君者,各及其身显名天下,安能邑邑待数十百年以成帝王乎!'(《史记·商君列传》)"②因此,务实的荀子提出了王霸并重思想。孟子说:"以力假人者霸,霸必有大国。以德行仁者王,王不待大,汤以七十里,文王以百里。以力服人者,非心服也,力不赡也。以德服人者,中心悦而诚服也,如七十子之服孔子也。"③正是因为王道政治具有强烈的政治感召力、亲和力以及政治臣服性与权威认同感,决定了霸道也必须依托仁义,实行仁政,在仁义的旗号下进行战争争霸,霸道政治实质上是对王道政治的某种继承。事实上,孔子在宣扬王道的同时并没有简单地否定霸道,从孔子"齐一变至于鲁,鲁一变至于道"④及"如有王者,必世而后仁"⑤的思想言论分析,孔子的思想已然蕴含了由"霸"而循序渐进至"王"的阶段性认识,这也正是他对春秋时期桓文、管仲未加深责的根本原因所在⑥。荀子的王霸并重思想坚持了以王道为最高的立场,不偏离孔孟王道政治以德性制约规范政治运作的主线。荀子还系统阐述了王道政治的制度安排,"他对王道的四维论述,即对王者之人、王者之制、王者之论、王者之法的论述,将王道政治的制度精神内涵,全方位地凸显出来"⑦。王者之人:"饰动以礼义,听断以类,明振毫末,举措应变而不穷。夫是之谓有原。是王者

---

① 《孟子·公孙丑上》

② 刘红卫:《王、霸的时序性——试析由王道向霸道转变的原因》,《管子学刊》,2004 年第 1 期。

③ 《孟子·公孙丑上》

④ 《论语·雍也》

⑤ 《论语·子路》

⑥ 黄俊杰:《中国孟学诠释史》,社会科学文献出版社 2004 年版,第 126 页。

⑦ 任剑涛:《天道、王道与王权——王道政治的基本结构及其文明矫正功能》,《中国人民大学学报》,2012 年第 2 期。

之人也。"①王者之制，就具体的制度内容而言，就是礼制。王者之论则是："无德不贵，无能不官，无功不赏，无罪不罚。朝无幸位，民无幸生。尚贤使能，而等位不遗；析愿禁悍，而刑罚不过。百姓晓然皆知夫为善于家而取赏于朝也，为不善于幽而蒙刑于显也。"②王者之法为："等赋，政事，财万物，所以养万民也。……四海之内若一家。故近者不隐其能，远者不疾其劳，无幽闲隐僻之国，莫不趋使而安乐之。"③"四者围绕'王者'这一王道主体，进行了系统的主体特质勾画：具有王者品质的人，必须是能够掌握政治运行根本道理的人，而行使王道的制度安排，必须尊崇相沿有致的制度规则，在行政过程中的精思明辨，是人心思定、社会有序的条件；而在实际的行政举措上，实行宽政，以身作则，堪称人师，四海钦服。"④同时，荀子不认同孟子决绝地反对霸道的态度，在荀子看来，王道与霸道在政治目标和理想层面上并不存在根本对立，只不过前者纯粹，后者更着眼于现实，正如《荀子·王霸》指出的"用国者义立而王，信立而霸"。所谓"义立而王"，就是在统治者治国理政中，其治理目标、治国手段及自身道德修为皆契合道义。"信立而霸"是指统治者自身道德修养不够完善却能有效维持社会政治秩序，并依诚信原则取信于民。霸道虽然德未至，义未济，"然而天下之理略奏矣，刑赏已诺信乎天下矣，臣下晓然皆知其可要也。政令已陈，虽睹利败，不欺其民；约结已定，虽睹利败，不欺其与"⑤。在荀子看来，王霸之区别在于"粹而王，驳而霸"⑥，"故尊圣者王，贵贤者霸"⑦。可见，荀子憧憬纯粹的王道政治，但对于"信立而霸"也给予肯定认可。因此，罗根泽说："孟子是王非霸，荀子则大王小霸。"⑧荀子的这种现实主义转变路径实现了王道政治理想向实际政治生活的贴近。

三、内圣外王之道

先秦儒家不仅勾画了王道政治的美好蓝图，而且还指出了实施王道政治的最佳途径和实践纲领，那就是内圣外王。内圣指个人自觉地通过道德修养、道德实

---

① 《荀子·王制》

② 《荀子·王制》

③ 《荀子·王制》

④ 任剑涛：《天道、王道与王权——王道政治的基本结构及其文明矫正功能》，《中国人民大学学报》，2012年第2期。

⑤ 《荀子·王霸》

⑥ 《荀子·强国》

⑦ 《荀子·君子》

⑧ 罗根泽：《诸子考索》，人民出版社1958年版，第120页。

践,以成就完善理想的道德人格。外王就是具有完美道德人格的人成就外在事功,实现王道政治理想。内圣外王前后相继一脉贯之,将道德与政治水乳交融在一起。

先秦儒家的创始人孔子虽然没有明确提出内圣外王的说法,但他初步阐述了内圣外王之道。他的"修身以敬""修己以安人""修己以安百姓"①,历来被认为是儒家阐释内圣外王之道的先声。修己暗合内圣,安人、安百姓即为外王,只有修己才能安人、安百姓,从而揭示了个体的道德修为与平治天下的前因后果的内在关联性。梁启超也曾将"修己安人"与内圣外王相对应,且认为此为儒家哲学之基本内涵。众所周知,孔子开创的儒学又为"仁学",但孔子从未给"仁"明确下过定义。当樊迟向他问"仁"时,子曰"爱人"②;当颜渊问仁时,子曰:"克己复礼为仁"③;孔子还认为"夫仁者,己欲立而立人,己欲达而达人"④。可见,孔子并没有孤立地谈"仁",他将"仁"置于关系层面,在人与人、人与物以及人与国家天下的关系中来谈"仁"。在孔子看来,要成"仁",仅仅注重自我修养,仅仅独善其身,是不够的,真正的"仁者"要做到发自内心地去爱他人,在己立、己达的基础上还要立人、达人,当自己做得好时,还要扩大范围,做到关心他人、关心群体、关心社会,还要能影响到他人,使他人也向善,要兼善天下、兼济天下。在孔子看来,修身养德的根本目的是平治天下,道德是政治的基础,他明确提出:"为政以德,譬如北辰,居其所而众星共之。"⑤也就是说为政者需具备极高的道德修养和德行品质,政治的宗旨在于建立一种合理的生活秩序,人们依照德行的高低而处在一定的社会地位上,又在此社会地位上各尽本分,这就是"君君、臣臣、父父、子子"⑥。做君主的要像个君主的样子,具备君主之德,尽君主本分;做臣下的要像臣下的样子,要具备臣之德,尽臣之本分……孔子谈"仁"常与"礼"结合起来,"礼"作为外在的调节人际关系的社会行为规范,起源于人类的血缘伦理关系,孔子强调"克己复礼"、强调"为政以德",将伦理、道德与政治融合为一体。由此,我们可以说,孔子创立的"仁学",既非一种仅仅关注个体修身养性成德成圣的道德哲学,也不是一种仅仅关注怎样建构良性合理的政治秩序的政治哲学,而是一种整合统一个人与社会、个体与群体以及伦理道德与政治行

---

① 《论语·宪问》

② 《论语·颜渊》

③ 《论语·颜渊》

④ 《论语·雍也》

⑤ 《论语·为政》

⑥ 《论语·颜渊》

政的内圣外王之道。

孟子以性善论和仁政学说将内圣外王之道加以拓展发挥。孟子认为人性本善，人人皆有恻隐、羞恶、恭敬及是非之心，这四心是仁义礼智的四端，故人人皆具有成德成圣的可能性，但又不能仅仅局限于成德成圣，还需发施仁政，以达于天下，成就王道。在孟子看来，"人皆有不忍人之心。先王有不忍人之心，斯有不忍人之政矣。以不忍人之心，行不忍人之政，治天下可运之掌上"①。孟子认为人人都有不忍人之仁义心，将此心发而为政，就为仁政，就可以王天下。孟子将孔子的仁学思想向内大大推进了一步，他将仁分为三个层次：首先是"事亲"②，《孟子·离娄上》就指出："仁之实，事亲是也。"由"事亲"到"仁民"，最后是"仁民而爱物"③。在先秦儒家看来，父慈子孝、兄友弟恭是天经地义的，是一种公理。如果说慈、孝、友、恭是属于血缘伦理层面的概念，那么仁义礼智信则属于道德层面的概念，而这些道德准则规范正是从血缘伦理关系抽象延伸发展而来的，由公理推出了定理。父亲慈爱儿子，儿子孝敬父亲，这是亘古不变的道理，父慈子孝家庭就能和睦，正所谓"亲亲则诸父昆弟不怨"④。将这种家庭亲情关系加以推广便能团结族人，将这种植根于血缘伦理层面的情感意志进一步推演，就能顺理成章地将孝亲与事君有机结合在一起。将处理家族内部关系的伦理规则加以扩展，用于处理君主与臣下及民众的上下左右关系，即可实现家国同构、伦理道德与政治合一的状态。诚如《孟子·告子下》所论："为人臣者，怀仁义以事其君；为人子者，怀仁义以事其父；为人弟者，怀仁义以事其兄，是君臣、父子、兄弟去利，怀仁义以相接也，然而不王者，未之有也。"至此，血缘伦理、道德、为政三者水乳交融地整合成了一个有机体。由修身到"齐家"之爱，到治国"贤贤"之爱，再到"平天下"，要爱所有人，所谓"民胞物与""万物与我一体"，天人合一，化我为无，为古代"内圣外王"之道至高境界⑤。

荀子用辩证的眼光阐述了内圣外王之道。在荀子看来，"圣"与"王"是一而二、二而一的关系，两者须臾不可分离，"圣"必得"王"，"王"必得"圣"，"圣也者，尽伦者

---

① 《孟子·公孙丑上》
② 《孟子·离娄上》
③ 《孟子·尽心上》
④ 《中庸》
⑤ 张怀承、姚站军：《"内圣外王"思想及其时代价值新探》，《湖南大学学报（社会科学版）》，2010 年第6 期。

也;王也者,尽制者也;两尽者,足以为天下极矣"①。"尽伦"指个体向内通过道德修养成就了理想的道德人格,实现了道德生命,也就是成圣。"尽制"则是向外建构确立了理想良性的政治社会制度,创建了外在的世间政治功业。"圣"与"王"密不可分。在荀子看来,礼义法度固然十分重要,但也仅治标不治本,只有依靠有德之君、有德之人来教化治理才能真正达到标本兼治。同时他也认为道德若离开政治社会生活则无根基,只求避世修身、只尽伦却不尽制是难以想象的。政治必须以道德为基础,清明政治要靠有德之人来建立完成;道德又必须以政治为前提,"故立政以前,无以修身,而政治生活之外,不复有私人道德生活之余地"②。荀子将道德和政治无缝连接,大大深化拓展了内圣外王之道。

对先秦儒家内圣外王之道作全面系统阐释的是《大学》。后被宋儒概括的"三纲领""八条目"是《大学》的基本思想。"三纲"就是明明德、亲民、止于至善,"八目"为格物、致知、诚意、正心、修身、齐家、治国、平天下。"三纲八目"并非简单罗列,而是具有深刻的内在逻辑关联和现实依据的。"三纲"以"止于至善"总揽"明明德""亲民"两个子纲,两个子纲下统格、致、诚、正、修、齐、治、平八个德目③。八个德目以修身为核心枢纽,依次递进,把前五个德目的重心落在"明明德"上,把后三个德目的重心落在"亲民"上。"三纲八目"实际上涵盖内修外治两方面,内修外治也就是内圣外王。内修就是往内要格物、致知、诚意、正心、修身以明明德,是内圣的光明德性阶段;外治就是往外要齐家、治国、平天下以亲民,是外王的革新民心的亲民阶段。"三纲八目"以修身为根本环节,修身的前四目是人的品性修养的具体方法,格、致、诚、正都集于自身,以求修正完善自己,及凡事从自己做起,由己及人,由己推人,由内及外。修身又是后三目的前提,由内修而达外治,实现"为天地立心,为生民立命,为往圣继绝学,为万世开太平"④的抱负。因此,"自天子以至于庶人,壹是皆以修身为本"⑤。只有先修身,通过格物、致知、诚意、正心达到道德修养的极致,才能齐家治国平天下,最终实现王道政治理想。《大学》还指出:"是故君子先慎乎德。有德此有人,有人此有土,有土此有财,有财此有用。德者本也,财者末也。"意思是君主要谨慎修为,具有美德才能得到民众的拥戴,得到民心了才能有领土,

---

① 《荀子·解蔽》
② 程潮:《儒家内圣外王之道通论》,湖南人民出版社 2005 年版,第 103 页。
③ 林桂榛:《简论〈大学〉三纲八目的人生图式》,《道德与文明》,2000 年第 2 期。
④ 张载《张子语录》
⑤ 《大学》

有了领土才能产生财富，有了财富才能开支有余。德为本，财为末，从而一针见血地指出了政治活动中道德的决定性作用。因此，可以毫不夸张地说，《大学》阐述的以修、齐、治、平为主要内容的"三纲八目"，实际上是先秦儒家内圣外王之道的实践纲领。

《中庸》从天人合一、天道人道相贯通的角度进一步发挥了内圣外王之道。《中庸》认为"诚者，天之道也；诚之者，人之道也"，也就是说"诚"是天道的关键，"诚"是天地万物生生不已的本源，而对"诚"的向往追求是人道的终极目标。《中庸》还进一步指出："诚者，非自成己而已也，所以成物也。成己，仁也；成物，知也。性之德也，合外内之道也，故时措之宜也。"以"诚"为修身之本，努力体认到"诚"，笃行"诚"，培养三达德即"知、仁、勇"以成己，以三达德去调节处理君与臣、父与子、夫与妇、兄与弟以及朋友间的五伦关系，以三达德行五种人伦关系之达道，就可以修身治人，使国家天下可治。换言之，用三达德以践履平治天下之"九经"："修身也，尊贤也，亲亲也，敬大臣也，体群臣也，子庶民也，来百工也，柔远人也，怀诸侯也。"①可见，体现"诚"之根本的"知、仁、勇"三达德一方面内在地贯穿于修身之中，另一方面又外贯于治国平天下的事功之中，以成己为基础进而成物，借助内在道德修为从而达至建功立业的外在目的，内圣外王一气呵成、自然衔接、高度统一。

第二节　为国以礼

为政以德旨在使国家长治久安、国泰民安，在先秦儒家孔孟荀看来，为国以礼即礼治也具有同样的功能。统治者在实施德政的同时，亦须实行礼治。孔子认为：从政者不但要加强自律，通过修身不断提高道德水准，以道德力量影响感化民众，还要有一种外在的约束规范，那就是礼；治理国家，既需德政，也需礼治。礼不仅是行为规范，更是道德规范，礼以定分、礼以行义，礼是规范和理顺民众行为及关系的外在准则，具有社会整合功用。对于执政者而言，礼是治国大纲，孔子曰："治国而无礼，譬犹瞽之无相，伥伥乎何所之？"②荀子也说："为政不以礼，政不行也。"③礼不仅是具有规范、引用和约束作用的礼仪制度，而且具有道德价值，世人在践行礼的

---

① 《中庸》
② 《孔子家语·论礼第二十七》
③ 《荀子·大略》

过程中将内化蕴含在礼中的伦理道德价值。礼要求民众言谈举止符合礼仪的同时,要体现仁慈、忠信、孝悌、敬让等美好品性。礼调和人际矛盾,维护社会秩序,使社会朝着稳定和谐的方向发展。

一、孔子的礼治观

孔子主张统治者要以礼来平治天下 ,他说:"道之以政,齐之以刑,民免而无耻。道之以德,齐之以礼,有耻且格。"①意思是用政令来治理教导,用刑罚来管束整顿,百姓只会追求免于刑罚而服从,而不会有羞耻之心;用道德来教化,用礼制来约束,人民就会知廉耻且走上正途。孔子认为,以礼确定的伦理关系是维护社会有序稳定状态的根本,为政者执政的基础和根本是为国以礼。他说:"不学礼,无以立"②;"不知礼,无以立也"③。礼同时亦为处理君臣关系的道德准则,作为臣下要以礼事君,君主使臣也要以礼,即臣要像臣,君要像君,君臣皆不能违背礼仪。孔子指出,刑罚的基础是礼,他说:"礼乐不兴,则刑罚不中;刑罚不中,则民无措手足。"④由此可见,孔子并没有将希望仅仅寄托在为政者的道德良心上,而是十分注重外在规范在行政过程中的作用。

在孔子那里,礼首先是对尊卑等级的一种规定,他对礼赋予仁的本质加以改造,把礼作为民众利益的维护手段。在孔子看来,礼作为最重要的治国方略,其根源在于正名,他说:"名不正,则言不顺;言不顺,则事不成;事不成,则礼乐不兴;礼乐不兴,则刑罚不中;刑罚不中,则民无措手足。"⑤礼乐制度缘起于明确每个人与他的名分相契合的生活,如礼乐制度得不到确立或遭到了破坏,将会出现"民无措手足"的局面。正是基于这样的认识,孔子重新规定了礼乐的本质,援仁入礼,他说:"人而不仁,如礼何? 人而不仁,如乐何?"⑥仁构成了礼的本真实质。在《论语·颜渊》中,孔子阐释了礼和仁相辅相成的互动关系:"克己复礼为仁"。当颜渊向其请教咨询"克己复礼"的具体要求和办法时,孔子说:"非礼勿视,非礼勿听,非礼勿言,非礼勿动。"⑦在《论语》中,孔子立足政治,将礼乐的本质——仁赋予了爱人

---

① 《论语·为政》
② 《论语·季氏》
③ 《论语·尧曰》
④ 《论语·子路》
⑤ 《论语·子路》
⑥ 《论语·八佾》
⑦ 《论语·颜渊》

的内涵意蕴,要求为政者将百姓视同己出,他还把仁确立为人际交往实现平等互利的一种规范,他说:"己欲立而立人,己欲达而达人。"①由于仁礼在政治上具有凝聚力、向心力,孔子从伦理主导的治国与行政的维度,将仁礼确立为当权者治世安邦的统御术,政治成为情感化的由伦理道德权威引导的生活本身。对于为政者而言,行政过程亦是道德感化过程,"其身正,不令而行;其身不正,虽令不从"②。正人先正己,统治者不仅仅是政治社会秩序核心,更应是伦理道德秩序中心,政治行政目标实现亦是伦理道德价值实现。

孔子的礼不再是为统治阶级服务和捍卫上层集团利益的工具,而成为一种脱离血缘出身关系的社会等级分野及选贤任能的行政伦理原则,孔子的礼乐维护大众利益,监督和约束为政者的执政行为,君臣关系为政治上的协作关系。孔子的礼既是一种行政伦理原则,也是一种通过行政手段要实现的伦理目的。春秋时期,鉴于"礼乐征伐自诸侯出"导致的纷争混乱局面,孔子说:"天下有道,则礼乐征伐自天子出;天下无道,则礼乐征伐自诸侯出。"③在孔子看来,礼乐象征着为政者的权威,体现着阶级统治,只有正统天子才能使用。孔子还说:"能以礼让为国乎,何有? 不能以礼让为国,如礼何?"④意思是:如果能用礼让治理国家,那有何困难呢? 如不以礼让原则治国,那礼仪有何用呢? 这句话已经将礼上升到治国原则的高度。在孔子观念里,礼是引导规范民众行为的一种有效治理方式,他说:"道之以政,齐之以刑,民免而无耻。道之以德,齐之以礼,有耻且格。"⑤孔子自始至终都认为,用刑罚等手段治国,被处罚之人虽受惩处但缺乏悔改之意,只有施德政,以礼来引导教化民众,才能使民众心有危惧,不敢做错事,这样社会就稳定了。相较严刑峻法,礼以润物细无声的方式促使人们耻于做坏事,用伦理道德的力量潜移默化地让人们自觉地走正道。故统治者若以礼为治国之根本,那治理百姓将是件十分容易的事了。

二、孟子的礼治观

孟子认为君亲秩序应该用礼来维持。孟子憧憬上下同乐、君民水乳交融的开明政治,主张君王应以国人意见而生杀予夺,但他也认同贵族与庶民间的等级区

---

① 《论语·雍也》
② 《论语·子路》
③ 《论语·季氏》
④ 《论语·里仁》
⑤ 《论语·为政》

别。他说:"无君子,莫治野人;无野人,莫养君子。"①他认为,根据智能等标准将世人进行贵贱尊卑的等级确定,有利于社会的分工合作,是治国的必要手段。孟子指出:"有大人之事,有小人之事……或劳心,或劳力;劳心者治人,劳力者治于人。"②

孟子所处的战国时期,杨墨学说盛行。杨朱为我,薄人而厚己;墨子兼爱,薄亲而厚人,对他人施以恩惠而不顾亲人。孟子对杨墨无君无父之道大加鞭挞,他说:"圣王不作,诸侯放恣,处士横议,杨朱、墨翟之言盈天下,天下之言不归杨则归墨。杨氏为我,是无君也;墨氏兼爱,是无父也。无父无君,是禽兽也。……杨墨之道不息,孔子之道不著,是邪说诬民,充塞仁义也。仁义充塞,则率兽食人,人将相食。吾为此惧,闲先圣之道,距杨墨,放淫辞,邪说者不得作。作于其心,害于其事;作于其事,害于其政。……我亦欲正人心,息邪说,距诐行,放淫辞,以承三圣者,岂好辩哉?予不得已也。"③无君无父之义,那么三纲六纪就会偏废;不辨人道,那么上下尊卑和亲疏长幼不分,仁义不行。这样的话,人和禽兽就没有什么区别了。杨墨之道在世上盛行,将会害事害政使人相食。孟子对自己好辩的解释完全是为从源头上堵塞平息杨墨邪说,以恢复孔子伦理来使人心得到修正,天下得到平治。

孟子极为注重贵贱尊卑和亲疏长幼的社会人伦秩序,他主张要用礼来维护保持这种人伦秩序,认为只有礼才能主别异,只有礼才能巩固和凸显人与人之间的贵贱尊卑和亲疏长幼秩序。贵族统治集团需运用礼制来调整规范人伦秩序,民众也应自觉自愿遵守执行礼乐规范。他说:"不信仁贤,则国空虚;无礼义,则上下乱;无政事,则财用不足。"④礼明分尊卑、区别长幼,关系国家稳定和秩序。若无礼正尊卑分上下,社会将无秩序,政权将不稳固,政治亦不安定,国家必会陷入危殆混乱局面,因此为政者应以礼为治国之策。行礼需耗费钱物,孟子提出国家应在经济上确保各种礼仪典制的顺利实行。孟子还提出国家贡赋应该采取什一税,他说:"夏后氏五十而贡,殷人七十而助,周人百亩而彻,其实皆什一也。"⑤孟子之所以数次提到贡赋应该取什一税,是因为在他看来"什一供贡,下富上尊"⑥。所谓下富,是指百姓只有缴纳什一税,才不会因为纳税而导致困顿贫乏,如高于什一,那就是桀纣

---

① 《孟子·滕文公上》
② 《孟子·滕文公上》
③ 《孟子·滕文公下》
④ 《孟子·尽心下》
⑤ 《孟子·滕文公上》
⑥ 《孟子注疏·卷十二》

之类的贪戾行为了。所谓上尊，是指只有奉行什一税，才能有足够的财富来保证泱泱大国举办各类礼典。如没有足够的财富，那么礼典就实行不了；礼典无法实行，尊卑上下的秩序就会混乱；尊卑上下秩序混乱，国家就难治理。

孟子还认为以礼来治理国家，让百姓皆归服礼义之道，国君就应当身体力行为民众做表率。他说："城郭不完，兵甲不多，非国之灾也；田野不辟，货财不聚，非国之害也。上无礼，下无学，贼民兴，丧无日矣。"①在孟子看来，军备和经济实力对于国家政权稳固的重要性是无法和礼仪教化相提并论的。如果君主不知礼，不讲礼义，民众也将没有法度可以遵循，没有礼义教化，品质恶劣的盗贼乱民就会多起来，亡国将是早晚的事。如君主知礼行礼，为民众做出了榜样表率，民众会得到教育、受到感化，自觉提高道德修养品质。《孟子·滕文公上》曾记载：在普遍不行三年丧礼的情况下，孟子曾力劝滕文公将此项礼制恢复。在实行礼教问题上，除了强调君主应身体力行实行礼义，让民众深受影响以至仿而效之，他还提出百姓应自觉存养且扩充其与生俱来的礼性，并将此亲亲敬长的心推至天下人，进而完美地处理调整君臣、父子、夫妇、兄弟和朋友五伦关系。

三、荀子的礼治观

孔孟荀三巨儒中，荀子最为注重国家政治秩序的设计，甚至他的政论核心也是围绕着如何建立国家的礼制秩序而展开的。他说："天下之人，唯各特意哉，然而有所共予也。言味者予易牙，言音者予师旷，言治者予三王。三王既已定法度，制礼乐而传之，有不用而改自作，何以异于变易牙之和，更师旷之律？无三王之法，天下不待亡，国不待死。"②意思是天下人虽然各有独特看法，但也有共识。提到美味，人们就会称赞易牙；说到音乐，人们就会称赞师旷；谈论政治，人们就会赞扬尧舜禹三王。三王制定了法度礼乐并将其传了下来，如不用而加以改变再制定一套新的，那就相当于改变易牙之调味，变更师旷之音律。如果没有三王的法度礼乐，天下很快就会灭亡，国家很快就会颠覆。可见，荀子认为执政者应以继承发扬传统礼制为根本。荀子所倡导的礼制其实已不同于传统礼制，而是在继承的基础上根据社会形势加以改造修正完善，旨在建立一种"尚贤使能，等贵贱，分亲疏，序长幼"③的理想社会秩序。

① 《孟子·离娄上》
② 《荀子·大略》
③ 《荀子·君子》

荀子对礼的缘起进行了阐述,他说:"礼起于何也? 曰:人生而有欲,欲而不得,则不能无求。求而无度量分界,则不能不争;争则乱,乱则穷。先王恶其乱也,故制礼义以分之,以养人之欲,给人之求。使欲必不穷于物,物必不屈于欲,两者相持而长,是礼之所起也。"①荀子认为治国根本在礼义。他说,"礼义者,治之始也"②;又说,"礼者,政之挽也。为政不以礼,政不行矣"③。在荀子看来,治国重中之重在于要从政治上建构礼制秩序,君主根据世人的贤能才德以及亲疏长幼等条件来建立井然有序的管理阶层是首务。他说:"论德而定次,量能而授官,皆使人载其事而各得其所宜,上贤使之为三公,次贤使之为诸侯,下贤使之为士大夫,是所以显设之也"④;"故明主谲德而序位,所以为不乱也;忠臣诚能然后敢受职,所以为不穷也。分不乱于上,能不穷于下,治辩之极也"⑤。君王以贤能才德为标准取人任事,贤能者凭借真才实德上位任职治事,这样国家才能实现"治辩之极";反之,"夫德不称位,能不称官,赏不当功,罚不当罪,不祥莫大焉"⑥。

在礼制秩序的构建设计上,荀子突出强调以礼隆君的重要性、必要性。在荀子看来,凡君王,只有大仁大圣才能担当,他说:"志意致修,德行致厚,智虑致明,是天子之所以取天下也"⑦;"天下者,至重也,非至强莫之能任;至大也,非至辨莫之能分;至众也,非至明莫之能和。此三至者,非圣人莫之能尽。故非圣人莫之能王。圣人备道全美者也,是县天下之权称也"⑧。只有圣人才能为王,因为圣人有强健的心志、宽厚的德行和敏锐的判断。作为君王,如心志软弱就无法承担繁重的国家事务,判断迟钝就不能很好应对平息社会动乱,不仁不义就不能教化天下调和人心。因此君王必须具备圣人的道德修养才能承担平治天下的重任。如为圣王,必能一统天下、治平理乱。为使圣王有足够的尊严和权威统领天下发号施令,荀子认为必须以礼来树立隆崇圣王至高无上的地位权威。他说:"天子者势至重而形至佚,心至愉而志无所诎,而形不为劳,尊无上矣。衣被则服五采,杂间色,重文绣,加饰之以珠玉;食饮则重大牢而备珍怪,期臭味,曼而馈,代睪而食,《雍》而彻乎五祀,

---

① 《荀子·礼论》
② 《荀子·王制》
③ 《荀子·大略》
④ 《荀子·君道》
⑤ 《荀子·儒效》
⑥ 《荀子·正论》
⑦ 《荀子·荣辱》
⑧ 《荀子·正论》

执荐者百人侍西房；居则设张容，负依而坐，诸侯趋走乎堂下；出户而巫觋有事，出门而宗祝有事，乘大路趋越席以养安，侧载睪芷以养鼻，前有错衡以养目，和鸾之声，步中《武》《象》，骤中《韶》《护》以养耳，三公奉轭、持纳，诸侯持轮、挟舆、先马，大侯编后，大夫次之，小侯、元士次之，庶士介而坐道，庶人隐窜，莫敢视望。居如大神，动如天帝，持老养衰，犹有善于是者与不？"①只有享受这种礼仪待遇，才能够显现衬托天子至高无上的地位，只有拥有至尊至高的地位，才能够树立足够的权威来以上制下、以君制臣，从而达到赏罚通行、上令下达的效果。

第三节　民为政本

先秦儒家的民为政本思想可以溯源至殷周之际。商纣王鱼肉人民，对百姓横征暴敛、残忍之至、荒淫无道，根本不把老百姓放在眼里，于是招致人民积怨很深，最终统治被推翻，由西周王朝代替。周公姬旦吸取夏商王朝末期残虐祸害百姓而亡国的历史教训，提出了"皇天无亲，惟德是辅；民心无常，惟惠之怀"②的英明论断，指出"天聪明，自我民聪明，天明畏，自我民明畏"③，以及"德惟善政，政在养民"④，把敬德和保民提到治国安邦之根本高度。他认为君王必须克制自己的诸多欲望，应为政以德，广泛施德行于民众，爱民惠民，只有这样才能赢取民心，得到臣民百姓的拥护支持，进而稳固政权，感动上苍，保持天命。正如《尧典》所言："克明俊德，以亲九族。九族既睦，平章百姓。百姓昭明，协和万邦，黎民于变时雍。"⑤这些思想的产生是一种对天地人神之间关系认识的新突破，开了中国古代民为政本思想之先河。春秋时期，剧烈动荡的社会局面使进步思想家们深刻体察到只有民众才是政权兴衰的决定因素，他们进一步发挥了周公姬旦的"民之所欲，天必从之"⑥思想，提出很多关于重民的观点，诸如："国将兴，听于民；将亡，听于神。神，聪明正直而壹者也，依人而行。"⑦"夫民，神之主也。是以圣王先成民而后致力于

---

① 《荀子·正论》
② 《尚书·蔡仲之命》
③ 《尚书·皋陶谟》
④ 《尚书·大禹谟》
⑤ 《尚书·尧典》
⑥ 《尚书·泰誓》
⑦ 《左传·庄公三十二年》

神。"①据《左传·昭公十八年》记载,当一个星占家预言郑国将发生大火,人们劝说子产按照星占家所言以避免火灾时,子产则说:"天道远,人道迩"。可见,在当时进步的思想家看来,施政的中心应为民。先秦儒家继承发展了周公姬旦及春秋诸贤的重民爱民思想,并把民为政本作为其行政伦理思想的根本原则之一。

一、民贵君轻

先秦儒家民为政本思想内涵异常丰富,在君民关系上主张民贵君轻,认为君权来源于民,立君是为了保民,统治者得失天下关键在民众,只有得到民心,得到人民的拥护,政权才具有合法性,人民群众是政权更替的决定力量。民为邦本,本固邦宁。民心向背是政治成败的决定因素。因此,君主应听取民众的声音,尊重民众的意愿,要为民着想,为民谋利,只有这样才能得到民心,稳固政权。反之,君主如违背人民的意愿,一味倒行逆施,人民就可以起来反抗甚至推翻他。

众所周知,孔子思想的核心可归纳为一个字,那就是"仁",当樊迟向他问"仁"时,他答"爱人"。这里的人包括平民和奴隶在内的广大劳动者。他是中国古代历史上第一位将劳动者当人看的思想家。如据《论语·乡党》记载:"厩焚。子退朝,曰:'伤人乎?'不问马。"②可见,孔子关切的不是马而是人,显然这里的人指喂马的奴隶抑或平民这些位于社会最底层的劳动者。可见,孔子的爱人就是爱民,他强烈反对肆意残杀百姓,极力抨击将奴隶进行殉葬的恶习,发出"始作俑者,其无后乎"③的慨叹。那么,怎样才能做到爱人呢? 在孔子看来,首先是要尊重人,不将个人意志强加于他人,即"己所不欲,勿施于人"④,还要帮助民立、民达,即"己欲立而立人,己欲达而达人"⑤。

孟子更进一步提出了"民为贵,社稷次之,君为轻"⑥的观点。孟子民贵君轻思想充分肯定了民的价值地位,凸显了人民群众在创造历史中的重要性,揭示了民众是天下国家政权之根本。孟子还进行了一番论证:"是故得乎丘民而为天子,得乎天子为诸侯,得乎诸侯为大夫,诸侯危社稷,则变置。牺牲既成,粢盛既洁,祭祀以

---

① 《左传·桓公六年》
② 《论语·乡党》
③ 《孟子·梁惠王上》
④ 《论语·颜渊》
⑤ 《论语·雍也》
⑥ 《孟子·尽心下》

时,然而旱干水溢,则变置社稷。"①这就是说得到臣民百姓的认可拥戴可成天子,得到天子的认可成诸侯,而得到诸侯的认可最多能成大夫。天子只有受到民众的拥护爱戴,其政权稳固持久才有保证,土谷神社只有做到佑护民众,其设立才有价值意义。如果君主无道危及国家政权就要改立,如果祭祀周到,却还发生旱涝等自然灾害,则应将土谷神社废置。然而,不管发生任何情况,人民群众却是不可更换替代的,民心更不能丧失,故人民大众才是最重要的,人民是国家的根本,是君主及土谷神社服务的对象。

孟子深刻精辟地剖析了商纣亡国原因,认为"桀纣之失天下也,失其民也;失其民者,失其心也。得天下有道,得其民,斯得天下矣;得其民有道,得其心,斯得民矣;得其心有道,所欲与之聚之,所恶勿施,尔也"②。大意是,决定政治成败的主要因素是民心向背,得到民心国家就会昌盛,失去民心国家就将衰亡。在孟子看来,商纣失去天下就是因为失去了民心。得到天下的因素取决于民,即得天下之道在于得民,君主得到民心则政权稳固持久、国家繁荣昌盛。在《孟子·万章下》中,当齐宣王问卿时,孟子曰:"君有大过则谏,反覆之而不听,则易位","君有过则谏,反覆之而不听,则去"③。可见,在孟子看来,君主的地位不是恒久不变的,如君主有过错却不更改,而且反复犯错,一意孤行,违背民众意愿,那么君主就应易位。因此,当齐宣王问曰:"汤放桀,武王伐纣,有诸?"孟子对曰:"于传有之。"曰:"臣弑其君可乎?"曰:"贼仁者谓之贼。贼义者谓之残。残贼之人,谓之一夫。闻诛一夫纣矣,未闻弑君也。"④在孟子看来,灭绝天理、凶暴淫乱、众叛亲离的桀纣空有君名,实为一独夫,杀之不为弑君。

作为君主要想实现王天下,在孟子看来要做到爱民不嗜杀,孟子认为"不嗜杀者能一之"⑤,只有那些保护爱护民众不嗜杀的君主才能获得民心实现一统天下。据《孟子·梁惠王下》记载,穆公问曰:"吾有司死者三十三人,而民莫之死也。诛之,则不可胜诛;不诛,则疾视其长上之死而不救。如之何则可也?"孟子对曰:"凶年饥岁,君之民老弱转乎沟壑,壮者散而之四方者几千人矣;而君之仓廪实,府库充,有司莫以告,是上慢而残下也。曾子曰:'戒之,戒之! 出乎尔者,反乎尔者

---

① 《孟子·尽心下》
② 《孟子·离娄上》
③ 《孟子·万章下》
④ 《孟子·梁惠王下》
⑤ 《孟子·梁惠王上》

也。'夫民今而后得反之也，君无尤焉！君行仁政，斯民亲其上、死其长矣。"①穆公说，在一次战争中，他的官吏死了 33 个，老百姓却一个没死，他想杀老百姓又觉得杀不胜杀。不杀吧，想到他们眼看着长官被杀却不去营救实在可恶，于是问孟子怎么办。孟子说，凶年饥岁，你的百姓年老体弱者死在荒郊野外，年轻力壮的则四处逃荒要饭。而你的仓库却有满仓粮食、满库财宝。你的官吏却不向你禀报灾情以及时开仓救济，这其实是一种"上慢而残下"的行径。因此老百姓才会痛恨这些官吏，在他们有生命危险时不施以救援，这也是一种对官吏的回报。你不应该责备这些老百姓，只要施行仁政，对百姓施予恩惠，他们自然就会亲近长官，就不会见死不救，反而会誓死效忠。孟子还将调节君民关系的准则应用到君臣关系。

孟子认为为政者还要能做到选贤任能。那么怎样选拔人才呢？孟子认为要遵循民意，不能以君主的好恶来决定，要以民众的意愿为导向、为主要依据。据《孟子·梁惠王下》记载，当齐宣王向孟子咨询怎样选拔人才时，孟子认为："国君进贤，如不得已，将使卑逾尊，疏逾戚，可不慎与？左右皆曰贤，未可也。诸大夫皆曰贤，未可也。国人皆曰贤，然后察之，见贤焉，然后用之。左右皆曰不可，勿听。诸大夫皆曰不可，勿听。国人皆曰不可，然后察之，见不可焉，然后去之。"②孟子的答复中体现了选贤任能的两个基本原则：一是不论亲疏贵贱，唯贤德是举；二是君主不独断专行，要尊重国人的意愿。在决定狱讼问题上，孟子也主张顺民意听民声，如他说"国人皆曰可杀，然后察之；见可杀焉，然后杀之。故曰国人杀之也"③。以人民的意志选拔官吏决定刑罚，削弱了君权，突出了人民群众的地位和作用。

荀子继承发扬了孔孟的重民思想，提出了著名的君舟民水论，即"君者，舟也；庶人者，水也。水则载舟，水则覆舟"④。在政治共同体的现实秩序中，能够发号施令的政治权力掌握在"君"手中，但掌权者并不是政治权力的核心。因为掌权者对权力的执掌还存在着是否正当合法的问题，这个问题由政治权力的来源解答⑤。荀子指出"天地者，生之本也"⑥，因此"天之生民，非为君也，天之立君，以为民

---

① 《孟子·梁惠王下》
② 《孟子·梁惠王下》
③ 《孟子·梁惠王下》
④ 《荀子·王制》
⑤ 谭绍江：《论荀子的"民本"政治哲学》，《武汉大学学报（人文科学版）》，2011 年第 5 期。
⑥ 《荀子·礼论》

也"①。在荀子看来，上天造就民众并非为了民众的利益，相反，上天设立君主则是为了服务大众，保障民众权益。人民是政治权力的来源。以舟水关系喻君民关系是荀子首创，他深刻地揭示了统治者赖以存在的基础是人民大众，如统治者违背民意倒行逆施，人民将会推翻他的统治。自此，水能载舟亦能覆舟的道理在中国传统社会广为流传，成为警示历代统治者的格言警句。

荀子还指出了执政者产生的途径。"涂之人可以为禹。曷谓也？曰：凡禹之所以为禹者，以其为仁义法正也。然则仁义法正有可知可能之理，然而涂之人也，皆有可以知仁义法正之质，皆有可以能仁义法正之具；然则其可以为禹明矣。"②像禹这样的人是从普通百姓中产生出来的，"君主与民众其生性都是一样的，每一个普通人都具有成为禹那样的圣君的可能性，而圣君则是人通过积累仁义法正而达到的"③。荀子还为汤武革命的正当性进行辩护。战国时期，人们对汤武革命褒贬不一，有人认为是一种以下犯上的暴行，针对这种非议，荀子进行了驳斥匡正，他认为：汤、武"修其道，行其义，兴天下之同利，除天下之同害，而天下归之也"。而桀、纣"反禹、汤之德，乱礼义之分，禽兽之行，积其凶，全其恶，而天下去之也。天下归之之谓王，天下去之之谓亡。故桀、纣无天下，汤、武不弑君，由此效之也。汤、武者，民之父母也；桀、纣者，民之怨贼也。今世俗之为说者，以桀、纣为君而以汤、武为弑，然则是诛民之父母而师民之怨贼也，不祥莫大焉"④。荀子像孟子一样认为桀纣有君主之名而无之实，是独夫民贼。桀纣的残暴恶行最终导致天下叛离、人民怨恨。而汤武除暴安良，赢得了民心，民众视之为父母。因此汤武的行为不是弑君暴行，而是为民除害的正义之举。在荀子看来，如果天下国家出现了臣下弑杀君主等异常情况，承担责任的应该是国君自身，他说："臣或弑其君，下或杀其上，粥其城，倍其节，而不死其事者，无他故焉，人主自取之。《诗》曰：'无言不雠，无德不报。'此之谓也。"⑤这实际上是在警戒统治者要善待民众。

总之，荀子认为民众为国家之本，君主的统治基础在于民众，他明确指出："士之与人也，道之与法也者，国家之本作也。"⑥君主要想得到天下，就必须赢得民心，

① 《荀子·大略》
② 《荀子·性恶》
③ 廖名春：《论荀子的君民关系说》，《中国文化研究》，1997 年第 2 期。
④ 《荀子·正论》
⑤ 《荀子·富国》
⑥ 《荀子·致士》

得到人民的支持,他说:"用国者,得百姓之力者富;得百姓之死者强;得百姓之誉者荣。三得者具而天下归之;三得者亡而天下去之。天下归之之谓王,天下去之之谓亡。"①的确,只有得到人民的拥护爱戴,国家政权才会稳固持久。

二、爱民惠民

在先秦儒家看来,统治者践履民为政本这一行政伦理原则必须做到爱民、保民、富民、惠民。孔子说:"道千乘之国,敬事而信,节用而爱人,使民以时。"②这里的"爱人"就是指爱民。孔子认为统治者要"博施于民而能济众"③,要给老百姓恩惠,使他们生活富裕,衣食无忧,只有这样,也才能保障自己衣食用度充足无虑。孔子对人们通过正当手段追求财富持肯定支持态度,他说:"富而可求也,虽执鞭之士,吾亦为之。如不可求,从吾所好。"④也就是说工作是不分贵贱的,通过劳动获取财富是正当合法、无可非议的。而且,孔子还认为,让民众富裕起来也是在上位的君主的责任,他还揭示了民富和君富的关系,其学生有若曰:"百姓足,君孰与不足?百姓不足,君孰与足?"⑤也就是说只有当老百姓富足起来了,在上位的君主才会真正富裕起来。怎样使民众丰裕富足,在孔子看来,为政者需做到两大点:首先是养民以惠,"使民以时"。孔子认为统治者要重视稼穑,也就是要重视发展农业生产,要"节用而爱人,使民以时",统治者应节约用度,大力戒除奢侈浪费之风,要爱护关心民众,不加重百姓负担,役使民众应做到不违农时,不影响妨碍农业耕作。其次是要轻徭薄赋。主张"敛从其薄",反对横征暴敛。对于在这方面做得不错的郑国子产,孔子则极力加以赞扬:"有君子之道四焉:其行己也恭,其事上也敬,其养民也惠,其使民也义。"⑥当冉求为季氏敛取赋税积聚钱财时,孔子异常恼怒,公开宣布"求非我徒也,小子鸣鼓而攻之可也"⑦。在《论语·尧曰》中,孔子指出为政者应"因民之所利而利之"⑧,要顺应民意,满足百姓的合理需求与利益,对百姓宽容公平,只有这样,百姓才能给予拥护支持,正所谓"宽则得众,信则民任焉"⑨。因

---

① 《荀子·王霸》
② 《论语·学而》
③ 《论语·雍也》
④ 《论语·述而》
⑤ 《论语·颜渊》
⑥ 《论语·公冶长》
⑦ 《论语·先进》
⑧ 《论语·尧曰》
⑨ 《论语·尧曰》

此,孔子强调:执政者如自觉践履仁义,百姓就会心悦诚服;为政者要慎用刑罚惩处,实施宽猛相济之统治方法。他说:"道之以政,齐之以刑,民免而无耻。道之以德,齐之以礼,有耻且格。"①同时,他主张统治者有责任、有义务营造"老者安之、朋友信之,少者怀之"②的社会,使天下的老者能颐养天年,壮者得到朋友信任以相互提携,少者有家庭温暖得到良好教育,老幼病残等弱势群体皆得到家庭及社会的关爱照顾。

孟子也指出统治者应关心黎民百姓疾苦,关心百姓生计,做到像父母关心自己孩子那样爱护自己的人民。孟子为民立言,时时为民生而呼喊谏言。孟子说:"保民而王,莫之能御也。"③在他看来,只要能做到保护爱护百姓,使他们能过上舒适安定的生活,那么一统天下实现王道则将势不可当。据《孟子·梁惠王上》记载:"梁惠王曰:'寡人愿安承教。'孟子对曰:'杀人以梃与刃,有以异乎?'曰:'无以异也。''以刃与政,有以异乎?'曰:'无以异也。'曰:'庖有肥肉,厩有肥马,民有饥色,野有饿莩,此率兽而食人也。兽相食,且人恶之;为民父母,行政不免于率兽而食人,恶在其为民父母也?'"孟子强烈抨击统治者不顾百姓饥寒困苦而奢侈享乐的行径,认为是"率兽而食人"。孟子主张君王要施仁政,"以不忍人之心,行不忍人之政"④,君王要善于向民众推恩:"老吾老以及人之老,幼吾幼以及人之幼。"⑤孟子认为"以善服人者,未有能服人者也;以善养人,然后能服天下"⑥。君主施行仁政,必先及于鳏、寡、孤、独者。他说:"老而无妻曰鳏,老而无夫曰寡,老而无子曰独,幼而无父曰孤。此四者,天下之穷民而无告者。文王发政施仁,必先斯四者。"⑦孟子还主张要利于民。孟子说:"以佚道使民,虽劳不怨。以生道杀民,虽死不怨杀者。"⑧使用民力要劳逸结合,让民众在经历劳累后有所收获,不能让他们劳而无获,甚至劳民伤财。这样民众虽然劳累却不会有怨言。对犯罪的人执行死刑要慎重,对没有充足证据可以定罪的犯罪嫌疑人可以赦免,对于有确凿证据证明的死刑犯才可以杀之,也就是不滥杀无辜,要慎杀,不嗜杀。孟子还将不嗜杀作为王天下

① 《论语·为政》
② 《论语·公冶长》
③ 《孟子·梁惠王上》
④ 《孟子·公孙丑上》
⑤ 《孟子·梁惠王上》
⑥ 《孟子·离娄下》
⑦ 《孟子·梁惠王下》
⑧ 《孟子·尽心上》

的必要条件,指出:"不嗜杀人者能一之","如有不嗜杀人者,则天下之民皆引领而望之矣。诚如是也,民归之,由水之就下,沛然谁能御之?"①

在孟子看来,执政者应将关心民生放在第一位,因此,当滕文公向他问询怎样治理国家时,他毫不犹豫地说:"民事不可缓也。"②他认为执政者要创造条件,使老百姓拥有固定的资产,即制民以恒产,有恒产者才有恒心。在《孟子·梁惠王上》中,他指出:"若民,则无恒产,因无恒心。苟无恒心,放辟邪侈,无不为已。"这里的恒产在农耕社会多指土地,只有使老百姓拥有恒产,他们才有活下去的信心和恒心,才能安居乐业,否则,他们就有可能做各种违法犯罪的事,进而危及江山社稷的稳定安全。"是故明君制民之产,必使仰足以事父母,俯足以畜妻子,乐岁终身饱,凶年免于死亡。"③孟子还阐述了具体的养民政策,他说:"不违农时,谷不可胜食也。数罟不入洿池,鱼鳖不可胜食也。斧斤以时入山林,材木不可胜用也。谷与鱼鳖不可胜食,材木不可胜用,是使民养生丧死无憾也。养生丧死无憾,王道之始也。五亩之宅,树之以桑,五十者可以衣帛矣。鸡豚狗彘之畜,无失其时,七十者可以食肉矣。百亩之田,勿夺其时,数口之家可以无饥矣。谨庠序之教,申之以孝悌之义,颁白者不负戴于道路矣。七十者衣帛食肉,黎民不饥不寒,然而不王者,未之有也。"④在孟子看来,在农忙时节不征兵役、徭役,不耽误农耕生产,就有吃不完的粮食;捕捞鱼鳖不用细密的渔网一网打尽,鱼鳖就吃不完;不乱砍滥伐,保护林木,使之成材,木材就用不完,这样老百姓养家活口、办理丧事就没有什么遗憾的了。老百姓生养死丧没有遗憾就是王道的开始。五亩宅地,提倡多种桑树饲养丝蚕,这样五十岁的老年人就能穿上丝绸衣服了;提倡饲养家禽不错过其繁殖季节,七十岁的老年人就能吃上肉食了;一百亩田地,不耽误农时,几口人之家就不会饿肚子了。努力做好学校教育,以孝悌之义教导年轻人,使老有所养,吃肉穿帛,百姓温饱无忧,君王能做到如此却不能一统天下是绝无仅有的。

先秦儒家皆主张统治者应轻徭薄赋,且大力倡导将征收来的税金着重用于建设发展各种各类民生事业。轻徭薄赋意味着减轻民众负担,保障人民的生计,使民间积聚一定的财富,保存民间发展经济的潜力。孟子继承了孔子"敛从其薄"思想,提出"薄其税敛"主张,认为发展民生、养民惠民之必要条件就是薄税敛。孟子

---

① 《孟子·梁惠王上》
② 《孟子·滕文公上》
③ 《孟子·梁惠王上》
④ 《孟子·梁惠王上》

说："易其田畴，薄其税敛，民可使富也。食之以时，用之以礼，财不可胜用也。"①可见，孟子清醒地意识到，在农业社会，只有让老百姓耕种好田地，减轻他们的纳税负担，才能使他们富足起来。孟子也认为应尽量简化税种，并缩减税收名目。譬如，对于布缕、粟米及力役之征，孟子指出："君子用其一，缓其二。用其二而民有殍，用其三而父子离。"②只有薄施赋税，才能进一步发展生产，使百姓丰衣足食。

荀子也强调统治者要爱民如子，他关于君主应爱民惠民的阐述十分丰富。如他在《王霸》中指出："上莫不致爱其下，而制之以礼。上之于下，如保赤子。政令制度，所以接下之人百姓，有不理者如豪末，则虽孤独鳏寡必不加焉。故下之亲上欢如父母，可杀而不可使不顺。"在《君道》中又说："有社稷者而不能爱民，不能利民，而求民之亲爱己，不可得也。民不亲不爱，而求其为己用，为己死，不可得也。民不为己用，不为己死，而求兵之劲，城之固，不可得也。兵不劲，城不固，而求敌之不至，不可得也。敌至而求无危削，不灭亡，不可得也。"在《王制》中指出："马骇舆则君子不安舆，庶人骇政则君子不安位。马骇舆则莫若静之，庶人骇政则莫若惠之。选贤良，举笃敬，兴孝弟，收孤寡，补贫穷，如是，则庶人安政矣。庶人安政，然后君子安位。"可见，在荀子看来，君主只有先做到爱护惠泽民众，民众也才会将君主视为再生父母，并诚心实意地为君主效忠，尽心竭力。但如君主不爱护自己的人民，人民就不会亲近他，更不会为其出生入死。那么，君主不爱民的后果只有一个，那就是迟早会国破家亡。

在荀子看来，君主还要善于养民，养民首要的是发展经济，因此，荀子专门作了《富国》《强国》篇，以彰显经济建设的重要性。荀子认为："下贫则上贫，下富则上富。"③在他看来，如果百姓贫困不堪，统治者也将随之陷入贫苦状态，因此，只有百姓富足了，统治者也才会真正富足起来。正如孔子学生有若所言："百姓足，君孰与不足？百姓不足，君孰与足？"④在主张"上下俱富"⑤的同时，荀子还强调富民更重于富国，指出："王者富民，霸者富士，仅存之国富大夫，亡国富筐箧，实府库。"⑥意思是让民众富裕起来是王道之举。反之，如果仅仅上层统治者富足，国家府库充

---

① 《孟子·尽心上》
② 《孟子·尽心下》
③ 《荀子·富国》
④ 《论语·颜渊》
⑤ 《荀子·富国》
⑥ 《荀子·王制》

盈，但民不聊生，民众穷困不堪，就将会有亡国的危险。荀子看到了国家富足的基础在于人民的富足，荀子还指出，使百姓富足起来的根本途径是大力发展社会经济，在农耕社会，尤其要着力加强农业生产。荀子说："足国之道，节用裕民而善臧其余。节用以礼，裕民以政。彼裕民，故多余。裕民则民富，民富则田肥以易，田肥以易则出实百倍。上以法取焉，而下以礼节用之。余若丘山，不时焚烧，无所臧之，夫君子奚患乎无余？故知节用裕民，则必有仁圣贤良之名，而且有富厚丘山之积矣。此无他故焉，生于节用裕民也。不知节用裕民则民贫，民贫则田瘠以秽，田瘠以秽则出实不半；上虽好取侵夺，犹将寡获也。"①荀子指出要想让老百姓富裕起来还需要统治者节省开支。当老百姓富裕起来之后才能加大生产投入，以获取更多产出。只有这样，国家也才能征收到更多税金。反之，当百姓们陷入贫困状态中时，则会缩减生产投入，产出则必然随之下降。这时统治者征收到的赋税也会随之缩减。

荀子也强调统治者对老百姓要轻徭薄赋，减轻民众负担。荀子主张，不管是农业税抑或工商税，为政者都需坚持轻取少取原则。荀子也主张轻徭，指出为政者不能过度调动征用民力，应保证不耽误农时。荀子认为君主应做到"轻田野之税，平关市之征，省商贾之数，罕兴力役，无夺农时"②。荀子还真实地揭露并抨击了当时的统治者对百姓横征暴敛的行径："今之世而不然：厚刀布之敛以夺之财，重田野之税以夺之食，苛关市之征以难其事。"③荀子进一步指出了为政者增加百姓负担的极其严重的后果，他说："王者富民，霸者富士，仅存之国富大夫，亡国富筐箧，实府库。筐箧已富，府库已实，而百姓贫，夫是之谓上溢而下漏，入不可以守，出不可以战，则倾覆灭亡可立而待也。故我聚之以亡，敌得之以强。聚敛者，召寇、肥敌、亡国、危身之道也，故明君不蹈也。"④也就是说，统治者对人民横征暴敛只会导致民心丧失，而民心一旦丧失，国家政权必将危在旦夕，就易招致外侮，强敌也易于攻打进来，这样统治者大力搜刮到的民脂民膏也必将易手。

三、教民乐民

先秦儒家在重视富民的同时，也清楚地意识到，在解决了老百姓物质生活问

---

① 《荀子·富国》
② 《荀子·富国》
③ 《荀子·富国》
④ 《荀子·王制》

题，让其过上富足的生活之后，还要进行礼乐教化，以提高其道德水准。孔子就主张统治者要采用先富后教的政策。"子适卫，冉有仆。子曰：'庶矣哉！'冉有曰：'既庶矣，又何加焉？'曰：'富之。'曰：'既富矣，又何加焉？'曰：'教之。'"①孔子到卫国去，他的学生冉有为他驾车。孔子慨叹卫国的人多，冉有向他请教人口众多后国家还需要做什么。孔子的答案是使民众富裕起来。冉有接着追问富裕了之后该做什么。孔子指出应该教育他们。可见，孔子不但认为对百姓要"庶之""富之"，而且还要"教之"。他还提出了具有里程碑意义的口号，那就是"有教无类"②，主张教育应不论地域、族类、长幼，不分贫富、贵贱，人人皆可以接受教育。他注重开展平民教育，开了平民教育的先河，他首创私学，打破了贵族统治阶级垄断教育的局面，推动了官学向民间下移。孔子从 30 岁左右就致力于将文化知识向下层民众传播。孔子所收的学生，既有官宦子弟，也有出身贫困的孩子。孔子曾说过："自行束脩以上，吾未尝无诲焉。"③意思是父母若想孩子接受教育，只需以 10 条干肉作为拜师之礼，就能让孩子成为孔门学子。当然，家境极度贫困的孩子即使什么都交不起也没关系，只要愿意学习，孔子将一律收为弟子。这种有教无类的平民教育思想具有很大的进步意义，蕴含着一切人都有接受教育的权利，教育应该面向全体劳动者在内的所有社会成员。孔门弟子还提出了"学而优则仕"的主张，认为平民百姓学得好还可以做官。这些都是孔子"仁者爱人"思想的具体体现。

孟子也强调平民教育，也就是他所提倡的"谨庠序之教，申之以孝悌之义"④。他还指出："善政不如善教之得民也。善政民畏之，善教民爱之；善政得民财，善教得民心。"⑤孟子还倡导培养明晓人伦的君子抑或大丈夫。他说："教以人伦，父子有亲，君臣有义，夫妇有别，长幼有序，朋友有信。"⑥在孟子看来，只有通过"善教"，民众才会心悦诚服，君主才能得到人民的衷心拥护爱戴。孟子指出，君主还要能做到"与民偕乐"⑦，君主既要满足民众的物质需求，还要能满足他们的情感需求。如他在《孟子·梁惠王下》中说："为民上而不与民同乐者亦非也。乐民之乐者，民亦

① 《论语·子路》
② 《论语·卫灵公》
③ 《论语·述而》
④ 《孟子·梁惠王上》
⑤ 《孟子·尽心上》
⑥ 《孟子·滕文公上》
⑦ 《孟子·梁惠王上》

乐其乐，忧民之忧者，民亦忧其忧。乐以天下，忧以天下，然而不王者，未之有也"；"今王与百姓同乐，则王矣"①。他在《孟子·梁惠王上》中说："古之人，与民偕乐，故能乐也。"在孟子看来，君王只有与民同乐，才会有真正的快乐。他还以百姓嫌文王的 70 里的狩猎场小，嫌齐宣王 40 里的猎狩场大来说明"与民同之"的政治效应。与民同乐蕴含着君主不应独享权力，应与民众共享的进步思想。

荀子继承遵循了孔孟两人先富后教的理念。荀子说："不富无以养民情，不教无以理民性。故家五亩宅，百亩田，务其业而勿夺其时，所以富之也。立大学，设庠序，修六礼，明十教，所以道之也。《诗》曰：'饮之食之，教之诲之。'王事具矣。"②要把老百姓的物质生活搞好，让他们有充足的衣食之源，在此基础上还要对人民进行道德教化。荀子也重视乐民，并作《乐论》加以凸显，认为："乐者，天下之大齐也，中和之纪也，人情之所必不免也"；"乐者审一以定和者也，比物以饰节者也，合奏以成文者也；足以率一道，足以治万变"③。

---

① 《孟子·梁惠王下》
② 《荀子·大略》
③ 《荀子·乐论》

第四章
先秦儒家行政伦理道德规范纲要

先秦儒家以行政伦理基本原则为指导,在总结前人为政经验及自己从政实践体悟的基础上,结合现实政治社会需求,提出了一系列规范为政者及其为政行为的伦理道德要求和主张。具体为:诚实守信、公平理政,恭宽中庸、敬业勤政,厉行节约、清廉为政。这些行政伦理的基本规范要求对于指导、约束、调节为政者的具体行政行为有着积极的意义和推动作用。

第一节　诚实守信　公平理政

一、诚实守信

诚实守信是先秦儒家行政伦理道德规范的一个重要范畴。在先秦儒家的理论系统中,它既是一种优良道德品质,是人们立身处世立足于社会的基础,也是调节朋友关系等人际关系的基本伦理道德要求,更是治理国家、处理君臣等上下级关系的处于核心地位的行政伦理道德规范。《大学》《中庸》《论语》《孟子》《荀子》等先秦儒家经典反复论证阐述诚信的重要性。有学者指出,诚、信二字在《论语》中出现了40次。还有学者指出,诚字在《孟子》篇中出现频率达22处之多。

（一）民无信不立

子曰:"人而无信,不知其可也。大车无輗,小车无軏,其何以行之哉?"①一个人说话不算话不讲信用,就像大车没有輗、小车没有軏一样,在社会上是难以立足、寸步难行的。可见,孔子认为,诚实守信是个体行走社会必备的基本道德品质。《论语·卫灵公》记载:"子张问行。子曰:'言忠信,行笃敬,虽蛮貊之邦行矣。言不

忠信,行不笃敬,虽州里行乎哉? 立,则见其参于前也;在舆,则见其倚于衡也。夫然后行。'"①子张向孔子请教怎样才能行走天下。孔子告诉他,只要做到言语忠诚守信,做事忠厚谨慎,那么即使在蛮荒偏远的邦国也能行得通。反之,纵然是在自己的家乡也行不通。站着,好像看到"言忠信,行笃敬"这几个字就在眼前,坐车,仿佛看到这几个字也在车上,只有念念不忘它们才能行走天下。

孔子还表达了对不讲信用之人的不解与担忧,他说:"狂而不直,侗而不愿,悾悾而不信,吾不知之矣。"②就是说,一些人狂妄而不正直,糊涂却不老实,愚昧无知却不守信用,这真让人不理解啊。在孔子看来,这种人迫切需要用诚实无欺、言而有信之德去陶冶修养自己的品性。在孔子看来,诚实守信就是"言必行,行必果"③,就是言行一致,不为个人利益出尔反尔,违背诺言。《中庸》对诚信的重要性做了进一步发挥:"诚者,天之道也;诚之者,人之道也";"诚者物之终始,不诚无物。是故君子诚之为贵"。诚信是天之道,也是人之道,是万物之终始,可见诚信对个体立身处世何等重要。

孟子对孔子的诚信思想不仅有继承,更有发展。孟子说:"诚者,天之道也;思诚者,人之道也。至诚而不动,未之有也;不诚,未有能动者也。"④诚信是天之道,追求诚信是做人之道。至诚而不能感动别人是不曾有过的;反之,不真诚是不能感动别人的。他在《孟子·告子上》说,"仁义忠信,乐善不倦,此天爵也",把诚信视为符合天道的最为尊贵的伦理道德规范之一。孟子还指出:"万物皆备于我矣。反身而诚,乐莫大焉。"⑤意思是万事万物都为我所具备,如果我能做到反躬自省,诚实无欺,就会感到莫大的快乐。

荀子也强调诚实守信是君子必备的优良道德品质。而且他还指出:是否讲诚信,是区分君子和小人人格高下的重要标准。他说:"庸言必信之,庸行必慎之,畏法流俗,而不敢以其所独甚,若是则可谓悫士矣。言无常信,行无常贞,唯利所在,无所不倾,若是则可谓小人矣。"⑥又说:"忠信端悫而不害伤,则无接而不然,是仁人之质也。忠信以为质,端悫以为统,礼义以为文,伦类以为理,喘而言,臑而动,而

---

① 《论语·卫灵公》
② 《论语·泰伯》
③ 《论语·子路》
④ 《孟子·离娄上》
⑤ 《孟子·尽心上》
⑥ 《荀子·不苟》

一可以为法则。"①也就是说，言语守信，行为谨慎，不敢效法流行的风俗，不敢自以为是就是悫士君子了。如果言不守信，行为无原则，只要有利可图，任何事都可使其左右摇摆的就是小人。真诚守信的君子不伤害别人，对任何人都一样。君子以诚信为本，以正直为纲，以伦理法律为原则，稍微说一句话，动一动，都可成为他人效法的榜样。

荀子还指出了"诚"在个人修养中的重要性。他说："君子养心莫善于诚，致诚则无它事矣。唯仁之为守，唯义之为行。诚心守仁则形，形则神，神则能化矣。诚心行义则理，理则明，明则能变矣。"②君子修身养心，没有比真诚无欺更好的了。真心实意地坚守仁义，按其办事，就会在言行中表现出来，就显得神妙并具有超凡出俗的本领，就能明察事理，改造感化万物了。

（二）朋友有信

先秦儒家认为诚信是交友的基本准则。曾子说："吾日三省吾身：为人谋而不忠乎？与朋友交而不信乎？"③孔子说："老者安之，朋友信之，少者怀之。"④孟子更是将诚信提到了五伦之一的高度。他说："父子有亲，君臣有义，夫妇有别，长幼有序，朋友有信。"⑤朋友有信揭示了朋友交往应立足于诚信，做到说话真诚，言而有信。将以诚信交友推而广之，人与人之间的交往准则也应以诚信为本，诚信不仅仅是朋友之间交往应遵循的伦理道德规范，也是维持社会上人与人正常交往的基本原则。《大学》就指出："与国人交，止于信。"孔子也曾指出："弟子入则孝，出则弟，谨而信，泛爱众，而亲仁。"⑥据《论语·阳货》记载：当子张向孔子请教什么是仁时，孔子说："恭、宽、信、敏、惠。恭则不侮，宽则得众，信则人任焉，敏则有功，惠则足以使人。"诚信是人与人相处应遵循的基本道德准则。

荀子不但认为诚信是人际交往必须遵守的道德规范，而且将其作为职业道德规范要求。他说："体恭敬而心忠信，术礼义而情爱人，横行天下，虽困四夷，人莫不贵；劳苦之事则争先，饶乐之事则能让，端悫诚信，拘守而详，横行天下，虽困四夷，

---

① 《荀子·臣道》
② 《荀子·不苟》
③ 《论语·学而》
④ 《论语·公冶长》
⑤ 《孟子·滕文公上》
⑥ 《论语·学而》

人莫不任。"①就是说,一个人如果做到了遵循礼仪和待人诚信,即使困厄在四方少数民族地区,也不会失去别人的尊重和信任。换句话说,这样的人是能通行天下的。他进一步指出:一个人无论从事什么职业,都应该讲诚信。在他看来,商人只有恪守诚信,才能生意兴隆。他说:"商贾敦悫无诈,则商旅安,货通财。"②百工和农夫也要讲诚信,荀子说:"百工忠信而不楛,则器用巧便而财不匮矣。农夫朴力而寡能,则上不失天时,下不失地利,中得人和,而百事不废。"③同样地,教师也要讲诚信:"耆艾而信,可以为师。"④可见,荀子把诚信看作各行各业应该遵守的职业道德要求。

(三)取信于民

诚信不仅是人们的立身之本,是一种优良品质,是人们处理人际关系的准则,更是治国之本,是一种官德,是行政伦理规范的重要组成部分。儒家先哲认为,治理国家重在诚信,诚信是治国理政的一种方略,为政者只有做到诚信才能取信于民,得到民众信任才能使政权稳固,国家兴旺。

孔子继承了上古三代及西周初年统治者的德政思想,在研究、总结春秋时期以诚信成就霸业的诸侯国实践基础上提出了诚信兴国的思想。据《论语·颜渊》记载:子贡问政。子曰:"足食,足兵,民信之矣。"子贡曰:"必不得已而去,于斯三者何先?"曰:"去兵。"子贡曰:"必不得已而去,于斯二者何先?"曰:"去食。自古皆有死,民无信不立。"在孔子看来,治理国家需要粮食、军备和民众信任。三者中如迫不得已去掉一项,则可去掉军备,如必须再去掉一项,那就是粮食。不能去除的是百姓的信任。如失去了百姓的信任,那么再强的军队、再充足的粮食也逃脱不了灭亡的命运。孔子强调为政者要取信于民,在承担治理国家重任时,当务之急是要诚信,要能取得民众信任,丰衣足食、兵强马壮是依附于诚信的。孔子说:"道千乘之国,敬事而信,节用而爱人,使民以时。"⑤治理一个有千辆兵车的大国,为政者应谨慎守信、节省开支、爱护人民,使用民力要考虑到不占用生产时间。治理国家方面,统治者要将诚信置于首位,只有君王自己做到诚信了,才能赢得臣民的信任尊重。诚信是处理协调君主与臣民关系的基本伦理道德规范。诚信也是相互的,不光君主

---

① 《荀子·修身》

② 《荀子·王霸》

③ 《荀子·王霸》

④ 《荀子·致士》

⑤ 《论语·学而》

要对臣民讲诚信，臣民也要对君主诚信不欺。据《论语·子张》记载，子夏曰："君子信而后劳其民，未信则以为厉己也；信而后谏，未信则以为谤己也。"为官为政者只有得到民众信任，才能使民众心悦诚服地接受领导指派。反之，民众就会认为是在遭受虐待，从而引起民众的抵制反抗。民众也要以诚信赢得君主信任后再去进谏。反之，君主就会认为是在诽谤自己。

孟子也强调了诚信在取信于民中的重要性。他说："居下位而不获于上，民不可得而治也。获于上有道：不信于友，弗获于上矣。信于友有道：事亲弗悦，弗信于友矣。悦亲有道：反身不诚，不悦于亲矣。诚身有道：不明乎善，不诚其身矣。是故诚者，天之道也；思诚者，人之道也。至诚而不动者，未之有也；不诚，未有能动者也。"①大意是处下位的人，如果得不到居上位的人的信任，就难以治理好国家。让居上位的人信任的路径是首先要使朋友信任，让朋友信任的前提是侍奉好父母，使双亲开心快乐。要想使父母高兴自己就要做到真诚，要使自己真诚就要明白什么是善。因此，真诚是上天的定律，追求真诚是做人的原则。极端真诚而不能使人感动的，是不存在的；不真诚是不能感动人的。

荀子旗帜鲜明地提出建立政治诚信的主张。他说："政令信者强，政令不信者弱。"②政令诚信的国家则强盛，政令不讲诚信的国家则衰败。又说："制号政令，欲严以威；庆赏刑罚，欲必以信。"③制定、执行法度政令必须严格要求，树立权威；实行奖赏和刑罚，必须坚定而讲信用。换句话说，为政者如朝令夕改，就会丧失权威性，从而失信于民。荀子还一针见血地指出，当时为政者的迫切任务不是增加领土，而是益信，即提高信用。他说："假今之世，益地不如益信之务也。"④他还说："节威反文，案用夫端诚信全之君子治天下焉。"⑤建议统治者节制武力回到礼义文治上来，任用正直不欺、诚实守信、德才兼备的君子治理天下。

荀子还强调了君主要致力于忠诚守信，要以身作则带头讲诚信，他说："故为人上者，必将慎礼义，务忠信，然后可。"⑥荀子还对为政者如何做到诚信进行了具体阐述："政令已陈，虽睹利败，不欺其民；约结已定，虽睹利败，不欺其与。如是，则兵

---

① 《孟子·离娄上》
② 《荀子·议兵》
③ 《荀子·议兵》
④ 《荀子·强国》
⑤ 《荀子·强国》
⑥ 《荀子·强国》

劲城固,敌国畏之;国一綦明,与国信之。"①政令既然颁布,即使看到自己的利益有可能受损,也不能废弃,以不失信于民;与别国的盟约既然签订,履行中即使有损自己的利益也应坚持,以不失信于盟友。只有做到如此,才能兵强城固,外敌不敢来犯;只有做到如此,才能国家统一,取信于同盟国。总之一句话:"用国者,义立而王,信立而霸,权谋立而亡。"②治理国家,确立了道义就能王天下,确立了信用就能称霸诸侯,搞权术谋略则会灭亡。

二、正身律己

为政者由于手中握有大权,能否做到坚持正义,公平公正处事理政,关涉到国家利益、民心向背。严于律己、率先垂范是传统儒家的一贯倡导。

先秦儒家的公平公正思想源于为天下人谋福利的崇高价值理想,具有海纳百川有容乃大的公正无私的开放和包容的价值取向。它一方面要求个体必须服从整体,另一方面肯定个体在群体中应该得到公平公正的对待。在儒家先哲看来,为政之要在于公平公正,为政者要具备公平处政的行政执政理念。正如《尚书·洪范》所言:"无偏无党,王道荡荡;无党无偏,王道平平;无反无侧,王道正直。"意思是为政者要公平公正处理政务,没有偏袒,不反复无常,这样就能实现圣王之道,就能将国家治理得井然有序。

孔子认为美德是政治的基础,为政者应具备优良的品德,要将美德体现灌注到行动上。而公平公正则是为政者的一项基本美德。为政者品行端正、公平理政是治理好政事政务的不变真理,是得到民众信任支持的不二法则。为政者是民众高度关注的社会中心人物,是属于社会精英阶层的特殊职业群体。这一群体的职业道德要求处于所有职业道德要求的高位,具有很强的示范效应。为官为政者的精神面貌影响甚至决定着整个社会的精神风貌,关系到执政者威信,关系到民心向背,关系到国家兴衰。因此,孔子说:"政者,正也。子帅以正,孰敢不正";"君子之德风,小人之德草,草上之风必偃"③。他还说:"上好礼,则民莫敢不敬;上好义,则民莫敢不服;上好信,则民莫敢不用情,夫如是,则四方之民襁负其子而至矣。"④居上位的重视礼,处处好礼,民众就会诚敬严肃,并形成风气;居上位的只要重视义,

---

①　《荀子·王霸》

②　《荀子·王霸》

③　《论语·颜渊》

④　《论语·子路》

民众就会心甘情愿地服从之；居上位的只要重视信，民众也会回报以真心实意。要是能做到这些，就成为人心所向，四面八方的老百姓就将携家带眷，前来依附。正所谓"子欲善，而民善矣"①。

为政者只有品行端正、严于律己、率先垂范，才能充分发挥模范表率作用。他说："苟正其身矣，于从政乎何有？不能正其身，如正人何？"②如果自身端正，治理政事还有困难吗？如果自身不正，又如何去纠正别人呢？又说："其身正，不令而行；其身不正，虽令不从。"③为政者只有公平公正、不谋私利、以身作则才能政令畅通。反之，即使三令五申，民众也不会听从。孟子也说："有大人者，正己而物正者也"④；"其身正而天下归之"⑤。荀子的公正思想与孔孟一脉相承。荀子说："君者，仪也；民者，景也；仪正而景正"，"君者，民之原也；原清则流清；原浊则流浊"⑥。他还说，"上公正，则下易直矣"⑦。的确，"上有好者，下必有甚焉者矣"⑧。上行下效，榜样的力量无穷。政者正也，不光要求为政者在个人德行上要做到己正，在政策的制定及执行方面也要做到公平公正，只有这样才能正人。居上位的为官为政者在行政过程中如不讲公平公正，没有起到表率示范作用，而只一味地要求民众如何如何，是愚蠢之举。

那么，怎样才能做到公正公平，怎样正己呢？

先秦儒家认为首先要修身自律。孔子说："修己以敬""修己以安人""修己以安百姓"⑨。修身是实现公平公正理政的基础和前提条件。在孔子看来，修身的起点在正心，要以民为本，心念苍生，"心正而后身修"⑩。修身的关键在学习，学习的主要内容是《礼》，因此，在《论语·季氏》中，他说："不学《礼》，无以立。"当然，光学习不思考也不行，《论语·为政》就指出，"学而不思则罔，思而不学则殆"，要学思结合。在《论语·季氏》中，孔子说："君子有九思：视思明，听思聪，色思温，貌思恭，言

---

① 《论语·颜渊》
② 《论语·子路》
③ 《论语·子路》
④ 《孟子·尽心上》
⑤ 《孟子·离娄上》
⑥ 《荀子·君道》
⑦ 《荀子·正论》
⑧ 《孟子·滕文公上》
⑨ 《论语·宪问》
⑩ 《大学》

思忠,事思敬,疑思问,忿思难,见得思义。"在《论语·里仁》中,孔子指出:"见贤思齐焉。见不贤而内自省也。"要时时注意做到反省自己,对于缺点和不足,有则改之,无则加勉。修身是个知情意行的统一过程,是"博学于文,约之以礼"①的完美结合,"君子耻其言而过其行"②。修身还需要实践,要身体力行,少说多行,做到"惠而不费,劳而不怨,欲而不贪,泰而不骄,威而不猛"③,甚至做到"无终食之间违仁,造次必于是,颠沛必于是"④。意思是,君子连吃完一顿饭的工夫也是不能违背仁德的。即使是在最紧迫的时刻也必须按仁德去做,即使是在流离困顿的时候也必须按仁德去做。

其次,在选拔人才上要做到尊贤尚德。孔子说:"举直错诸枉,则民服。举枉错诸直,则民不服。"⑤意思是选拔正直的人,罢免那些不正直的人,人民就信服你;选用不正直的人,罢免那些正直的人,人民就不会信服你。在财富的分配上要做到均平。孔子说:"有国有家者,不患寡而患不均,不患贫而患不安。盖均无贫,和无寡,安无倾。"⑥这里"均"不是平均主义,而是建立在"礼"制等级社会基础上的公平,是承认有等级差别的一种平均,是各安其位,各尽其力,依据各自的地位和能力取得相应的报酬。

三、和而不同

和而不同是先秦儒家倡导的又一个异常重要的行政伦理规范。孔子说:"虞仲、夷逸,隐居放言,身中清,废中权。我则异于是,无可无不可。"⑦在孔子看来,虞仲、夷逸虽然注重修身,清正廉洁,但隐居避世却是极为消极无益于社会的。孔子提出了自己的主张,那就是为官为政者要做到和而不同。

最早对"和""同"两个概念进行分析探讨的是西周末年的思想家史伯。他说:"和实生物,同则不继。以他平他谓之和,故能丰长而物归之。若以同裨同,尽乃弃矣。"⑧"和"是指多样性的统一,不同的事物相互融合才能得到提升和发展。"同"

---

① 《论语·雍也》
② 《论语·宪问》
③ 《论语·尧曰》
④ 《论语·里仁》
⑤ 《论语·为政》
⑥ 《论语·季氏》
⑦ 《论语·微子》
⑧ 《国语·郑语》

则是无差异的单一，是简单的数量增减。史伯论"和""同"意在批驳周幽王取"同"去"和"，即反对周幽王信任那些苟同迎合自己的小人，却打击迫害那些忠言进谏的贤臣良相。

春秋时期比孔子年长的晏子也论述过"和"与"同"的差异。晏子以调制美味和创制佳乐为例，说明了"和"的重要性。他说："和如羹焉，水、火、醯、醢、盐、梅，以烹鱼肉，燀之以薪，宰夫和之，齐之以味，济其不及，以泄其过。君子食之，以平其心。"①也就是说，想要做出美味，需要食物和各种调料相配合，还要厨师拿捏得当。佳乐亦如此，需要"一气，二体，三类，四物，五声，六律，七音，八风，九歌，以相成也；清浊，小大，短长，疾徐，哀乐，刚柔，迟速，高下，出入，周疏，以相济也。君子听之，以平其心。心平，德和。"②晏子使用这两个比喻意在说明为政者广纳贤才，听取不同意见的重要性。晏子还指出了"同"的表现及其危害性："君所谓可，据亦曰可；君所谓否，据亦曰否。若以水济水，谁能食之？若琴瑟之专一，谁能听之？同之不可也如是。"③在晏子看来，君主如仅仅追求臣民的整齐划一、绝对服从、君云亦云，将会造成万马齐喑，是极不明智的愚蠢做法。

孔子在前人研究实践的基础上，提出了"君子和而不同，小人同而不和"④的观点。朱熹在《四书集注》中说："和者，无乖戾之心。同者，有阿比之意。尹氏曰：'君子尚义，故有不同。小人尚利，安得而和？'"⑤意思是君子既能与其周围的人保持关系融洽和谐，又能坚持原则，不人云亦云随波逐流。而小人则没有底线，只会投机取巧，无原则地随声附和，不会表达正确意见建议。

"和"的立足点、出发点是社会稳定协调有序，人际关系和谐顺畅，但君子的和不是为了和而和，对于根本性的分歧和差异应划清界限，不能有丝毫的妥协与调和，君子应做到"道不同，不相为谋"⑥。在孔子看来，和而不同是为政者处理君臣、君民关系的重要伦理道德规范，作为执政者，应做到宽容、谦让、团结，相互扶持。他说"和无寡"⑦，认为君臣精诚团结，就不用担心人寡力薄。

---

① 《左传·昭公二十年》
② 《左传·昭公二十年》
③ 《左传·昭公二十年》
④ 《论语·子路》
⑤ 朱熹：《四书集注》，岳麓书社2010年版，第167页。
⑥ 《论语·卫灵公》
⑦ 《论语·季氏》

孟子也指出："天时不如地利,地利不如人和。"①他还告诫君主:"君之视臣如手足,则臣视君如腹心。君之视臣如犬马,则臣视君如国人。君之视臣如土芥,则臣视君如寇仇。"②在《孟子·告子下》中,他说:"居下位,不以贤事不肖者,伯夷也;五就汤,五就桀者,伊尹也;不恶污君,不辞小官者,柳下惠也。三子者不同道,其趋一也。一者何也? 曰:仁也。君子亦仁而已矣,何必同?"伯夷、伊尹和柳下惠三者虽然做法不同,但他们追求的价值目标是一样的,那就是"仁",因此,没有必要强求大家都按照同一个模式去行为,只要大家心中有道,践履道的方式途径可以多种多样,正所谓殊途同归!

荀子也指出"和则一,一则多力,多力则强,强则胜物"③。荀子还阐述了和的开放博取、兼收并蓄的重要性。他说:"凡人之患,蔽于一曲而暗于大理。"④人们如果封闭保守,那就如井底之蛙,将为片面的认识所局限,而不明了全面正确的道理。因此,为政者在处理君臣关系、君民关系上应做到和而不同,多方听取意见建议,甚至是批评指责的意见,广听则明,偏听则暗。推而广之,为政者在处理国家民族关系时,也应该做到和而不同,在保持自身文化特质的前提下,尊重异质文化,寻找不同文明的交汇点,比较鉴别兼收并蓄,汲取他种文化中有益于自己的营养成分。在处理国际问题时坚持和而不同的原则,将实现共赢,能有效化解分歧与争端,形成相互尊重、共同发展、协和万邦的盛世局面。

荀子进一步指出了和而不同的具体路径,那就是"制礼义以分之"⑤。《论语·学而》曾指出:"礼之用,和为贵。""礼"作为一种规章制度、行为规范,它存在的价值是为了实现"和",是为了营造和谐有序的局面。荀子说:"故先王案为之制礼义以分之,使有贵贱之等,长幼之差,知愚、能不能之分,皆使人载其事而各得其宜,然后使悫禄多少厚薄之称,是夫群居和一之道也。"⑥先王制礼,通过"分"将人们定位,使人们各就其位,各尽其职,以实现社会安定祥和。但贵贱、长幼、智愚等主体成分差异必然存在矛盾冲突,并引起争斗。那么如何使之各安其位、各尽其责以形成一个和谐的统一体呢?《中庸》道出了一个原则,那就是"时中",或者说是适度。

---

① 《孟子·公孙丑下》

② 《孟子·离娄下》

③ 《荀子·王制》

④ 《荀子·解蔽》

⑤ 《荀子·荣辱》

⑥ 《荀子·荣辱》

《中庸》指出:"中也者,天下之大本也;和也者,天下之达道也。致中和,天地位焉,万物育焉";"君子而时中"。这里的"中"就有适中、适度之意,即依据环境条件转变而变化,因时因地制宜。立身处事过犹不及皆不可取。孔子说:"质胜文则野,文胜质则史。文质彬彬,然后君子。"①要求为政者要"叩其两端"②"执其两端,用其中于民"③,从而做到恰到好处。孟子盛赞孔子"可以速而速,可以久而久,可以处而处,可以仕而仕","孔子,圣之时者也"④。孟子还指出"执中无权,犹执一也"⑤,强调了权变的重要性。荀子也指出"与时屈伸,柔从若蒲苇,非慑怯也;刚强猛毅,靡所不信,非骄暴也。以义变应、知当曲直故也"⑥。可见,在儒家先哲眼里"中"非一静止不动的中点,而是行为方式的最佳切入点。人们在处理问题、解决矛盾冲突时,在尊重事物运动发展的客观规律的前提下,必须遵循适中适度原则,因时而变,从而实现各居其位,各尽其分,和谐有序。

《中庸》提倡为政者要"宽裕温柔,足以有容也;发强刚毅,足以有执也"。这里的"有容",就是宽宏大量,能听取不同的声音,能广纳天下贤才,是"和"的具体体现和展开。"有执",就是坚持原则,有自己的信仰和立场,不左右摇摆,就是"不同"。因此,《中庸》赞曰:"故君子和而不流,强哉矫! 中立而不倚,强哉矫!"为政者只有具有这种"和而不流"的品质,才能做到刚正不阿、不偏不戾,在治国理政中从容不迫,实现治大国犹如烹小鲜。

第二节　恭宽中庸　敬业勤政

一、忠恕之道

曾子说:"夫子之道,忠恕而已矣。"⑦这个忠恕之道,孔子自谓"一以贯之"⑧,"终身行之"⑨。可见,忠恕之道是孔子践行其仁学思想的具体伦理道德规范,是仁

---

① 《论语·雍也》
② 《论语·子罕》
③ 《中庸》
④ 《孟子·万章下》
⑤ 《孟子·尽心上》
⑥ 《荀子·不苟》
⑦ 《论语·里仁》
⑧ 《论语·里仁》
⑨ 《论语·卫灵公》

之方,是实现仁的方法。换句话说,忠恕之道解决了如何行仁的问题。朱熹在解释忠恕之道时说:"尽己之谓忠,推己之谓恕。或曰:'中心为忠,如心为恕。'"①忠恕之道是忠道和恕道的合称。《论语》多处论述忠道,如《学而》中,曾子说:"吾日三省吾身:为人谋而不忠乎?与朋友交而不信乎?传不习乎?"②孔子也指出:"君子不重则不威;学则不固。主忠信,无友不如己者。"③在《公冶长》中,孔子说:"十室之邑,必有忠信如丘者焉,不如丘之好学也。"《述而》指出"子以四教:文,行,忠,信"。在《颜渊》中,当子张向孔子问政时,孔子答曰:"居之无倦,行之以忠。"在《子路》中,孔子说:"居处恭,执事敬,与人忠。虽之夷狄,不可弃也。"在《卫灵公》中,孔子说:"言忠信,行笃敬,虽蛮貊之邦行矣。言不忠信,行不笃敬,虽州里行乎哉?"有学者做过统计,忠字在《论语》中出现频率最高,达到18次,其中忠字单用为10次,与"信"连用达6次,"忠恕""忠告"连用的都是1次,"忠信"连用意为诚实守信,"忠告"指坦诚直率地告知,如"忠告而善道之,不可则止,无自辱焉"④。忠字单用,一为忠实真诚,如"君子有九思:视思明,听思聪,色思温,貌思恭,言思忠,事思敬,疑思问,忿思难,见得思义"⑤。在其他多处都表示诚心实意、忠心耿耿、尽心尽力地做事,如"君使臣以礼,臣事君以忠"⑥。

由以上论述可见,《论语》中的"忠"多指伦理道德规范,主要有三层含义:一是指与人交往时,要实话实说,说到做到,答应别人的事要尽心尽力地完成,也就是要"言忠信,行笃敬"。二是在做事时态度要端正,履行岗位职责要尽心尽力,即"执事敬,与人忠"⑦,并时刻反省自己是否"为人谋而不忠乎"⑧。三是要求臣民效忠于国家或明君,不得背叛之,必要时甚至要以身殉国。总之,贯彻忠道,要求人们的言行要一致,不弄虚作假,无论与人相处还是对待国家明君都要有一颗真诚之心,并将真诚之心转化为真言真行。

古语曰"求忠臣必于孝子之门",百善孝为先,一个人如对父母家庭有真感情,说明他有责任心,出来为天下国家民族献身就一定能做到,孝的发挥便是忠,对父

---

①　朱熹:《四书集注》,岳麓书社2010年版,第81-82页。
②　《论语·学而》
③　《论语·学而》
④　《论语·颜渊》
⑤　《论语·季氏》
⑥　《论语·八佾》
⑦　《论语·子路》
⑧　《论语·学而》

母爱的延伸扩充便是爱别人、爱国家社稷、爱天下。因此，可以说忠根源于孝。孔子认为孝不仅仅表现在父母生前能给予赡养，以礼侍奉他们，去世时以礼葬之，以礼来祭祀他们，更重要的是发自内心地爱他们、敬重他们。换言之，如果子女内心充满了对父母的真情实感，那么礼仪和形式都不重要了。据载，当有人批评孟子为母亲的葬礼花的钱比父亲的多故对父亲不孝时，孟子解释说父母死的时候，自己财力不一样，但都竭尽所能尽到孝了。可见，在孔孟看来，孝不仅仅在于外在的礼和赡养，更要求人们有发自内心的真情实感，对父母的养育之恩充满感激之情，以做到内心与外在的结合，从这个角度理解，忠道实际上就是孝道的发挥和延展。

先秦儒家将忠道贯彻到行政领域，指出为政者要忠于职守、忠于民众、忠于国家社稷。在君权至上的宗法社会，他们也谈忠君，但不是无条件的，他们忠的对象是能做到圣、明、仁、敬的君主，他们反对愚忠。孔子的"主忠信""行之以忠""执事敬，与人忠""言忠信，行笃敬"，都是在谆谆告诫为政者要践履忠道。和孔子一样，孟子也认为为官要恪守忠道。据《孟子·公孙丑下》记载："孟子之平陆，谓其大夫曰：'子之持戟之士，一日而三失伍，则去之否乎？'曰：'不待三。''然则子之失伍也亦多矣。凶年饥岁，子之民老羸转于沟壑，壮者散而之四方者几千人矣。'曰：'此非距心之所得为也。'曰：'今有受人之牛羊而为之牧之者，则必为之求牧与刍矣。求牧与刍而不得，则反诸其人乎？抑亦立而视其死与？'曰：'此则距心之罪也。'"孟子到平陆，问那里的最高首领孔距心，倘若手下士兵一天擅离岗位三次，是否会开除他。孔距心说不会等到三次才开除。孟子就指出孔距心失职的地方多。饥荒岁月，老百姓年老体弱的抛尸露骨在荒郊野外，年轻力壮的逃荒要饭到四面八方，这些人可能将近有千人了。孔距心认为这些不是他所能挽回、所能解决的问题。孟子就打了个比方，假如一个人，接受别人的托付为之照顾放牧牛羊，那这个人就要为牛羊寻找牧场和草料。如果找不到，是将牛羊还给他们的主人，还是眼睁睁地看着牛羊饿死呢？孔距心终于意识到自己的责任，承认自己犯了错。由此可见，孟子认为当了官吏，就应该忠于职守、履行职责、为民造福，否则就是失职。荀子也一再强调为政要尽心尽职、忠诚不贰，并主张对不履行忠道、玩忽职守的官吏，要追究其责任，并予以严惩。他说："政事乱，则冢宰之罪也；国家失俗，则辟公之过也；天下不一，诸侯俗反，则天王非其人也"；"官人失要则死，公侯失礼则幽"①。忠于职守、忠于人民、忠于国家也是我们今天大力提倡的，忠是我们应该继承发扬的中华民族

---

① 《荀子·王制》

传统美德之一。

恕道包含两方面的内容，从积极方面而言是"夫仁者，己欲立而立人，己欲达而达人"①。也就是说要视人如己，推己及人，要能理解人、帮助人，有利于别人，自己站得住脚也要使别人站得住脚，自己得到发展也要使别人得到发展。消极方面的解读就是"己所不欲，勿施于人"②，自己不愿意的事也不要强加于别人。《大学》对恕道有直接的阐发："是故君子有诸己而后求诸人，无诸己而后非诸人。所藏乎身不恕，而能喻诸人者，未之有也。"君子以身作则，总是自己先做到，才会要求别人也做到，反之亦如此。若没有遵循这种推己及人之恕道就一厢情愿地要求他人依照自己的想法去做，则是不可能的。朱熹曾进一步注解为："有善于己，然后可以责人之善。无恶于己，然后可以正人之恶。皆推己以及人，所谓恕也，不如是，则所令反其所好，而民不从矣。"③自己善良才可以要求别人向善，自己不邪恶才可以纠正别人的邪恶。朱子一语道破了恕道之精髓。恕道也就是絜矩之道，《大学》对之展开过阐述："所谓平天下在治其国者：上老老而民兴孝，上长长而民兴弟，上恤孤而民不倍，是以君子有絜矩之道也。"平天下在于治国理政的人：君主敬重老人，民众就会尊重老人；君主敬爱兄长，民众就会敬爱兄长；君主体恤孤儿，民众就不会遗弃他们。因此君子有管理国家使民众信服的方法。紧接着《大学》对絜矩之道作了甚为具体详细的论述："所恶于上，毋以使下；所恶于下，毋以事上；所恶于前，毋以先后；所恶于后，毋以从前；所恶于右，毋以交于左；所恶于左，毋以交于右：此之谓絜矩之道。"朱熹注解为："如不欲上之无礼于我，则必以此度下之心，而亦不敢以此无礼使之。不欲下之不忠于我，则必以此度上之心，而亦不敢以此不忠事之。至于前后左右无不皆然，则身之所处，上下、四旁、长短、广狭，彼此如一而无不方矣。彼同有是心而兴起焉者，又岂有一夫之不获哉？所操者约，而所及者广，此平天下之要道也。"④意思是厌恶上级以不合理之事强加于我，就不可以如此对待下属；厌恶下级不尽职守、阳奉阴违，就不可以如此侍奉上级。其他前后及左右平级关系的处理原则亦同于此。可见，传统儒家具体详实地论述了行政伦理道德规范之一"恕道"的主要内容。

当然，虽然忠道和恕道是两个概念，有不同之处，但两者又是相辅相成、不可分

---

① 《论语·雍也》

② 《论语·颜渊》

③ 朱熹：《四书集注》，岳麓书社 2010 年版，第 12 页。

④ 朱熹：《四书集注》，岳麓书社 2010 年版，第 13 页。

割的——忠是前提，是基础；恕来源于忠，是忠的体现。正如有学者指出：忠与恕在实际的道德生活中是不可分的，若没有"尽己之心"（忠），就不会有"推己及人"（恕），或不会有正确的理念推己及人（如以恶念为前提推己及人）；反之，若没有推己及人的恕道，"尽己之心"就永远只会是一种意识、一种观念，求仁和行仁最终就不可能实现。这正如南宋儒者陈淳所言："大概忠恕只是一物。……盖存诸中者既忠，发出外来便是恕。……故发出忠的心，便是恕的事；做成恕的事，便是忠的心。"在这个意义上，忠和恕的关系基本上相当于道德意识与道德行为的关系①。

先秦儒家的忠恕之道还要求为政者要做到谦恭宽容。孔子指出为政者应做到："其行己也恭"②；"貌思恭"，"与人恭而有礼"③；还要"居处恭"④。在孔子看来，为政者在言语方面也要做到"恭"，他说："巧言、令色、足恭，左丘明耻之，丘亦耻之。"⑤也就是说为政者要慎言慎行，言行有度，稳重端庄。故当子张学干禄时，孔子说："多闻阙疑，慎言其余，则寡尤。多见阙殆，慎行其余，则寡悔。言寡尤，行寡悔，禄在其中矣。"⑥仲弓问仁，子曰："出门如见大宾，使民如承大祭。"⑦也就是说，出门见到每个人都像见到贵宾一样以礼相待，使用民力就像祭祀祖先一样慎重。孔子认为为政者应襟怀坦荡，宽容大度，不斤斤计较个人得失。他说："君子坦荡荡，小人长戚戚。"⑧"鄙夫可与事君也与哉？其未得之也，患得之；既得之，患失之。苟患失之，无所不至矣。"⑨孔子看不起斤斤计较、患得患失的人，称他们是"鄙夫"。他认为为政者要做到："不患无位，患所以立"⑩；"忧道不忧贫"⑪；"在邦无怨，在家无怨"⑫；"君子尊贤而容众，嘉善而矜不能"⑬。在孔子看来，"宽则得众"⑭，居上位

---

① 杨清荣：《忠恕之道的特质及其现代价值》，《伦理学研究》，2005 年第 6 期。

② 《论语·公冶长》

③ 《论语·颜渊》

④ 《论语·子路》

⑤ 《论语·公冶长》

⑥ 《论语·为政》

⑦ 《论语·颜渊》

⑧ 《论语·述而》

⑨ 《论语·阳货》

⑩ 《论语·里仁》

⑪ 《论语·卫灵公》

⑫ 《论语·颜渊》

⑬ 《论语·子张》

⑭ 《论语·阳货》

者应以宽为本。他盛赞伯夷、叔齐不计前嫌,不念旧怨的宽容大度精神。

二、中庸处政

为政者手握行政大权,能否做到不偏不倚、不温不火、恰到好处地处理政事,至关重要。先秦儒家指出为政者要按照中庸的伦理道德要求去规范自己的言行,处理政务要允执其中,不狂不狷,不能过犹不及。

中庸是先秦儒家倡导的一项重要的伦理道德规范。孔子在《论语·雍也》中说:"中庸之为德也,其至矣乎! 民鲜久矣。"①中庸之德被孔子提到了"至"即至善的位置,他认为其是最高的道德标准。在《中庸》中,孔子说:"君子中庸,小人反中庸。君子之中庸也,君子而时中;小人之中庸也,小人而无忌惮也。"也就是说君子能够依循并做到中庸,小人却违反背离中庸。君子能做到中庸,那是因为他随时处中,没有过也没有不及;小人背离中庸,是因为他们肆无忌惮,为所欲为,专走极端。中庸只君子拥有而不为小人具备。据《论语·先进》记载,子贡曾请教孔子,子张与子夏谁更贤德些? 孔子答复为:子张经常过分,子夏却往往又不及。子贡再次问,是否子张更贤德一些? 孔子的答案是:过分与不及都是一样的。在孔子的学生中,子张才高意广,凡事常失之于过,而子夏谨慎小心,又常失之于不及。两人缺点从表面上虽然不同,但实质是一样的,那就是失中。这个故事生动地说明了什么才是中庸。在《论语·子路》中,孔子说:"不得中行而与之,必也狂狷乎! 狂者进取,狷者有所不为也。"狂是狂妄、偏激,狷是拘谨、过于谨小慎微,它们是两个极端。中庸就是无过与不及,就是不狂不狷、恰到好处。

中庸不是折中主义也不是调和主义,中庸就是允执其中,不偏不倚。在《论语·尧曰》中,尧曰:"咨! 尔舜! 天之历数在尔躬,允执其中。四海困穷,天禄永终。"在这里,尧告诫舜,上天将大任降落在其身上,其就应忠诚地履行中道,言行不偏不倚。假如不遵循中道,使天下百姓限于贫穷困苦中,上天赐予的禄位就将终止。《中庸》的首章以情感的角度为切入点,揭示了中庸的地位作用:"喜怒哀乐之未发,谓之中;发而皆中节,谓之和。中也者,天下之大本也;和也者,天下之达道也。致中和,天地位焉,万物育焉。"当人们的喜怒哀乐之情感还未表达出来时,心中是恬然平和的,叫作中;人人皆有喜怒哀乐且不可避免,必定是会表露出来的,表现出来并且与常理相符、节制有度,就叫作和。两者和谐协调,就是中和。如达到了中和状态,天地将各居其位,万物就能生长发育,天下也就太平无事了。朱熹在

---

① 《论语·雍也》

给《论语·雍也》作注解时，曾引用程子的话解释中庸："不偏之谓中，不易之谓庸。中者，天下之正道，庸者，天下之定理。"不偏不倚叫作中，不改变常规叫作庸。中是天下的正道，庸是天下不易的法则，即定理。中庸就是要求人们为人处世始终保持不偏不倚，执中有度。正如有学者指出："中庸作为一种德性要求，反对抱有过激的思想和行为，防止在行为上表现得过于极端，倡导凡事做到适可而止。中庸思想强调考察矛盾的两个方面，力求全面、均衡、灵活和统一，其在坚守中正之道时也强调'权''变'，即所谓'执经达权'，策略灵活、顺时而变。孔子认为，'中'并不是一成不变的，'中'是随时而中，因时而中，是根据时机的变化，审时度势，灵活地、适度地处理问题，而不是不分场合、不讲条件的随意折中。"①

如何践履中庸之道，《中庸》也作了具体阐述：

一是五达道、三达德与治国之九经。孔子说："天下之达道五，所以行之者三。曰：君臣也，父子也，夫妇也，昆弟也，朋友之交也，五者天下之达道也。知、仁、勇，三者天下之达德也，所以行之者一也。或生而知之，或学而知之，或困而知之，及其知之，一也。或安而行之，或利而行之，或勉强而行之，及其成功，一也。子曰：好学近乎知，力行近乎仁，知耻近乎勇。知斯三者，则知所以修身；知所以修身，则知所以治人；知所以治人，则知所以治天下国家矣。"②世间有五种人伦关系，这五种人伦关系若想处理好需要践行三种美德。君与臣、父与子、夫与妇、兄与弟及朋友间这五种人伦关系简称为五伦。知（智）、仁、勇是用来处理这五种伦常关系的三种德性。这三种德性的实施，道理是一样的。比方说，有人生来就知道，有人通过后天学习才知道，有人要经历磨难后才知道，但只要他们最终都能理解了也就没什么区别了。又比方说，有人自觉自愿去实行它们，有人为了某种好处才去实行，有人勉勉强强地去实行，但只要他们最终都成功了也就是一样的了。喜爱学习就接近了智，努力践行就接近了仁，知道羞耻就接近了勇。知道这三点，就知道怎样修养自己，知道怎样修养自己，就知道怎样管理他人，知道怎样管理他人，就知道怎样治理天下国家了。"凡为天下国家有九经，曰：修身也，尊贤也，亲亲也，敬大臣也，体群臣也，子庶民也，来百工也，柔远人也，怀诸侯也。修身则道立，尊贤则不惑，亲亲则诸父昆弟不怨，敬大臣则不眩，体群臣则士之报礼重，子庶民则百姓劝，来百工则财

① 陈建勋、凌媛媛、刘松博：《领导者中庸思维与组织绩效：作用机制与情境条件研究》，《南开管理评论》，2010年第2期。
② 《中庸》

用足,柔远人则四方归之,怀诸侯则天下畏之。齐明盛服,非礼不动,所以修身也;去谗远色,贱货而贵德,所以劝贤也;尊其位,重其禄,同其好恶,所以劝亲亲也;官盛任使,所以劝大臣也;忠信重禄,所以劝士也;时使薄敛,所以劝百姓也;日省月试,既禀称事,所以劝百工也;送往迎来,嘉善而矜不能,所以柔远人也;继绝世,举废国,治乱持危,朝聘以时,厚往而薄来,所以怀诸侯也。凡为天下国家有九经,所以行之者一也。"①

二是至诚尽性,锲而不舍。践履中庸还需要至诚尽性,换言之,中庸需要来源于内在一己之心的诚来做保证。思想决定行动,只有从主观意识、灵魂深处着手才能保证中庸之道的真正贯彻实施。《中庸》指出:"惟天下至诚,为能尽其性;能尽其性,则能尽人之性;能尽人之性,则能尽物之性;能尽物之性,则可以赞天地之化育;可以赞天地之化育,则可以与天地参矣。"只有天下极端真诚的人才能充分发挥其善良本性,这样的人就能感化他人,并帮助他人也发挥自己的善良本性,发挥一切人的善良本性就能充分发挥万物的美好本性,从而就可以参与天地培育生命,达到至仁至善境界。《中庸》反复强调"诚"在实现中庸之道中的地位作用,也只有至诚才能真正体悟、修养、成就三达德。如:"诚者,天之道也;诚之者,人之道也。诚者,不勉而中,不思而得,从容中道,圣人也。诚之者,择善而固执之者也";"自诚明,谓之性。自明诚,谓之教。诚则明矣,明则诚矣";"诚者物之终始,不诚无物";"唯天下至诚,为能经纶天下之大经,立天下之大本,知天下之化育"②。孟子也指出:"是故诚者,天之道也;思诚者,人之道也。至诚而不动者,未之有也;不诚,未有能动者也。"③至诚尽性的具体表现就是锲而不舍。"博学之,审问之,慎思之,明辨之,笃行之。有弗学,学之弗能,弗措也;有弗问,问之弗知,弗措也;有弗思,思之弗得,弗措也;有弗辨,辨之弗明,弗措也;有弗行,行之弗笃,弗措也。"④意思是要广泛学习,详细问询,慎重思考,明确分辨,扎实实行。要么不学,学了没有学会绝不放弃;要么不问,问了没有弄懂绝不放弃;要么不想,想了没有想通绝不放弃;要么不分辨,分辨了没有明白绝不放弃;要么不做,做了没成效绝不放弃。他人用一分努力就能做到的,我用一百分的努力去做;别人用十分的努力做到的,我用一千分的努力去做。如果真能做到如此,虽愚笨也定可聪明起来,虽柔弱也定可刚强起

---

① 《中庸》
② 《中庸》
③ 《孟子·离娄上》
④ 《中庸》

来。因此，孔子盛赞其弟子颜回择善固之的精神，子曰："回之为人也，择乎中庸，得一善，则拳拳服膺而弗失之矣。"①的确，锲而不舍，金石可镂，以这种执着的精神和态度去追求奋斗，将能克服任何艰难险阻，达到成功的彼岸。

三是保持平常心，慎独自修。朱熹在给《中庸》作注解时说："庸，平常也"②。真正的中庸之道，在于日常生活中的一种平静淡然。《易经·乾》说，"庸言之信，庸行之谨"，这里的"庸言""庸行"，就是说平常话、做平常事。儒家先哲倡导的中庸之道就是以一颗平常心来恰到好处地处理解决问题。孔子专注的事情是人与人之间的事情，人和人之间的平等，生命当中的朴素的人我交往。真正的君子泯灭一分是非之心、名利之心、夸张之心以及过分作秀之心，而回归到一片平常心。不争不斗，不喜不厌，无生无死之忧，不知老之将至，这才是孔子要坚守的中庸之道，才是君子应该做到的③。践履中庸之道还需要从细微处、从小事做起，做到防微杜渐，慎独自修。《中庸》首章就指出："道也者，不可须臾离也，可离非道也。是故君子戒慎乎其所不睹，恐惧乎其所不闻。莫见乎隐，莫显乎微。故君子慎其独也。"君子在别人看不见的地方也是谨小慎微的，在别人听不到的场合亦是有所戒惧的。越隐蔽的地方越明显，越细微的地方越显著。因此，君子在一人独处时也要谨慎戒惧，这就是慎独。的确，要想人不知，除非己莫为。君子慎其独，在独处时也要严格对待自己，自觉进行自我修养，实现自我教育、自我约束、自我监督、自我反省，从细微处、小处入手，从小事做起，时时处处恪守中庸之道。

总之，在先秦儒家看来，中庸就是依道而行，但又不拘泥于常规，通达权变，在处理政务时不冲动，不感情用事，能把握好分寸恰当适中，不偏不倚、不温不火，从而避免造成重大的失误及灾难。

三、敬业勤政

先秦儒家一贯强调为政者应敬业勤政。孔子不但言说勤政而且还能做到身体力行。孔子在为官之前就致力于不断锤炼认真负责、勤勉工作的精神态度，为其后来的敬业勤政打下了良好的基础。他说："吾少也贱，故能多鄙事。"④孔子年轻时就做过管理具体事务的小官。他二十几岁时当过乘田，这是管理牛羊的小官，虽然

---

① 《中庸》
② 朱熹：《四书集注》，岳麓书社2010年版，第21页。
③ 王岳川："中庸"的超越性思想与普适性价值，《社会科学战线》，2009年第5期。
④ 《论语·子罕》

官位极小,但他非常负责,兢兢业业,管理的牛羊茁壮成长。他还当过委吏,委吏是管理苑囿(有人说是仓库)的小官。孔子委吏当得也很出色,钱粮出纳算得精准无误,专职会计也不过如此。因此,司马迁在《史记·孔子世家》中夸赞孔子:"尝为季氏史料量平;尝为司职吏而畜蕃息。"其实,无论乘田还是委吏都算不上做官,仅为一般的工作,但孔子都做得有声有色,表现出高度的责任感,为他之后真正步入仕途打下了坚实基础。鲁定公九年,孔子五十一岁时真正踏入仕途做中都宰,此官职位相当于今天的县长,为地方行政长官,孔子做中都宰仅一年就政绩斐然。"孔子为中都宰,一年,四方皆则之。由中都宰为司空,由司空为大司寇。"①也就是说,孔子做中都宰仅一年就由于政绩突出成为四面八方官吏学习的榜样,也因为政绩突出而官运亨通很快被提拔为大司寇。当他"由大司寇行摄相事"后,仅三个月就做到物价平稳、路不拾遗,将鲁国各方面治理得井然有序。优异政绩的取得与孔子高度的敬业勤政精神息息相关。他说:"听讼,吾犹人也。必也使无讼乎!"②也就是说,在审理诉讼案件时他也没有什么特别的本事,他也和其他人一样,没有什么高于别人的地方,只是在审理案件时,能认真负责,态度端正,坚持做到"使无讼"才罢休。他说:"君子欲讷于言而敏于行"③,"敏于事而慎于言"④,"敏则有功"⑤。当子路向他问政,他说:"先之,劳之""无倦"⑥。他认为,"道千乘之国,敬事而信"⑦。大意是治理千乘之国,为政者要谨慎做事而且要讲信用。他还说:"事君,敬其事而后其食。"⑧也就是说为君主办事的人,首先要做好自己分内的事,要敬业勤政,至于俸禄这些个人的利益应该往后面放放。孔子毕生坚持这一信条,因此"君命召,不俟驾行矣"⑨,一个为工作不等驾好车就迫不及待走着去的敬业勤勉形象跃然而出,可钦可佩! 后来,孔子之所以去职离鲁,也是因为不满鲁国国君耽于酒色犬马,荒废政事。这也间接地说明了孔子具有强烈的为民服务的敬业精神。

　　孟子也强调为官要敬业勤政,他在《孟子·滕文公上》中说,"民事不可缓也",

---

①　《史记·孔子世家》

②　《论语·颜渊》

③　《论语·里仁》

④　《论语·学而》

⑤　《论语·阳货》

⑥　《论语·子路》

⑦　《论语·学而》

⑧　《论语·卫灵公》

⑨　《论语·乡党》

在此篇他还高度赞扬了大禹治水"八年于外，三过其门而不入"的敬业勤政精神。在《荀子·议兵》中，荀子指出："凡百事之成也必在敬之，其败也必在慢之。"他还在《君道》《君子》等篇中一再强调"百吏官人无怠慢之事"，认为作为臣下应做到敬业尽职，"臣下职，莫游食，务本节用财无极。事业听上，莫得相使，一民力。守其职，足衣食，厚薄有等明爵服。利往卬上，莫得擅与，孰私得？"①在《大略》中，荀子还告诫君王早朝不能太晚，指出"朝大晚，非礼也"。

第三节　厉行节约　清廉为政

"礼、义、廉、耻"被古人誉为国之四维，有"四维不张，国乃灭亡"之论，而四维之一的"廉"更是关系国家民族兴亡的头等大事。古今中外各个时代、每个社会都难以杜绝一些官吏为政不廉洁、贪污腐败的现象，而提倡清廉节俭，反对奢侈，治理腐败则为维护民众利益、顺应民意之举。先秦儒家孔孟荀极力主张为政要厉行节俭，从政要清正廉洁。

孔子一贯强调为政者应实施廉政、清明节俭，不奢侈浪费，不贪图不义之财。据《孔子家语·王言解》记载，曾子向孔子请教为政之道，孔子说，"昔者明王内修七教"，这七教是："上敬老则下益孝，上尊齿则下益悌，上乐施则下益宽，上亲贤则下择友，上好德则下不隐，上恶贪则下耻争，上廉让则下耻节，此之谓七教。七教者，治民之本也。"②七教中的后两教就指出了为政者如憎恶贪婪，民众就会以争夺为耻，为政者如清廉谦让，民众也将以不讲礼仪为耻。这里就强调了位高权重者更应做到清廉礼让，以起到表率榜样作用。

孔子还指出："治官莫若平，临财莫如廉。廉平之守，不可改也。"③治理官吏，整顿官风，没有什么比公平更好的了；面对钱财，没有什么比廉洁更好的了；坚守公平清廉，这应是官员坚守的节操。孔子还进行古今对比，对古人爱惜廉洁名声给予高度肯定，抨击当时社会世风日下、民风不淳。他说："古者民有三疾，今也或是之亡也。古之狂也肆，今之狂也荡；古之矜也廉，今之矜也忿戾；古之愚也直，今之愚也诈而已矣。"④古人有三种毛病，或许现在没有了。古时狂妄的人只不过有点放

---

① 《荀子·成相》
② 《孔子家语·王言解》
③ 《孔子家语·辨政》
④ 《论语·阳货》

肆直言,不拘泥于小节,如今的狂妄之人则是放荡无礼,无所顾忌。古代矜持之人爱惜廉洁名誉,不能触犯他,现在的矜持之人则是蛮横无理,争强好斗。古时愚笨的人可能是由于为人耿直,有点简单直率,如今愚笨的人则是更加明目张胆、为所欲为、虚伪狡诈了。

孔子进一步指出为政者要洁身自好,做到"非礼勿视,非礼勿听,非礼勿言,非礼勿动"[①]。他在《论语·季氏》中又指出:"君子有三戒:少之时,血气未定,戒之在色;及其壮也,血气方刚,戒之在斗;及其老也,血气既衰,戒之在得。"意思是君子有戒:年少时由于血气不成熟,应戒女色;壮年时血气方刚,就要戒除与人争斗;到了老年,由于血气渐趋衰弱,就要戒除贪得无厌。不唯利是图,不贪求小利。他又提倡为政者要"食无求饱,居无求安,敏于事而慎于言,就有道而正焉"[②]。意思是吃饭不要奢侈浪费,居住不讲舒适宽敞,但工作办事要迅速敏捷,说话要谨慎不放肆,向有道之人学习以匡正自己。要慎欲慎利,先义后利,以义制利。

孟子指出了人的羞耻心在保证实现清正廉洁中的重要作用。他认为,"人不可以无耻"[③],又说"羞恶之心,义之端也"[④]。这就是说人要有羞耻之心,知道什么可以做,什么不可以做,若无耻,就会无所畏惧,将廉洁奉公抛至脑后了。

荀子说:"君子宽而不慢,廉而不刿,辩而不争,察而不激,寡立而不胜,坚强而不暴,柔从而不流,恭敬谨慎而容。夫是之谓至文。"[⑤]君子宽宏大量,不懈怠马虎,廉洁正直而不尖酸刻薄伤害别人,能言善辩但不会强词夺理,洞察一切而不偏激,正直而不盛气凌人,坚强而不凶残粗暴,服从但不随波逐流,恭敬谨慎亦能宽容待人,这就是德行完备的人了。可见,廉是君子必备的一项品质,更是为政者必备的一种职业道德。

可见,先秦儒家坚持了道义论和德治论的立场,突出了官吏廉洁奉公的重要性,将其视作人之为人的根本。官吏的基本德行,是巩固国家政权之大维,政治活动之根本。这些思想对后世影响很大,宋代著名的《官箴》中就把"清"视为"当官之法"的要领之一,而且还位居三法之首。此后,人们普遍认同官德首推清廉,廉洁从政成为对官吏的基本道德规范要求。官吏廉洁与否,关系到国家兴衰、政权存亡,

---

① 《论语·颜渊》
② 《论语·学而》
③ 《孟子·尽心上》
④ 《孟子·公孙丑上》
⑤ 《荀子·不苟》

为政者在行使行政权力时，务必每个环节都做到清廉。清正廉洁是为官从政之本，为官为政要具备廉德，廉政主要是通过为官为政者的清廉体现出来。所谓廉者，就是立身清白。那么怎样才能成为廉者，怎样才能做到为政清廉，传统儒家也进行了深入探究，那就是：戒除奢侈、崇尚节俭、慎利慎欲、见利思义，面临大利诱惑不改坚持道义的初衷，不攫取、不贪图不义之利，始终做到清心寡欲、欲而不贪。

一、戒奢尚俭

先秦儒家十分注重强调修身以养廉，认为通过修身养性，可以抑制贪婪的欲望，培养淡泊名利的心态和不贪不受的节操。修身养廉的一个重要内容就是俭以养廉，就是节制自己的各种欲望，学会过简单节俭的生活，不节俭、奢侈浪费必然产生贪欲，只有节俭才能真正养廉。当一个为官者习惯于过俭约生活时，其接受不义之财的概率自然就减小了。历史证明，先秦儒家倡导的修身养廉法，尤其是其中的以俭养廉法，对于古代清官廉吏的塑造起了极其重要的作用。

孔子主张在一切行政活动中都要坚持节俭原则，认为官吏只有做到勤俭节约，才能养廉，贪的欲望和行为才不会产生。他说："礼，与其奢也，宁俭"①，"奢则不孙，俭则固。与其不孙也，宁固"②。奢侈浪费就易于越礼不谦逊，朴素节俭则有寒酸之嫌，与其越礼，不如节俭。孔子对当时统治者的奢侈浪费作风极为不满，盛赞子路的"愿车马衣轻裘，与朋友共"的思想，强调为官不应摆花架子，要轻车简从，节制财用，以裕人民。他始终主张过一种勤俭朴素的生活，在他看来，勤俭朴素不仅能反映一个人的志向操守，还能体现出为官之德。孔子不仅言说，还身体力行，在生活中很注意节俭，量入为出，如他说："麻冕，礼也；今也纯，俭，吾从众。"③用麻布制成的礼帽，符合于礼的规定。现在大家都用黑丝绸制作，这样比过去节省了，我赞成大家的做法。据《论语·学而》记载："子禽问于子贡曰：'夫子至于是邦也，必闻其政，求之与？抑与之与？'子贡曰：'夫子温、良、恭、俭、让以得之。夫子之求之也，其诸异乎人之求之与？'"④意思是子禽问子贡：为什么孔子到了某个国家，就能明晓此国之政治状况？那是他自己求教得来的，还是他人主动告知的？子贡给出的答案是，由于孔子温和、善良、恭敬、俭朴和谦让，别人很自然就会把政事告诉他。

---

① 《论语·八佾》
② 《论语·述而》
③ 《论语·子罕》
④ 《论语·学而》

孟子也主张行政应节俭,他在《孟子·离娄上》中指出:"恭者不侮人,俭者不夺人。"谦逊有礼的人不会欺辱别人,节俭的人不会抢夺别人。孟子还旗帜鲜明地提出了实行节俭之道的根本原则,那就是"仁民而爱物"。他在《孟子·尽心上》中指出:"君子之于物也,爱之而弗仁;于民也,仁之而弗亲。亲亲而仁民,仁民而爱物。"即将处理人际关系的伦理道德理念推及人与自然的关系,对自然万物也倾注情感和仁爱精神。他主张厉行节俭,遵循自然规律,不滥砍滥伐,不竭泽而渔,不能无节制地向自然索取,而要注意保护生态环境。他说:"不违农时,谷不可胜食也。数罟不入洿池,鱼鳖不可胜食也。斧斤以时入山林,材木不可胜用也。"①孔子虽然没有将仁爱原则推广到人与自然关系的明确言论,但他也有珍惜爱护自然资源的相关言论,譬如他说"子钓而不纲,弋不射宿"②,意思是只用鱼竿钓鱼而不用渔网捕鱼,只射飞着的鸟而不射夜宿的鸟。显然,提倡节用以保护资源,反对向自然任意索取、铺张浪费是先秦儒家廉政思想的重要议题。孟子对为官行政要清廉节俭阐述得很明确,《孟子·尽心下》中的一段话表明了他的心迹:"堂高数仞,榱题数尺,我得志弗为也。食前方丈,侍妾数百人,我得志弗为也。般乐饮酒,驱骋田猎,后车千乘,我得志弗为也。"

荀子也一再主张要节用节流。他指出:"足国之道,节用裕民,而善臧其余。节用以礼,裕民以政"③;"节其流,开其源"④;"务本节用财无极"⑤;等等。荀子反复强调治国理政要爱惜民力、节制财用。节用节流的思想观点在《荀子》中随处可见。由俭入奢容易,由奢入俭却很难。当前,个别官员无视节俭廉政的行政伦理道德规范,官僚主义盛行,奢侈浪费,讲排场摆花架,居则星级,行则豪车,甚至贪欲膨胀,利欲熏天,目无党纪国法,成百万、上千万元地贪污受贿,真正令人触目惊心,既损害了国家、人民的利益,又将自己推进毁灭的深渊。可见,传统儒家的官廉政简、以俭养廉、力戒奢侈、节用裕民的思想对当代行政仍有警示警戒意义。

二、见利思义

先秦儒家认为君子应以仁义为本,轻视物质利益,为政者应像君子一样明辨义利关系,要见利思义、先义后利、以义制利,要为民谋利,廉洁奉公,不为私心所困,

---

① 《孟子·梁惠王上》
② 《论语·述而》
③ 《荀子·富国》
④ 《荀子·富国》
⑤ 《荀子·成相》

不为物欲所扰，不为名利所惑，在处理义与利的关系上真正做到以义取利，不贪图不义之财。

孔子说："君子喻于义，小人喻于利。"①有道德的人，当然包括有道德的官员，都必定懂得义的道理，会去行义，而没有道德修养的小人则只会考虑自己的个人利益，追求一己之私利。这里说的义，就是仁义、道义，也指人们切合一定道德准则的言行方式。孔子认为官员不应只顾自己的个人利益，一味追求私利，而应该"义以为质"②"义以为上"③，即以道义为本，把道义放在首位，要做到"见得思义"④。

孔子力倡"见利思义"，"义然后取，人不厌其取"⑤。在明确了义的前提下合理合法取利，别人也不会厌恶，而且还能直接、间接受其益。符合道义，取之无妨，指出"放于利而行，多怨"⑥。为政者如只顾贪一己之私利，肆无忌惮地聚敛财富，就会招致人民的怨恨。孔子警告为政者"见小利，则大事不成"⑦。他对利的态度是："饭疏食，饮水，曲肱而枕之，乐亦在其中矣。不义而富且贵，于我如浮云。"⑧吃着粗饭蔬菜，喝着白开水，弯起胳膊当枕头用，乐趣也可在其中。不义而来的富贵，对我只像天际浮云般。孔子进一步指出："志士仁人，无求生以害仁，有杀身以成仁。"⑨志士仁人，没有为生存而损害仁义的，必要时他们还会献出自己的生命来成就仁义。

在《孟子·离娄下》中，孟子说："可以取，可以无取，取伤廉。"意思是可以获取也可以不获取的利益，如果收受了就会有损廉洁的声誉。他还反问道："焉有君子而可以货取乎？"⑩哪有真正的君子被人家用钱收买的呢？做人要有人格，做官要有官德。应以"义以为质""义以为上"作为人格和官德的支柱。在孟子看来，真正的君子大丈夫重义轻利，是"富贵不能淫，贫贱不能移，威武不能屈"⑪的。能用金

---

① 《论语·里仁》
② 《论语·卫灵公》
③ 《论语·阳货》
④ 《论语·子张》
⑤ 《论语·宪问》
⑥ 《论语·里仁》
⑦ 《论语·子路》
⑧ 《论语·述而》
⑨ 《论语·卫灵公》
⑩ 《孟子·公孙丑下》
⑪ 《孟子·滕文公下》

钱收买的不是真君子大丈夫,只能是满嘴仁义道德惯于背信弃义的伪君子。在《孟子·离娄上》中,他还指出了官吏违背道义的危害性:"君子犯义,小人犯刑,国之所存者幸也。"官吏违背道义,百姓触犯刑律,这样的国家还能存在那是太侥幸了。孟子还道出了他坚持仁义道德的心志:"非其义也,非其道也,禄之以天下,弗顾也,系马千驷,弗视也。非其义也,非其道也,一介不以与人,一介不以取诸人。"①如果不符合道义,即使把天下当作俸禄给之也不会理睬,即使有四千匹马拴在那里也不会看一眼。意思是说不可贪得苟取,获得的或给予别人的哪怕是一点点利益,都要分辨是不是合乎道义。

荀子肯定了人具有义与利的两种需求,"义与利者,人之所两有也"②,强调为政者要处理好仁义道德和钱财利益之间的关系,要以义为重。他痛斥为官为政者妄取贪得是愚不可及、异常可耻的行为。他说:"为人臣者,不恤己行之不行,苟得利而已矣,是渠冲入穴而求利也,是仁人之所羞而不为也。"③

三、欲而不贪

先秦儒家对从政者的廉洁要求不仅仅表现在戒奢尚俭、不贪不义之财上,还主张要慎欲制欲、欲而不贪。孔子说:"富与贵,是人之所欲也;不以其道得之,不处也。"④每个人都有富贵的欲望,这种欲望的实现一定要通过合法正当的手段,否则,用不正当手段得到的就不应该享受。为政者如果能做到这一点,政治自然就会清明廉洁了。孔子还看到了对欲望进行节制的必要性,他说:"七十而从心所欲,不逾矩。"⑤人到七十,阅历诸多、经验丰富,因此在处理各种问题时能做到应对自如,"从心所欲",但不是为所欲为没有顾忌,还要坚持"不逾矩"的原则。另外值得指出的是,孔子还看到了为政者在精神层面树立行仁政理念的重要性。他说:"欲仁而得仁,又焉贪"⑥;"我欲仁,斯仁至矣"⑦;"子欲善,而民善矣"⑧。原来,孔子对人的正当合理的欲望是认同肯定的,他尤其称赞人们在道德修养方面的追求欲善,他极

---

① 《孟子·万章上》
② 《荀子·大略》
③ 《荀子·强国》
④ 《论语·里仁》
⑤ 《论语·为政》
⑥ 《论语·尧曰》
⑦ 《论语·述而》
⑧ 《论语·颜渊》

力反对的是一种形而下的贪欲，认为贪欲乃万恶之本，为政者无论如何不能放纵这种欲望，将正当合理的欲望发展成贪欲，否则，不择手段地聚敛财富，将会危国危民，也将把自己推向毁灭的不归途。如在《论语·颜渊》中有载：季康子患盗，问于孔子。孔子对曰："苟子之不欲，虽赏之不窃。"季康子对社会上的偷盗泛滥现象感到担忧，于是请教孔子解决之道。孔子认为如果为政者自己能做到清正廉洁不贪财，那么，即使花钱奖励盗窃，人们也不会去做。

孟子也指出了节制形而下欲望的重要性。他说："养心莫善于寡欲。其为人也寡欲，虽有不存焉者，寡矣。其为人也多欲，虽有存焉者，寡矣。"①养心没有比减少欲望更好的方法了。在他看来，欲望少的人中偶尔也会有人失去善心，但也为数不多；而欲望多的人中，也许有人会有善心，但为数是极少的。

荀子指出："性者，天之就也；情者，性之质也；欲者，情之应也。以所欲为可得而求之，情之所必不免也；以为可而道之，知所必出也。故虽为守门，欲不可去，性之具也。虽为天子，欲不可尽。欲虽不可尽，可以近尽也；欲虽不可去，求可节也。所欲虽不可尽，求者犹近尽；欲虽不可去，所求不得，虑者欲节求也。道者，进则近尽，退则节求，天下莫之若也。"②荀子认为本性是天然生成的，情感是本性的实质内容，欲望是情感对外界事物的反应。认为自己的愿望可以实现从而去追求它，这是人之常情且不可避免；认为可以做而去做，这是人的智慧所作的必然选择。因此，即使是地位卑下的守门人，欲望也不可能去除，欲望乃本性所具有。即使贵为天子，欲望也不可能都能满足。欲望虽不可能全部满足，却可接近于全部满足；欲望虽不可能去除，但对欲望的追求却可以节制。人们用心思考就会节制自己的追求。正道就是这样，进可以接近于完全满足自己的欲望，退则可以节制自己的追求，普天之下没有什么比它更好的了。他进一步指出古圣先王的高明所在："虽尧舜不能去民之欲利，然而能使其欲利不克其好义也。"③即使尧、舜在世，也不能去除民众的欲望和利益，然而他们却能做到使民众利欲之心不会战胜爱好追求仁义之心。荀子还反复论证以道义控制欲望的必要性："君子乐得其道，小人乐得其欲。以道制欲，则乐而不乱；以欲忘道，则惑而不乐。"④君子喜爱音乐是为提高道德修养，小人喜爱音乐是为满足个人私欲。用道来控制欲望，就会欢乐而不迷乱；欲望

---

① 《孟子·尽心下》
② 《荀子·正名》
③ 《荀子·大略》
④ 《荀子·乐论》

过分而忘记了道,就会迷惑而不快乐。"欲多而物寡,寡则必争矣。"①的确,人人都有欲望,有了权力之后,如对欲望不加克制,欲望就会不断膨胀,贪污腐败就会不可避免。因此,节制欲望就成为对执政者的一项必不可少的要求。

　　荀子还强调要"以公义胜私欲"②,这也是先秦儒家一贯倡导的致公奉公思想,儒家先哲憧憬着"大道之行也,天下为公"③的理想社会。在中国古代,虽未出现公、私领域的明显划界,但在客观上公私利益矛盾是一直存在的。表现在官吏的为政活动中,就是孝亲与事君、为己与为国、私利与公利的矛盾冲突。对于为官为政者如何处理公私利益关系,先秦儒家的一贯主张是:天下为公、先公后私,必要时则至公无私、公而忘私。具体而言,在忠孝问题的抉择上,传统儒家认为忠先于孝,当不能两全时,则舍孝就忠。为官要爱民,报效国家社会,要有"乐以天下,忧以天下"④的奉公精神情怀。先秦儒家的致公奉公官德思想,在历史上起着积极的教化作用,对当代官德建设也具有不可低估的启示作用。

---

① 《荀子·富国》
② 《荀子·修身》
③ 《礼记·礼运》
④ 《孟子·梁惠王下》

第五章
尚贤使能的人事行政伦理思想

先秦儒家重视制度建设在治国中的作用,孔孟强调礼,荀子隆礼重法,其实这里的法源于礼,本质上都属于规章、制度、规定等范畴。礼法在先秦儒家行政伦理思想体系中居于核心地位。然而,礼法皆由人来制定,礼法也不会自动运作发挥作用,它需要人去推动落实,去贯彻执行,况且国家治理包罗万象、繁杂多变,礼法不可能事无巨细皆予以规定,事实上,礼法还具有一定的滞后性。如上文所述,礼法总处于一种因革损益的过程中,因此,人在执法时是有一定程度的自由裁量权的。凡此种种,凸显了人在行政管理或曰治国过程中的重要性。先秦儒家在肯定礼法在治国中的根本性作用时,也强调彰显了人的关键性作用,指出为政在人,主张用贤人治国。传统儒家就何谓贤人问题进行了全面深入的研究探讨,在贤人的标准内涵、层次类型、选拔任用、教育培养等方面都提出了诸多具体实用的意见建议,形成了丰富系统的人事行政伦理思想体系。

第一节　为政在人

先秦儒家阐释论述了丰富的人事行政伦理思想,他们认为为政在人,这里的人不是一般的人,而是指贤人。先秦儒家的代表人物皆论证了贤人治国的必要性、重要性,并对贤人进行了分门别类,揭示了贤人的必备素质。

一、贤人治国的必要性

孔子敬天地鬼神,更注重人事,在对上古三代特别是现实政治进行潜心研究和细致考察的基础上,得出了一个规律性的认识,那就是为政在人。他说:"其人存,则其政举;其人亡,则其政息。……故为政在人。"①国家的兴衰成败,关键在人,即

---

① 《中庸》

是否有德才兼备的贤才当政,贤人乃为政之本,政要依靠贤才去推行,只有尚贤使能、贤人在位才会政通人和。

孔子热烈称颂上古三代及前期的明君圣主,对历史上的尧、舜、禹及周文王、周武王以仁义美德及英明才智使天下大治极力推崇。他说:"大哉尧之为君也! 巍巍乎! 唯天为大,唯尧则之。荡荡乎! 民无能名焉。巍巍乎其有成功也,焕乎其有文章!"①然而,单丝不成线,独木不成林,一花难成春,明君圣主也还需要贤才辅佐。在孔子看来,天下国家稳定安泰还在于君主有无做到尊贤使能。据《论语·泰伯》记载:"舜有臣五人而天下治。武王曰:'予有乱臣十人。'"这里的"乱"是治的意思。舜执掌国家大权时,因为有五位贤明的大臣鼎力辅助才得以天下太平、百姓富足。周武王也认为正是由于有十位能帮助自己的贤臣,天下国家才得到了有效治理。孔子对齐桓公任用管仲从而实现民富国强、称霸诸侯大加赞赏,他说:"管仲相桓公,霸诸侯,一匡天下,民到于今受其赐。微管仲,吾其被发左衽矣。"②在《论语·宪问》中还有一段君王是否任用贤能决定国家兴衰成败的记载:"子言卫灵公之无道也。康子曰:'夫如是,奚而不丧?'孔子曰:'仲叔圉治宾客,祝鲍治宗庙,王孙贾治军旅。夫如是,奚其丧?'"孔子认为卫灵公昏庸无道,季康子便问他既然如此,为什么没有垮台呢? 孔子回答,是因为卫灵公有三个贤能的大臣在内政外交及军事方面帮助他,即仲叔圉接待宾客,祝鲍管理宗庙祭祀,王孙贾统率军队,这三人成为卫国的中流砥柱,所以卫国才没有败亡。由此可见,在孔子看来,决定一个国家前途命运的不是什么神秘虚幻的力量,而是君王用了什么人来治国理政,这在当时是一种十分难能可贵的进步思想。

孔子反复强调用贤使能的极端重要性:"依贤者,固不困;依富者,固不穷。马蚿斩足而复行,何也? 以其辅之者众。"③孔子在这里将国家比作马蚿,将为国效力的各种贤能人才比作百足,形象地说明了选拔任用贤人治理国家的必要性。的确,国家民族兴衰成败之关键,在于德才兼备的贤人能否被重用,"为政在人""政在选臣"④道出了人才在行政管理中的决定性、主导性作用。

孔子大力推行其尊贤举贤的主张,他说:"仁者,人也,亲亲为大;义者,宜也,尊

---

① 《论语·泰伯》
② 《论语·宪问》
③ 《孔子家语·六本》
④ 《史记·孔子世家》

贤为大。"①这表明孔子认为实现仁德要从敬爱亲人开始，倡导道义要以尊贤用贤为抓手。《论语·子路》有载："仲弓为季氏宰，问政。子曰：'先有司，赦小过，举贤才。'"尊贤是为政之要，因此当其学生仲弓当上季氏宰向他请教如何当好这个地方行政长官时，他就送给学生这九个字，大意就是：要以身作则当好表率；要大胆使用重用优秀人才；当然，金无足赤人无完人，使用人才时只要能胜任其职，就不要求全责备。当子游任职武城宰时，孔子就关心地询问他："女得人焉尔乎？"②意思是你在那里有没有得到贤人。可见，孔子是多么重视对贤人的推举和使用！孔子还指出："举直错诸枉，能使枉者直。"③推举选拔任用刚直正派的人，并使之居于邪恶的人之上，就能使邪恶之人受到影响并得以转化成为正直的人。《论语·为政》则进一步指出："举直错诸枉，则民服；举枉错诸直，则民不服。"能否举用贤才决定着民众信服与否。将正直正派的贤人选拔出来委以重任，不任用那些不正派的邪恶之人，天下百姓自然就会心悦诚服。反之，正派正直的贤人得不到重用，不正派的人却官居高位执掌大权，那么，国家政治必将不贤明，民众信任的基础必将动摇，不堪一击，最终政权必将由于民心背离、百姓反对而分崩离析。可见能否做到"举直错诸枉"，不仅关涉事业兴衰成败，还关涉国家政权的存续灭亡。

同时，孔子还强烈抨击知贤而不举的行径，认为知贤不举就是窃位。孔子将知贤举贤看作从政者的一项极其重要的责任义务，强调为官从政者都应该做到荐贤举贤。孔子认为荐贤举贤者是最贤的人，他在《韩诗外传·卷七》中说："知贤，知(智)也；推贤，仁也；引贤，义也。有此三者，又何加焉。"④相反，那些知贤却不举贤的人就是失职，就是没有尽到自己应尽的职责，说明他已将官位视为己有，是谓窃位。他批评当时的鲁大夫臧文仲说："其窃位者与！知柳下惠之贤，而不与立也。"⑤也就是说臧文仲明知柳下惠是贤人却不使用，也不向国君举荐，就是窃位。

孟子继承了孔子为政在人的思想，异常重视贤人的作用，认为国家要得到有效治理，关键在于要使社会各阶层真正的贤者进入领导层，从事国家的行政管理。他说："尊贤使能，俊杰在位""莫如贵德而尊士，贤者在位，能者在职。……虽大国，必

---

① 《中庸》
② 《论语·雍也》
③ 《论语·颜渊》
④ 《韩诗外传·卷七》
⑤ 《论语·卫灵公》

畏之矣"①。只要做到尊重贤才,使贤者在位,能者在职,天下国家就能富强稳定,即使是大国也不敢轻视欺凌之。孟子还列举了历史上商汤尊贤而一统天下、桓公重能而称霸诸侯的事例说明尊贤使能的重要性。他说:"故将大有为之君,必有所不召之臣;欲有谋焉,则就之。其尊德乐道,不如是,不足与有为也。故汤之于伊尹,学焉而后臣之,故不劳而王。桓公之于管仲,学焉而后臣之,故不劳而霸。"②也就是说,大有作为的君主一定有他不能召唤的臣子,若有什么事情要商量,就亲自到臣那里去。如果君王不能像这样做到诚心实意地尊德乐道,贤人就不值得帮助他实现大业。因此,商汤对待伊尹的态度就是先向他学习,然后重用他给他臣之职位,从而不费力气一统天下;桓公对待管仲也是如此,先向他学习,然后以他为臣,于是轻而易举称霸诸侯。反之,如若不尊重贤者,轻视他们的作用,那么国家政权必将步入衰亡之途。正所谓"不信仁贤,则国空虚"③"虞不用百里奚而亡,秦穆公用之而霸"④。

荀子精辟透彻地阐述了人与法的关系,凸显了人在国家治理中的关键性作用。他说:"有乱君,无乱国;有治人,无治法。……故法不能独立,类不能自行;得其人则存,失其人则亡。法者,治之端也;君子者,法之原也。故有君子,则法虽省,足以遍矣。无君子,则法虽具,失先后之施,不能应事之变,足以乱矣。"⑤荀子强调了作为一国之君尊贤用能的极端重要性,认为君主的重要职责之一就是善用贤者。他说:"人主者,以官人为能者也。"⑥君主以善于选拔使用优秀人才辅助其治国为能者。因此,君王"欲立功名,则莫若尚贤使能矣"⑦。也就是说作为一国最高领导人,要想建功立业,没有比推崇使用美德和才干兼备的贤人更好的了。荀子反复强调论证隆礼尊贤而王的必然性和规律性,反之,如果轻视、忽视贤者对国家政治清明发达的重要性,其后果将是国势衰败、政权灭亡。用荀子的语言来概括就是:"尊圣者王,贵贤者霸,敬贤者存,慢贤者亡,古今一也。"⑧

---

① 《孟子·公孙丑上》
② 《孟子·公孙丑下》
③ 《孟子·尽心下》
④ 《孟子·告子下》
⑤ 《荀子·君道》
⑥ 《荀子·王霸》
⑦ 《荀子·王制》
⑧ 《荀子·君子》

二、德才兼备的贤人标准

先秦儒家在大力倡导任贤使能的贤人治国理念的同时，对贤人的内在素质也进行了研究揭示，提出了确认贤才的标准，那就是德才兼备。先秦儒家认可的贤者是既具备高尚道德品质又拥有出色才干的统一体，德与才缺一不可，有德无才或有才无德都不是传统儒家眼中的贤人。先秦儒家推崇的治国人才一方面具有很高的伦理道德素养，能成为社会伦理道德建设的楷模，另一方面才华出众、智慧聪颖、有真才实学，综合能力强，是实现国富民强、政治稳定和社会和谐的中坚力量。先秦儒家还就贤人的品行才能进行了全面、详尽、具体的阐述。其创始人孔子用一句话将贤人的内在素质概括为："志于道，据于德，依于仁，游于艺。"①也就是说贤人胸怀远大的政治理想和抱负，以伦理道德原则行为处事，以仁爱之心感化影响他人，并精通礼、乐、射、御、书、数六艺。

（一）志于道

贤人承担道义，胸怀天下关怀苍生，立志为国为民奉献毕生，具有强烈的政治责任感和历史使命感。孔子认为"士不可以不弘毅，任重而道远"②。儒家的重要经典《大学》开篇即指出，"大学之道，在明明德，在亲民，在止于至善"，接着进一步阐述了"格物、致知、诚意、正心、修身、齐家、治国、平天下"的进阶步骤。可见，传统儒家的贤人以弘扬美德，教化民众，使天下人心向善为己任。这种强烈的社会责任感，亦成为一种精神动力，时时激励着仁人志士为大义、为社会进步前仆后继，甚至牺牲生命也在所不惜。《论语·泰伯》盛赞贤人们"笃信善学，守死善道"。孔子也说："君子谋道不谋食……君子忧道不忧贫"③"三军可夺帅也，匹夫不可夺志也"④。后人将贤人这种强烈的政治责任感和历史使命感作了进一步发挥，提出了诸多催人奋发向上、为国家为民族为人民尽力效忠的名言警句，例如：《白马篇》的"捐躯赴国难，视死忽如归"；《岳阳楼记》中"先天下之忧而忧，后天下之乐而乐"；《名联谈趣》中"风声、雨声、读书声声声入耳，家事、国事、天下事事事关心"；《日知录·正始》中"天下兴亡，匹夫有责"；等等。

先秦儒家眼中的贤人不仅志向高远，而且有气节，情操高尚。孔子说："岁寒，

---

① 《论语·述而》

② 《论语·泰伯》

③ 《论语·卫灵公》

④ 《论语·子罕》

然后知松柏之后凋也"①"不义而富且贵,于我如浮云"②。子张说,"士见危致命,见得思义"③,也就是说士在遇到危险时能献出自己的生命,见到有利可得时会考虑是否符合义的要求。孟子曰:"吾善养吾浩然之气。"④在他看来,作为贤人君子,应该不畏强权,不为金钱权势所诱,应自觉维护正义,做到"富贵不能淫,贫贱不能移,威武不能屈"⑤,成为顶天立地的大丈夫。荀子也反复强调、歌颂君子贤者的超然独立于强权物欲之外的高贵精神:"不诱于誉,不恐于诽,率道而行,端然正己,不为物倾侧,夫是之谓诚君子"⑥;"义之所在,不倾于权,不顾其利,举国而与之,不为改视,重死持义而不桡,是士君子之勇也"⑦。正是因为贤者以气节为重,恪守节操,勇于承担人类社会发展责任,"穷不失义,达不离道"⑧,所以历来受到万众敬仰。

（二）据于德

先秦儒家的贤者是讲求礼义廉耻四维的德行完备之人,他们忠孝兼备、信守承诺、严以律己、宽以待人,具有中庸之德。

贤者能做到对父母孝,对兄弟姐妹悌,对君主忠诚,对朋友义。孝、悌、忠、义是先秦儒家认可的贤者为人处事的根本道德原则。孝源于对父母的深沉之爱,是对父母养育之情的一种回报。悌源于对兄弟姐妹的手足之情。孝悌是两种最基本的德性要求,《礼记·祭义》指出:"君子反古复始,不忘其所由生也,是以致其敬,发其情,竭力从事,以报其亲,不敢弗尽也。"有子曰:"君子务本,本立而道生。孝弟也者,其为仁之本与!"⑨《论语·学而》将孝悌之德由家庭推及宗族,再扩展至社会,孝悌得以泛化,成为具有普遍意义的处理人际关系的两种德性,即忠和义。曾子曰:"为人谋而不忠乎。"忠指恪守职责,诚心实意,信守承诺,为人办事尽心竭力;义指坚持正义,办事公正公道。

以孝、悌、忠、义四者为基础,还衍生出了其他一些具体的德性要求,如恭、宽、

---

① 《论语·子罕》
② 《论语·述而》
③ 《论语·子张》
④ 《孟子·公孙丑上》
⑤ 《孟子·滕文公下》
⑥ 《荀子·非十二子》
⑦ 《荀子·荣辱》
⑧ 《孟子·尽心上》
⑨ 《论语·学而》

信、敏、惠五德。恭即庄重谦逊、恭敬有礼，有子曰"恭近于礼，远耻辱也"①，孔子说"居处恭，执事敬"②。宽指胸怀广阔，不斤斤计较，能容忍接纳别人，是恕道的具体体现，子张说："君子尊贤而容众，嘉善而矜不能。"③信指诚实讲信用，言行一致，有子说："信近于义，言可复也。"④敏指敬业勤奋，孔子说："君子欲讷于言而敏于行"⑤"敏则有功"⑥。惠一指智慧，二指惠及他人，只有施恩惠于他人，厚待他人，才能凝聚人心，加强团结，实现有效管理，惠实际上是一种管理的睿智。

先秦儒家还提出了温、良、恭、俭、让、刚、毅、木、讷、勇等基本德目。当子禽问子贡为什么孔子每到一个国家，都能准确得知该国政治状况时，子贡说，"夫子温、良、恭、俭、让以得之"⑦，意思是老师以温和、善良、恭敬、俭朴、谦让而得到这些信息。可见，在儒家先哲看来，只有做到温、良、恭、俭、让，才能博取他人好感，从而实现有效沟通交流。孔子说："刚、毅、木、讷，近仁。"⑧贤者践履仁道，应刚强、果敢、质朴、谨慎，还要有百折不挠、勇往直前的毅力勇气。在《论语·宪问》中，孔子说："仁者必有勇。"在《论语·为政》中又指出："见义不为，无勇也。"

先秦儒家的贤者不走极端，具备中庸之德。孔子说："过犹不及。"⑨智慧是相通的，不仅东方智者如此说，西方的圣人也认同这点。亚里士多德在他的伦理学著作中就指出：中庸之德是不过多也不过少，不趋于两极端的。历史也一再证明，无论是国家、民族、政党，还是个人，如恪守中庸之德，将呈现发展进步之态势。反之，走极端路线时，其后果都必然是巨大的灾难。

（三）依于仁

有学者指出：先秦儒家是以孔子、孟子和荀子为代表的一个以"仁"为核心的思想学派，由孔子的"礼仁结合"到孟子的"仁政"思想，再到荀子"礼法"并重的理论，其中经过了漫长而又复杂的演变过程，其中心思想都是以"仁"为出发点，构建了一

---

① 《论语·学而》

② 《论语·子路》

③ 《论语·子张》

④ 《论语·学而》

⑤ 《论语·里仁》

⑥ 《论语·阳货》

⑦ 《论语·学而》

⑧ 《论语·子路》

⑨ 《论语·先进》

套自身独有的体系①。的确,仁是贯穿先秦儒家政治、行政伦理思想的总纲。那么何谓"仁"呢?当樊迟问仁时,孔子的答复就两个字——"爱人"②。在先秦儒家的思想体系中,这种爱不仅是一种基于血缘亲情的对父母、对兄弟姐妹的爱,还是一种推而广之的对国家社会、对世界天下,即对他者的一种大爱、博爱。尽管这种爱像先秦儒家所指出的存在差等,但不能改变其实实在在存在,是一种人类的普遍情感这一真相。依于仁就是要求贤者依从于"出自内心深处的一种对人的平等与亲切之情"③,将仁作为立身、处世、行政的根本准则要求。

先秦儒家反复强调论证贤者为仁的重要性。孟子说:"君仁,莫不仁。君义,莫不义。君正,莫不正。一正君而国定矣""天子不仁,不保四海。诸侯不仁,不保社稷。卿大夫不仁,不保宗庙"④。因此,"惟仁者宜在高位"⑤。只有为仁的贤者才能官居高位,才有资格治理国家天下。

为政在人的"人"必须是有爱心、追求仁的境界的贤人,认定贤人的标准就是观其言行是否切合仁的规定要求。仁既是先秦儒家建构其思想大厦的根基和出发点,也是其理论的落脚点和归宿,更是其行政伦理道德规范体系的基础。如前文所述,孔子援仁入礼,将仁礼有机结合,他说:"克己复礼为仁。一日克己复礼,天下归仁焉"⑥"人而不仁,如礼何? 人而不仁,如乐何"⑦。仁是根本,是目的,礼是达仁的手段、桥梁。仁是所有美好品德的本源,上述的孝、悌、忠、义、恭、宽、信、敏、惠,温、良、俭、让、刚、毅、木、讷、勇等德目实际上都源于仁。如"孝弟也者,其为仁之本与""夫仁者,己欲立而立人,己欲达而达人"⑧。在《孟子·尽心下》中,孟子指出:"仁者,义之本也。"当子张向孔子请教什么为仁时,孔子答:"能行五者于天下,为仁矣。"⑨这"五者"就是"恭、宽、信、敏、惠"⑩。《论语·子路》中也指出:"刚、毅、木、讷,近仁。"可见,几乎所有美好的道德品质都与仁相关,都源于仁,换言之,都是仁

---

①　陆娓、戎辉兵:《试析先秦儒家"贤人政治"思想》,《湖北社会科学》,2011 年第 12 期。

②　《论语·颜渊》

③　葛兆光:《中国思想史》,复旦大学出版社 2009 年版,第 95 页。

④　《孟子·离娄上》

⑤　《孟子·离娄上》

⑥　《论语·颜渊》

⑦　《论语·八佾》

⑧　《论语·雍也》

⑨　《论语·阳货》

⑩　《论语·阳货》

的发挥、推广和延展。

（四）游于艺

理想的治国人才贤者不仅要有高尚的道德品质，还要有高超出众的才华，要饱读诗书，有深厚的文化知识素养，同时擅长礼、乐、射、御、书、数六艺，并能将知识技艺转化为能力。可见，先秦儒家的贤者是多才多艺、全面发展的通才。

贤人必须掌握广博的文化知识，这些知识包括《易》《书》《诗》《礼》《乐》《春秋》等历史、文化具体知识。先秦儒家认为："不学《诗》，无以言"，"不学《礼》，无以立"①；"君子博学于文，约之以礼"②；"虽庶人之子孙也，积文学，正身行，能属于礼义，则归之卿相士大夫"③；"今之人，化师法，积文学，道礼义者为君子"④。可见，先秦儒家充分意识到了学习掌握积累文化知识对于个体成贤成君子的重要性，拥有一定的文化知识才能安身立命、正身处事。即使是平民百姓，只要善于学习积累文化知识，也可以成长为贤人。因此，"子以四教：文、行、忠、信"⑤，"孔子以《诗》《书》《礼》《乐》教"⑥。这些言论足见先秦儒家十分注重文化知识的传授，是将其作为一项提升个体人文素养的基础性工程来抓的。

对于如何学习汲取文化知识，先秦儒家强调了端正态度的重要性。孔子说："知之为知之，不知为不知，是知也。"⑦知道就是知道，不知道就是不知道，这样才拥有真正的智慧。这里指出了在学习的过程中不能不懂装懂，要实事求是。同时，还要能做到"毋臆、毋必、毋固、毋我"⑧，意思是要杜绝四种弊端，那就是不凭空揣测、主观臆断，不过分苛求、拘泥固执，不以自我为中心、盲目自信。

除了具有深厚的文化底蕴，贤人还拥有六种基本技能，那就是六艺。"养国子以道，乃教之六艺：一曰五礼，二曰六乐，三曰五射，四曰五驭，五曰六书，六曰九数。"⑨礼指礼文化在实际社会政治生活中的具体运用；乐相当于今天的舞蹈、音乐、美术等方面；射指拉弓射箭，相当于现代的射击等军事方面；御指驾驭术，包括

---

① 《论语·季氏》
② 《论语·雍也》
③ 《荀子·王制》
④ 《荀子·性恶》
⑤ 《论语·述而》
⑥ 《史记·孔子世家》
⑦ 《论语·为政》
⑧ 《论语·子罕》
⑨ 《周礼·保氏》

骑马、驾车等方面；书指文字书写方面；数指计算推演技能。但凡贤才的培养塑造，生活的丰富充实，皆需依靠六艺修养训练。

先秦儒家在强调文化知识学习和六艺技能习得在成就贤人过程中的重要作用时，还突出了将知识技术转化成综合能力、在实际社会政治活动中广泛运用实现工作成效的重要性。孔子说："诵《诗》三百，授之以政，不达；使于四方，不能专对。虽多，亦奚以为？"①纵使熟读诗书，满腹经纶，却不能将之转化成能力，交给他政务却处理不好，派他出使他国又不能独立应对。书读得再多，又有什么用呢？因此，要活学活用，将知识技艺转化成能力。这些能力最基本的包括察、知、言、辩。察是一种观察分析的能力。孔子说："今吾于人也，听其言而观其行。"②荀子说："君子之所谓察者，非能遍察人之所察之谓也，有所正矣。"③知是一种是非判断的能力。当樊迟问知时，孔子答曰："知人。"④孟子说："是非之心，智之端也。"⑤言指语言表达能力。荀子说："君子辩，言仁也""故君子……乐言之"⑥。辩是指一种思辨能力。荀子说："君子必辩""不先虑，不早谋，发之而当，成文而类，居错、迁徙，应变不穷，是圣人之辩者也；先虑之，早谋之，斯须之言而足听，文而致实，博而党正，是士君子之辩者也"⑦。

综上所述，先秦儒家的贤者是道、德、仁、艺均衡发展的全才，是德智双馨的优秀人物，正如荀子所指出："知（智）而不仁，不可；仁而不知，不可；既知且仁，是人主之宝也，而王霸之佐也。"⑧总之，先秦儒家推崇的贤者是既具备高尚道德情操又才华横溢、智慧卓绝的德才兼备之人，是"忠信以为质，端悫以为统，礼义以为文，伦类以为理"⑨的聪明文化人。

三、贤者的人格层次分类

先秦儒家行政伦理思想体系中，贤者的概念外延丰富多样，有圣人、大人、善人、仁人、大丈夫、贤人、君子、士等多种称谓。根据先秦儒家对贤才的内涵界定，可

①　《论语·子路》
②　《论语·公冶长》
③　《荀子·儒效》
④　《论语·颜渊》
⑤　《孟子·公孙丑上》
⑥　《荀子·非相》
⑦　《荀子·非相》
⑧　《荀子·君道》
⑨　《荀子·臣道》

以将贤者分为由低到高递进的三个政治人格层次，那就是——士、君子和圣人。

（一）士人格

士处于理想政治人格层次的最基层。先秦儒家眼中的士指具有一定的社会地位、道德修养和文化知识的人。许慎在《说文解字》中将士解释为"事"，也就是使用自己的聪明才智从事具体事务的人。在中国文化的演进中，士后来成为知识人的代称，这一点在学术界几乎没有异议①。春秋时期，随着士阶层的崛起及其在文化传承中的独特贡献，士阶层日益受到人们的关注和敬仰。

孔子说："士志于道，而耻恶衣恶食者，未足与议也。"②士应该立志弘扬道义，而不应以破衣粗饭为耻，否则，就不值得和他讨论问题了。士也不应该安逸于衣、食、住等物质生活方面，应将推行大道于天下视为己任，因此"士而怀居，不足以为士矣"③。孔子还将士分为三个等级序列。处于最高位的士有羞耻心，出使四方不辱没君命，能够担负一定的国家使命；其次是孝顺父母尊敬兄长的人；最后是说到做到，做事坚持到底的人。这从《论语》中孔子师徒的一段对话中可得到印证："子贡问曰：'何如斯可谓之士矣？'子曰：'行己有耻，使于四方，不辱君命，可谓士矣。'曰：'敢问其次。'曰：'宗族称孝焉，乡党称弟焉。'曰：'敢问其次。'曰：'言必信，行必果，硁硁然小人哉！抑亦可以为次矣。'"④孔子还指出，作为士，应做到对待朋友能批评切磋，对待兄弟能和睦相处，正所谓"切切偲偲，怡怡如也，可谓士矣"⑤。士应有远大的政治抱负，要坚强刚毅，却"不可以不弘毅，任重而道远。仁以为己任，不亦重乎？死而后已，不亦远乎"⑥。

在现实生活中，人之境遇是不断变化的，所得到的社会认同度也是有变化的，因此，士在弘扬道义的过程中，要做到"穷不失义，达不离道。穷不失义，故士得己焉；达不离道，故民不失望焉。古之人，得志，泽加于民；不得志，修身见于世。穷则独善其身，达则兼济天下"⑦。孟子也常谈论士，认为士应讲究气节和操守。他说："居天下之广居，立天下之正位，行天下之大道。得志，与民由之；不得志，独行其

---

① 余英时：《士与中国文化》，上海人民出版社 1987 年版，第 1-83 页。
② 《论语·里仁》
③ 《论语·宪问》
④ 《论语·子路》
⑤ 《论语·子路》
⑥ 《论语·泰伯》
⑦ 《孟子·尽心上》

道。富贵不能淫,贫贱不能移,威武不能屈,此之谓大丈夫。"①这里的大丈夫就是
对士的理想人格描述。和孔子一样,孟子也认为士应该入仕,以天下为己任,认为
"士之失位也,犹诸侯之失国家也""士之仕也,犹农夫之耕也"②。但是对于入仕,
孟子强调必须走正道,"不由其道而往者,与钻穴隙之类也"③。对于入仕的目的,
孟子如此说:"仕非为贫也,而有时乎为贫;娶妻非为养也,而有时乎为养。为贫者,
辞尊居卑,辞富居贫。"④这里孟子告诫士不要因为贫困而入仕,如迫不得已因贫穷
去做官,也只能官居卑职。作为社会良知的知识分子,士应该铁肩担道义,以倡导
仁义道德为己任,正所谓"无恒产而有恒心者,惟士为能"⑤。

　　春秋时,士是介于下层平民和上层贵族之间的中间阶层,在社会政治生活中所
起作用有限。到了战国时期,士的社会地位显著提高,日益成为各诸侯国为争强图
霸目的而竞相发展引进的人才。荀子说:"故天子不言多少,诸侯不言利害,大夫不
言得丧,士不通货财;……从士以上皆羞利而不与民争业,乐分施而耻积臧。"⑥士
成为与庶民百姓的分水岭,在对士作了社会政治角色定位和精神价值界定后,荀子
还根据德才高下将士划分为通士、公士、直士、悫士四类。他说:"上则能尊君,下则
能爱民,物至而应,事起而辨:若是则可谓通士矣。不下比以暗上,不上同以疾下,
分争于中,不以私害之,若是则可谓公士矣。身之所长,上虽不知,不以悖君;身之
所短,上虽不知,不以取赏;长短不饰,以情自竭,若是则可谓直士矣。庸言必信之,
庸行必慎之,畏法流俗而不敢以其所独甚,若是则可谓悫士矣。"⑦通过对士的具体
分类,人们想成为哪一种士人才就有了清晰明确的参照。荀子还指出了一般人通
过修身养性成为士人才的现实可能性,他说:"子赣,季路,故鄙人也,被文学,服礼
义,为天下列士。"⑧虽然一个人出身地位低下,但他只要树立目标,潜心学习文化
知识及礼仪法度,不断提高自身道德修养,并勇于实践,严格按照礼法办事,就能成
为士阶层的一员。

---

① 《孟子·滕文公下》
② 《孟子·滕文公下》
③ 《孟子·滕文公下》
④ 《孟子·万章下》
⑤ 《孟子·梁惠王上》
⑥ 《荀子·大略》
⑦ 《荀子·不苟》
⑧ 《荀子·大略》

（二）君子人格

处于先秦儒家理想政治人格第二层次的是君子。君子在先秦儒家贤才系统中居于核心地位，是治国理政的中坚力量，是理想政治人格的现实版式。君子在先秦儒家行政伦理思想体系中占有十分重要的地位。有学者做过统计："君子"一词在《论语》中出现 100 多次，《孟子》中是 80 多次，《荀子》中则高达 250 多次。足见其使用频率有多高。相比圣人人格，君子人格更具现实性和可操作性，因而最为先秦儒家所重视。

孔子立足社会政治生活实际，指出仁、义、礼是君子努力追求的目标。孔子说："君子去仁，恶乎成名？君子无终食之间违仁，造次必于是，颠沛必于是"①"君子义以为质，礼以行之"②。君子以仁为行为举止的出发点和归宿，以义为立身处世人际交往的原则和标准，以礼为外在的规范、引导和约束。君子与小人有着本质的不同和差别："君子怀德，小人怀土，君子怀刑，小人怀惠"③"君子上达，小人下达"④"君子谋道不谋食……君子忧道不忧贫"⑤。这些论述揭示了君子比小人有着更高的思想精神境界。在具体现实的行为做事过程中，君子和小人也存在巨大的差异和区别："君子喻于义，小人喻于利"⑥"君子周而不比，小人比而不周"⑦"君子求诸己，小人求诸人"⑧"君子和而不同，小人同而不和""君子易事而难说也。说之不以道，不说也。……小人难事而易说也。说之虽不以道，说也"⑨。这些言语突出了君子和小人的不同特点。君子人格作为孔子倡导的现实道德典范，具有一定的普遍意义。孔子眼中的君子还是仁智勇的结合体，孔子说："君子道者三，我无能焉：仁者不忧，知（智）者不惑，勇者不惧。"⑩作为连接沟通最高理想人格的中间环节，君子还担负着由内而外、由道德修为向政治事功转化的重要功能。故当子路问君

---

① 《论语·里仁》
② 《论语·卫灵公》
③ 《论语·里仁》
④ 《论语·宪问》
⑤ 《论语·卫灵公》
⑥ 《论语·里仁》
⑦ 《论语·为政》
⑧ 《论语·卫灵公》
⑨ 《论语·子路》
⑩ 《论语·宪问》

子时,孔子答:"修己以敬""修己以安人""修己以安百姓"①。君子以修己为本,修己的目的是"齐家、治国、平天下"②,是实现对天下黎民百姓的关怀。

孟子将君子与贤者并举,他说,"微子、微仲、王子比干、箕子、胶鬲,皆贤人也"③,这里的贤人也就是君子。孟子认为君子是天下道义的承担者,其行事的唯一准则是义。他说:"君子犯义,小人犯刑"④"君子之德,风也。小人之德,草也"⑤"君子之泽,五世而斩,小人之泽,五世而斩"⑥。为宣扬倡导仁义,君子还要出仕。然而,当官绝不是为了权势富贵,"君子之事君也,务引其君以当道,志于仁而已"⑦。倘若"非其义也,非其道也,禄之以天下弗顾也,系马千驷弗视也。非其义也,非其道也,一介不以与人,一介不以取诸人"⑧。如果不符合道义,即使把天下当作俸禄给他也不会理睬,即使有千匹马拴在那里,他也不看一眼。君子不以物喜不以己悲,宠辱不惊,自觉地践行道德仁义,正所谓"得志,与民由之;不得志,独行其道。富贵不能淫,贫贱不能移,威武不能屈"⑨,"君子深造之以道,欲其自得之也。自得之,则居之安。居之安,则资之深。资之深,则取之左右逢其原。故君子欲其自得之也"⑩。在君子如何修为的问题上,孟子更加强调从个体内部寻找施行仁义的原因,而非从外部探究其根源。他在《孟子·离娄下》中说:"君子所以异于人者,以其存心也。君子以仁存心,以礼存心。……则君子必自反也。"《孟子·尽心上》中指出:"君子所性,仁义礼智根于心。"君子的本性,是其内在的德性,不是外在的修饰,是自发、自觉、自愿的人生感悟和体现,而不是强迫所为。君子的本质特征是内在的修养和外在的自觉行为,任何虚伪与做作都将导致失德。君子乐天知命,甘愿承受非凡的苦难并承担沉甸甸的责任。

在荀子看来,君子是善于利用一切机会学习并贯通道德礼仪的人,他在《荀子·性恶》中说:"化师法,积文学,道礼义者为君子。"荀子指出:"君子之求利也略,

---

①　《论语·宪问》
②　《大学》
③　《孟子·公孙丑上》
④　《孟子·离娄上》
⑤　《孟子·滕文公上》
⑥　《孟子·离娄下》
⑦　《孟子·告子下》
⑧　《孟子·万章上》
⑨　《孟子·滕文公下》
⑩　《孟子·离娄下》

其远害也早，其避辱也惧，其行道理也勇。君子贫穷而志广，富贵而体恭，安燕而血气不惰，劳倦而容貌不枯，怒不过夺，喜不过予。君子贫穷而志广，隆仁也；富贵而体恭，杀势也；安燕而血气不惰，柬理也；劳倦而容貌不枯，好交也；怒不过夺，喜不过予，是法胜私也。"①可见，荀子心目中的君子淡泊名利、深谋远虑、珍惜名誉、勇于为理想而献身。君子虽然贫困潦倒，但志向远大；虽然高贵富有，但体貌恭敬；虽然安逸舒适，但不懈怠懒散；虽然疲倦不堪，但不无精打采；君子喜怒哀乐的表达皆恰到好处。君子之所以能做到如此，是因为他要弘扬仁德、减弱威势；是因为他选择了合理的生活方式和准则；是因为他爱好礼仪，奉行礼法的观念胜过了他的私情。荀子说："君子博学深谋"②"君子能为可贵"③。更值得称道的是君子还"崇人之德"④，对优于自己的人能做到学习并发扬光大其优良品德，对不如自己的人，则给予启发和引导，也就是说能做到"上则能大其所隆，下则能开道不己若者"⑤。君子总是恪守礼义法度和伦理道德规范，对仁义的追求践履总是身体力行，孜孜不倦："笃志而体，君子也""士君子不为贫穷怠乎道"⑥"不诱于誉，不恐于诽，率道而行，端然正己，不为物倾侧，夫是之谓诚君子"⑦。君子有良好的道德修养、信实的品行、卓越的才能，心胸宽广坦荡，因此，"君子耻不修，不耻见污；耻不信，不耻不见信；耻不能，不耻不见用"⑧。君子还能做到"义之所在，不倾于权，不顾其利，举国而与之不为改视，重死持义而不桡"⑨。君子这种舍生取义的大无畏精神，成为中华民族数千年来一以贯之的重要精神支柱，激励着当时及后世无数仁人志士为社会进步和人类解放而奋不顾身、前仆后继。

（三）圣人人格

圣人处于先秦儒家理想政治人格序列的最高层。在先秦儒家眼里，圣人是人生修养的最高典范，是最完美的理想政治人格。圣人品德高尚、智慧超群、博通万物。圣人制定礼义法度，以天下为己任，不仅自身尽善尽美，还能导引帮助天下人

---

① 《荀子·修身》
② 《荀子·宥坐》
③ 《荀子·非十二子》
④ 《荀子·不苟》
⑤ 《荀子·儒效》
⑥ 《荀子·修身》
⑦ 《荀子·非十二子》
⑧ 《荀子·非十二子》
⑨ 《荀子·荣辱》

实现社会人生价值。

孔子身处乱世,向往上古三代之治的理想社会,并视尧舜禹为理想、伟大、崇高的圣人。圣人是明德多智之人,必须具备两个重要元素:一是德行出类拔萃,二是博施济众、治国安邦。《论语》有载:"子贡曰:'如有博施于民而能济众,何如? 可谓仁乎?'子曰:'何事于仁,必也圣乎! 尧舜其犹病诸!'"①孔子认为一个人如能做到"博施于民而能济众"就是圣人了。因此,他将圣人这一无限崇高之称谓给予了上古时为人类社会发展进步做出巨大贡献、建立宏伟功业的先王圣哲。圣的境界超然于仁之上,是道德理想主义的化身,绝非轻而易举能达到,即使尧舜也是如此。孔子说:"圣人,吾不得而见之矣;得见君子者,斯可矣。"②以孔子对圣人内涵的理解和把握,他认为在当时是没有圣人的,能见到君子就已经很不错了。可见,圣人人格是源于现实又高出现实、可望而不可及的理想境界。圣人这种至高的理想人格只存在于久远的历史中,历史上仅有寥寥可数的几位能达到圣人的标准。孔子十分崇敬上古时期的尧舜禹,视他们为圣君。他说:"大哉尧之为君也! 巍巍乎! 唯天为大,唯尧则之。荡荡乎! 民无能名焉。巍巍乎其有成功也,焕乎其有文章!"③尧的成就可与天比高,他具有高尚品德和惠及子孙万代的伟大功业,因此被称为圣人乃当之无愧! 圣人作为理想政治人格的最高层,具有异常丰富的价值内涵,既要有崇高的德行,又要有非凡的政治智慧和魄力,能建功立业惠及百姓。孔子不但无限推崇上古圣人,而且能身体力行圣人之道,达到了很高的境界。因此当时就有人称他为圣人,"太宰问于子贡曰:'夫子圣者与? 何其多能也?'子贡曰:'固天纵之将圣,又多能也。'子闻之,曰:'太宰知我乎? 吾少也贱,故多能鄙事。君子多乎哉? 不多也'"④。这表明孔子并不承认自己是圣人,在他看来,圣的境界虽然很难达到,不适合一般人的道德修为,但它却是人人追求的理想目标。

孔子提出了完美崇高的圣人理想人格,但又将它推至了彼岸,在现实生活中难以企及。孟子则一改孔子对圣人形象的定位,将其拉回到生动多彩的人类世界,认为圣人并非遥不可及、高不可攀,而是一个非神秘的可预知的理想境界,是人人通过自身的努力修为可达到的目标。孟子虽然也像孔子一样,将历史上的三皇五帝看成圣人,但他同时指出,圣人与普通人在生理本能和内在本性上并无根本的差

---

① 《论语·雍也》
② 《论语·述而》
③ 《论语·泰伯》
④ 《论语·子罕》

别。对于一般人而言,圣人"出乎其类,拔乎其萃"①,"圣人,人伦之至也"②。尧舜之所以伟大是因为他们将善的本性发挥到了极致而已。孟子说,"舜,人也;我,亦人也"③,正因为人性皆善,普通人只要能保持自己善的本能,不断修养仁义礼智之善端,并按照尧舜的行为使之发挥扩大,就能达到理想的圣人境界。这就拉近了普通人和圣人的距离,使圣人显得亲切可感,并搭建了一般人通向圣贤境界的桥梁,更具现实性和可操作性。孟子还以天民和大人指称圣人,他说:"有天民者,达可行于天下而后行之者也。有大人者,正己而物正者也。"④孟子还把一些成就异常突出的思想家、政治家、军事家视为圣人,并将他们进行分类。他说:"伯夷,圣之清者也。伊尹,圣之任者也。柳下惠,圣之和者也。孔子,圣之时者也。"⑤孟子还揭示了一般人成长为圣人的进阶步骤:"可欲之谓善,有诸己之谓信,充实之谓美,充实而有光辉之谓大,大而化之之谓圣,圣而不可知之之谓神。"⑥圣人地位崇高,化育万众,而神又是圣的理想境界。总之,孟子的圣贤理论更具说服力和感染力,给人们以积极的推动和价值引领,使之在人生价值实现上有更为明确具体的奋斗目标。

和孔孟一样,荀子将圣人视为理想政治人格的塔尖。他说:"圣人者,道之极也。"⑦孔子的圣人形象最为神秘,孟子比孔子在成圣问题上更为务实,他降低了成圣的标准和门槛,指出普通人与圣人本性相同,普通人通过不懈修炼最终将能达到圣人境界。如果说孔子打造的是理想型的圣人,那么孟子塑造的则为现实型的圣人。荀子继承发扬了孟子的现实性成圣路径,指出从先天本性来说,圣人与常人是无异的,不同在于后天的学习与行为,圣人异于众人是由于后天变化性情而生礼义之伪:"圣人之所以同于众,其不异于众者,性也;所以异而过众者,伪也。"⑧虽然荀、孟在人的本性上一个主恶,另一个主善,一个强调化性起伪,另一个主张扩充善端,但两人在对后天的努力修为和持久实践的强调上是一致的。荀子认为,只要做到坚持不懈地修心养志,积善成德,并付诸实践,人人都能达到圣人境界。荀子乐

---

① 《孟子·公孙丑上》
② 《孟子·离娄上》
③ 《孟子·离娄下》
④ 《孟子·尽心上》
⑤ 《孟子·万章下》
⑥ 《孟子·尽心下》
⑦ 《荀子·礼论》
⑧ 《荀子·性恶》

观地指出："涂之人可以为禹。"①"荀子摘掉了笼罩在圣人头上的神秘光环,从本质上说明了一般人与圣人是相同的,给予了一般人进行自我改造的机会和成为圣人的可能性,设定了一条通往现实理想人格的道路。"②在荀子的心目中,圣人就是尽善尽美的人,任何人只要有成圣的欲望,且能做到不断积累善,就能圆梦。正所谓:"圣人也者,人之所积也。"③一个积字,说明了成就圣人不是一蹴而就的,而是一个漫长持久的努力实践不断修为的过程。圣人还是智慧的化身,"大圣者,知(智)通乎大道,应变而不穷,辨乎万物之性情者也"④。可见,荀子眼中的圣人全德、全能、高高在上、神圣完美。荀子进一步指出:"天下者,至重也,非至强莫之能任;至大也,非至辨莫之能分;至众也,非至明莫之能和。此三至者,非圣人莫之能尽,故非圣人莫之能王。圣人,备道全美者也,是县天下之权称也。"⑤在这里,荀子打通了圣人为天下王的通道,将圣人人格与现实君主一体化,将对圣人的德能要求转换为对现实君主的要求。正所谓:"修百王之法,若辨白黑;应当时之变,若数一二;行礼要节而安之,若生四枝;要时立功之巧,若诏四时;平正和民之善,亿万之众,而博若一人。如是则可谓圣人矣。"⑥

　　以上分析了先秦儒家贤人治国思想中的士、君子、圣人这三种人格特征,所有人格都相通的是德才兼备,其中最为丰满的是君子人格。毋庸讳言,正是这种贤人治国理念造就了一代又一代的忠臣孝子,构成了中华民族的坚实脊梁。每当生死存亡的危急关头,正是这些志士仁人挺身而出,舍生取义,前仆后继,视死如归,以其高尚的人格和道德精神力量感染了整个民族,唤醒了整个民族,从而一次又一次地挽救了中华民族。这也正是与我们同时以及或先或后产生的古埃及、古印度、古巴比伦文明全都销声匿迹了,而唯有我中华文明能原文原种传承至今的根本原因。难怪南怀瑾先生要把儒家比作粮食店,认为万万倒闭不得,否则中华民族将无精神食粮可吃而变成行尸走肉。也许这才是儒家思想的真正价值所在。

①　《荀子·性恶》
②　王杰:《先秦儒家政治思想论稿》,人民出版社2011年版,第390页。
③　《荀子·儒效》
④　《荀子·哀公》
⑤　《荀子·正论》
⑥　《荀子·儒效》

第二节　贤人的培养塑造

　　贤才是治国之本，对安邦裕民起着决定性作用，但贤才并非自然而然产生，需要经历一个培养塑造的长期过程。在这个过程中，教育起着根本性作用。先秦儒家是平民教育、大众教育的开创者、倡导者，他们兴办私学广收弟子，不论出身地位国别，培养了大批德才兼备的优秀人才，积累了丰富的为师兴教及育人经验，强调了学习实践在个体修为提升中的突出作用。

一、教育为本

　　先秦儒家从人性的角度切入，论证阐述了教育在贤才培养塑造中起着根本性作用。孔子认为"性相近也，习相远也"①。人的天赋禀性接近，差别不大，只是由于后天的教育学习及养成不同，才形成了人与人之间的差异。在孔子看来，人都是"学而知之者"②，如果具备良好的学习条件，再加上后天的主观努力修为，人人都可以成贤成才。孔子对自己的评价是："我非生而知之者，好古，敏以求之者也。"③可见，孔子强调重视的是后天的努力勤奋及不懈追求，从而彰显了学习的决定性意义与价值。因此，在从事贤才培养塑造的实际教育活动中，孔子异常重视、反复强调为学的必要性、重要性。他说："行有余力，则以学文"④"兴于《诗》。立于礼。成于乐"⑤"不学《诗》，无以言""不学《礼》，无以立"⑥。在他看来，不学习文化历史知识，不了解文学艺术、没有人文素养就难以恰如其分地表达自己，更不用说旁征博引出口成章了。不学习礼乐知识，不具备仁义道德，就无法安身立命，无以立足于社会。人们只有勤奋学习、努力钻研、持之以恒地修养自身，才能拥有德行学问，成为真正的贤才。否则，仅有成德成才的良好凤愿，却不付出实际行动，不努力学习实践，后果将大相径庭。正如孔子所指出的："好仁不好学，其蔽也愚；好知不好学，其蔽也荡；好信不好学，其蔽也贼；好直不好学，其蔽也绞；好勇不好学，其蔽也乱；

---

① 《论语·阳货》
② 《论语·季氏》
③ 《论语·述而》
④ 《论语·学而》
⑤ 《论语·泰伯》
⑥ 《论语·阳货》

好刚不好学,其蔽也狂。"①可见,接受教育并且好学上进是一个人成贤成才的决定性因素。孔子对学习重要性的强调也深深影响了他的弟子,他的学生子夏就说过:"仕而优则学,学而优则仕。"②意思是做了官之后还要广泛持续地学习以求进一步提升完善自己;学得好就应该去做官以便更好地推行仁义道德、治国安民。

孔子还基于先天本性相近的人性论提出了"有教无类"③的进步观点,其实质是倡导教育面前人人平等,教育的对象应该是所有人,人人都有接受教育的权利,教育对象没有高低贵贱之分,只要有心向学,人人都可以进入学校接受教育。孔子不仅言说,还身体力行、躬身亲教,在实践中践行着教育平等的思想。他广招门徒传道授业解惑,并率众徒游历各国以宣传自己的政治思想主张。其弟子来自社会各个阶层,出身之杂可谓史无前例,有贵族出身的,也有贫贱家庭出身的,有商人身份的,还有大盗出身的,而且学生来源也打破了国界华夷之分。相传孔门三千弟子,来自从南至北的十多个国家,甚至有不远千里而来的。事实上,孔子从教办学始终贯彻的是不分贵贱,不论贫富,不分国别和民族的平民教育原则。

孟子沿着内向路线继续了对孔子提出的人性命题的探讨,认为人有恻隐、羞恶、辞让及是非四心,这四心是仁义礼智之四善端,而且这些善端"非由外铄我也,我固有之也"④,由此顺其自然、水到渠成地提出了性善论。当然,孟子并非一个浅薄的先天决定论者,他也敏锐地洞察到后天进行学习、接受教育的巨大作用。他说:"大人者,不失其赤子之心者也"⑤"凡有四端于我者,知皆扩而充之矣,若火之始然、泉之始达。苟能充之,足以保四海;苟不充之,不足以事父母"⑥。人固然天生就有善端善性,但人若想超越其他动物成为一个真正大写的人,还需要后天排除对外界的各种干扰,对善端予以保持,即存心养性,并做进一步扩充、发扬。孟子最终强调的还是后天的学习与修为。

基于对人性本善的理论建构,孟子乐观地认为"人皆可以为尧舜"⑦。他还指出了成为尧舜的具体方法、路径,那就是"尧舜之道,孝弟(悌)而已矣。子服尧之

---

① 《论语·阳货》
② 《论语·子张》
③ 《论语·卫灵公》
④ 《孟子·告子上》
⑤ 《孟子·离娄下》
⑥ 《孟子·公孙丑上》
⑦ 《孟子·告子下》

服，诵尧之言，行尧之行，是尧而已矣"①。尧、舜是备受孟子推崇的圣人，是最高层次的理想政治人才，也是贤才培养造就的最高目标。这里孟子强调了后天接受教育、进行学习修炼在成贤成圣中的关键性作用。既然人人都有成贤成圣的可能性，那么人人都应该接受教育成为教育对象。因此，和孔子一样，孟子也十分重视平民教育，他也开办私学，广收弟子，致力于传授知识弘扬道义，并视培养塑造英才为人生一大乐趣。他说："君子有三乐，而王天下不与存焉。……得天下英才而教育之，三乐也。"②

和孟子相反，荀子按照外向路线建构起了"人性恶"理论，他说："人之性恶，其善者伪也。"③认为人性本恶，但通过后天学习修为可以向善转化，"伪"就是人为的意思，指人们的后天努力。荀子主张化性起伪："性也者，吾所不能为也，然而可化也；情也者，非吾所有也，然而可为也。注错习俗，所以化性也。"④也就是说本性这种东西虽然我们不能造就，但可以通过教育、学习来改变。因此，荀子将后天是否接受教育、是否刻苦学习作为人类与禽兽的根本区别。他说："为之，人也；舍之，禽兽也。"⑤在《荀子·儒效》中，对于"我欲贱而贵，愚而智，贫而富，可乎？"荀子给出的答案也是："其唯学乎！"也就是说只有学习才能使一个人由卑贱变成高贵，由愚昧变成明智，由贫穷转化成富贵。通过不懈努力持之以恒的学习积累，定将"积善成德，而神明自得，圣心备焉"⑥，成为德才兼备、有能力承担社会责任的贤能俊杰。可见，荀子主张性恶的目的还是强调后天教育、学习的必要性和重要性，与孟子殊途同归、异曲同工。

和孔孟一样，荀子也主张不分贫穷贵贱、不论出身地位，人人都有接受教育的权利。他说："材性知能，君子、小人一也"⑦"尧、舜之与桀、跖，其性一也"⑧。人的本性都是一样的，人天生是平等的，只要能得到良好的教育，不断地学习积累，践履礼义道德，那么"涂之人可以为禹"⑨。

---

① 《孟子·告子下》
② 《孟子·尽心上》
③ 《荀子·性恶》
④ 《荀子·儒效》
⑤ 《荀子·劝学》
⑥ 《荀子·劝学》
⑦ 《荀子·荣辱》
⑧ 《荀子·性恶》
⑨ 《荀子·性恶》

二、师教传承

先秦儒家十分重视教师在贤才培养塑造中的巨大作用。教师是对个体进行教育的主要承担者,在人的成长发展过程中起着至关重要的作用。教师是人类文化的传承者,对人类文明的延续发展起着承前启后的桥梁作用。教师还是人类灵魂的工程师,通过言传身教对教育对象的良好品德塑造起着关键作用。教师担负着陶冶学生品德、传授学生知识、培养学生才干、发展学生专长的重大职责。只有经过教师引导、教诲、点拨过的人,再加上自身的勤奋学习努力修为,才能最终成为真正的贤才。

先秦儒家都异常重视教师的作用,并且身体力行、躬身亲教,在贤才培养方面做出了突出贡献,成为被世人称道的育才大师、典范。其中,荀子还充分论证阐释了教师的重大作用。他说:"人无师法,则隆性矣;有师法,则隆积矣;而师法者,所得乎情,非所受乎性,不足以独立而治。"①也就是说,人若没有老师教导指点,不懂得礼义法度,就会放纵恶之天性,但若有老师,有效法的榜样,就能够注重学习增加积累了。法度则源于合乎礼义的高尚情操。因此,"礼者,所以正身也;师者,所以正礼也"②,没有老师的言传身教,人们就不可能了解把握艰涩难懂的古代典籍之精髓,就不可能透彻体悟君子之道,就不可能逐渐完善成就自己,就不可能成为对国家、对社会、对大众有用的人。荀子还进一步强调说明了教师对个体成长发展的重大作用:"人无师无法而知,则必为盗;勇,则必为贼;云能,则必为乱;察,则必为怪;辩,则必为诞。人有师有法而知,则速通;勇,则速威;云能,则速成;察,则速尽;辩,则速论。故有师法者,人之大宝也;无师法者,人之大殃也。"③人如果没有老师,没有效法的榜样,有智慧就会偷窃,有胆量就会抢劫,有才能就会作乱,若明察就会搞奇谈怪论,如善辩就会谎言欺诈。但如果有老师教导引领,有效法的榜样,那么若智慧就能很快通达事理,若勇敢就会很快变得威武,若有才能很快就会成功,若明察很快就能了解把握规律,若善辩很快就能分清是非。因此有老师教育指点对于人们来说是最为宝贵幸运的,反之,没有老师、没有学习的榜样则是最大的不幸和祸端。正是由于教师对贤才的成长造就具有如此重大的作用和影响,所以

---

① 《荀子·儒效》
② 《荀子·修身》
③ 《荀子·儒效》

传统儒家强调人们要以圣贤为师并虚心求教："择其善者而从之，其不善者而改之"①"见贤思齐焉，见不贤而内自省也"②"求贤师而事之"③。

荀子还从国家治理的角度突出了教师的重大影响和作用。他说："国将兴，必贵师而重傅；贵师而重傅，则法度存。国将衰，必贱师而轻傅；贱师而轻傅，则人有快；人有快，则法度坏。"④国家将要兴盛时一定尊敬老师、看重师傅，礼义法度就能保持存续；反之，轻视老师，忽视教师作用，人们就会放肆无度，制度法令也将得不到贯彻执行，国家必然走向衰落、崩溃、瓦解。

贤才的培养塑造不是一蹴而就的，而是一个复杂漫长的过程，在这个过程中教师起着主导性作用。先秦儒家在教育培养实践中摸索总结出了一些针对教师的具体要求。

首先，作为教育工作者应该做到为人师表、言传身教。孔子认为教师应该以身作则，以自己的模范行为作为学生的表率，从而产生强大的教育感召力。他说："不能正其身，如正人何？"⑤教师是学生的榜样，一言一行都会直接影响到学生的成长。要以身作则，就需言传身教，将有言之教和无言之教有机结合。孔子说："可与言，而不与之言，失人；不可与言，而与之言，失言。知者不失人亦不失言。"⑥孔子还坚信无言之教的威力。他说："天何言哉？四时行焉，百物生焉，天何言哉？"⑦言教重在说理，以提高学生的认识；无言之教在于示范，通过榜样暗示以潜移默化地影响学生。孔子注重身教，认为教师提倡学生做的，自己要先做到；不让学生做的，自己首先不做。如此，教师才能在学生心目中树立威信，有效发挥其文化传承、教育引导的作用。

其次，要做到爱护学生、诲人不倦。孔子主张教师要做到"学而不厌，诲人不倦"⑧。子贡说："学不厌，智也；教不倦，仁也。仁且智，夫子既圣矣。"⑨从子贡对恩师的评价可以看出：孔子不光言说，而且切实做到了学不厌、诲不倦。教师只有不

---

① 《论语·述而》
② 《论语·里仁》
③ 《荀子·性恶》
④ 《荀子·大略》
⑤ 《论语·子路》
⑥ 《论语·卫灵公》
⑦ 《论语·阳货》
⑧ 《论语·述而》
⑨ 《孟子·公孙丑上》

断学习、不断从事教育教学实践，才能实现教学相长、融会贯通，才会有新的领悟和创造，才能胜任教育教学工作。孔子还主张教师要关心爱护学生，他说："爱之，能勿劳乎？忠焉，能勿诲乎？"①爱护学生还体现在对待学生一视同仁，不搞特殊化。孔门弟子众多，孔子本着一视同仁、平等对待的态度，使所有的门徒皆受到了良好的教育。可见，忠于教育事业，关爱引导学生，是教师必备的一项基本师德。

同时，作为教师还要能做到注重教法、循循善诱。先秦儒家认为教师要研究教育教学方法，讲究教育教学原则和技巧，善于启发学生的心智，并能做到循循善诱，以培养学生独立求知、独立思考、完善品德的能力。先秦儒家提出了一套卓有成效的教育教学方法。其一是因材施教。主张从学生实际出发，有针对性、有侧重地进行教导点化。譬如对待同一问题，对于不同的学生就有不同的回答。据《论语·先进》记载，子路和冉有问同一个问题："闻斯行诸？"孔子给出了两个不同的答案。当公西华困惑不解请教孔子为何这样时，孔子说："求也退，故进之；由也兼人，故退之。"②意思是冉有为人退缩不前，因此应鼓励他去做；子路争强好胜故让他收敛一些。其二是启发式教学。从《论语》中孔子与其弟子的诸多问答我们可以发现，孔子从不简单直白地告诉学生一个标准答案，而是千方百计地予以诱导启发，使学生通过深入思考来领会把握真正的道理。孔子还总结凝练了"不愤不启，不悱不发。举一隅不以三隅反，则不复也"③的原则。也就是说，对于学生不能强迫灌输填鸭，而应启发其思维，使之学会积极主动思考，做到举一反三、触类旁通。孔子就是这一原则的坚定执行者，他的学生颜渊就赞叹道："夫子循循然善诱人，博我以文，约我以礼。"④

在《论语·宪问》中，孔子对成人即全人的界定是："若藏武仲之知，公绰之不欲，卞庄子之勇，冉求之艺，文之以礼乐，亦可以为成人矣。"⑤具有如此德才智勇的人就是传统儒家的教育培养目标。培养目标决定着培养内容，先秦儒家德智并重，既注重陶冶完善学生的品德，也注重开发扩充学生的才智。首先是讲解具体的伦理道德规范，并用道德礼仪来约束管理塑造学生，以加强学生的道德修养，提升其品质节操。其次，教习典籍、技艺以培养才智。先秦儒家主要以"六经"为教材向学

---

①　《论语·宪问》
②　《论语·先进》
③　《论语·述而》
④　《论语·子罕》
⑤　《论语·宪问》

生传授广博的文化知识，意在通过教习典籍传承历史文化，使学生得以借鉴历史，体悟如何做人为政。孔子说："其为人也，温柔敦厚，《诗》教也；疏通知远，《书》教也；广博易良，《乐》教也；洁静精微，《易》教也；恭俭庄敬，《礼》教也；属辞比事，《春秋》教也。"①可见，学习"六经"有利于人的全面发展完善。最后，先秦儒家还注重对学生进行射、御、书、数等基本技能的训练提高。尤其值得一提的是，先秦儒家还异常强调理论联系实际，并做到学以致用。先秦儒家的主要代表人物曾带着弟子门徒周游列国，一方面宣传自己的政治思想治国方略，另一方面考察民生民情，对一些为政者贪婪奢侈、荒淫昏庸的表现进行了猛烈抨击，主张德治仁政，倡导廉政勤政，体现了关心国计民生、期盼民富国强的赤子之心。

三、个人修为

先秦儒家指出，立下远大志向，并持之以恒地追求，坚持不懈地学习，是个体成才的必备条件。孔子说："三军可夺帅也，匹夫不可夺志也。"②在孔子看来，在个体的自我修养中，立志是至关重要的。因为只有拥有远大的理想抱负，才能产生强大的前进勇气和动力。人要立长志而不可常立志，立志后就要坚定不移、一步一个脚印地去行动，这就涉及恒心、毅力的问题。孔子谦虚地认为，自己之所以有所获，并非因为天赋高，而是由于比常人更加勤奋，更加渴求新知。他还借用南国人"人而无恒，不可以作巫医"③的言论强调有恒坚持的重要性。

孟子也强调人要立志，要有宏伟目标和志气节操，认为立志对于个人的成长、进步有着十分重大的意义和作用。他说："夫志，气之帅也；气，体之充也。"④孟子也认同只有孜孜不倦地追求新知，做到学习时专心致志、心无旁骛，并持之以恒、坚韧不拔，才能修养成贤有所成就。他说："虽有天下易生之物也，一日暴之，十日寒之，未有能生者也。"⑤这里孟子告诫人们不能用一曝十寒的态度对待学习，而要不断努力、锲而不舍。

荀子也阐述过立志和有恒对于个体成才的决定性作用。他说："无冥冥之志者，无昭昭之明；无惛惛之事者，无赫赫之功。"⑥如果没有立下远大专一的志向，就

---

①　《礼记·经解》

②　《论语·子罕》

③　《论语·子路》

④　《孟子·公孙丑上》

⑤　《孟子·告子上》

⑥　《荀子·劝学》

不可能做到明辨是非、有远见卓识；如果不能专心致志埋头苦干，就不会取得显著功绩、巨大成就。他还用形象的比喻说明持之以恒的重要性："锲而舍之，朽木不折；锲而不舍，金石可镂。"①在《荀子·性恶》中，荀子指出"今使涂之人伏术为学，专心一志，思索孰察，加日县久，积善而不息，则通于神明，参于天地矣。故圣人者，人之所积而致也。"②这里荀子再次强调论证了持之以恒不断学习的极端重要性，只要做到日复一日专心向学，积累善行永不停息，必将成为有造诣、成就大的圣贤人才。

先秦儒家还进一步指明了坚持不懈学习修为的具体方法、步骤、路径。《大学》指出："欲修其身者，先正其心。欲正其心者，先诚其意。欲诚其意者，先致其知。致知在格物。"要想修养品性，先需端正心思；要想端正心思，先需使意念真诚；意念是否真诚取决于是否获得真知；获取真知的途径在于正确认识、深入研究万事万物。这里，修身的阶梯步骤一目了然，只有通过格物、致知、诚意、正心这四个连贯不间断的环节，才能真正成就修身，要修成正果，需要坚定不移、百折不挠的勇气和毅力。《中庸》也从博学、审问、慎思、明辨及笃行五个方面对此进行了具体的阐明和揭示，由于前文已作论证这里就不再展开论述。

先秦儒家在从事教育实践过程中，通过仔细观察、深入研究，并结合自身学习修为实际，也探索、总结、概括出了一系列行之有效的学习方法，对于提高学习效率、获取知识、培养才干、塑造品行有积极的意义和借鉴作用。

首先，先秦儒家强调要勤奋好学、学而不厌。孔子主张要"学而不厌"③。不断学习而不厌倦，不但是对教师的要求，也是学生必备的基本素质，要活到老学到老，将学习视为终身要做的事。孔子说："学而时习之，不亦说乎？"④获得知识，并能善用知识来解决实际问题，这难道不是人生的一大乐趣吗？孔子还指出："君子食无求饱，居无求安，敏于事而慎于言，就有道而正焉，可谓好学也已。"⑤君子在生活上不图享乐安逸，工作勤勉，办事高效，注意讲话分寸，做人走正道，时时处处加强学习，努力勤奋。荀子也反复强调学习不能停止，学习是一辈子的事，他说："学不可

---

① 《荀子·劝学》
② 《荀子·性恶》
③ 《论语·述而》
④ 《论语·学而》
⑤ 《论语·学而》

以已""学至乎没而后止也"①。知识广博学无止境,学习不能浅尝辄止半途而废,对于个体来说,学习应持续到其生命终结之时。

其次,学习要有端正的态度。先秦儒家强调学习要有老老实实的态度,不能不懂装懂,"知之为知之,不知为不知,是知也"②。人要有自知之明,正确认识己之不足,做到虚心求教,要做到"不耻下问"③,对有疑问的地方要大胆咨询、多方请教,直到弄明白了为止。孔子说:"三人行,必有我师焉。择其善者而从之,其不善者而改之。"④孔子主张要随时随地注意向他人学习借鉴,以取他人之长,补自己之短。

最后,要温故知新、学思结合。要不断复习回顾已学知识,在温习旧知过程中撷取新知。的确,随着阅历丰富、眼界拓宽、理解能力提高,回头再看曾经学过的知识,就可能有新的体悟领会。这就启示学生在学习过程中,要循序渐进、扎扎实实,学习新知不忘旧知,以做到融会贯通、厚积薄发。先秦儒家还提倡学思结合。孔子告诫学生:"学而不思则罔,思而不学则殆。"⑤只读书学习而不深入思考就会困惑不解;思考却没有建立在学习基础上,就会流于空想,精神倦怠。孔子说:"吾尝终日不食,终夜不寝,以思,无益,不如学也。"⑥孟子则指出:"心之官则思,思则得之,不思则不得也。"⑦由此可见,学习与思考同等重要,两者不可偏废,明智的做法是将学习积累和钻研思考有机结合,使之相辅相成。荀子也主张学习要善于动脑,要做到好学勤问、学思统一,认为只有始终将学习辅之以思考,以思考促学习,才能成为学识渊博、品德高尚的贤才。

先秦儒家也十分重视强调在个体修养中发挥主体的主观能动性,以实现高度自觉。孔子说,"我欲仁,斯仁至矣"⑧,并以此引导学生自修向善。孟子也指出:"君子深造之以道,欲其自得之也。自得之,则居之安。居之安,则资之深。资之深,则取之左右逢其原。故君子欲其自得之也。"⑨可见,成才还在于主观努力,要自觉自为才能有所悟有所得。在先秦儒家看来,实现自为自觉修养的有效方法路

---

① 《荀子·劝学》
② 《论语·为政》
③ 《论语·公冶长》
④ 《论语·述而》
⑤ 《论语·为政》
⑥ 《论语·卫灵公》
⑦ 《孟子·告子上》
⑧ 《论语·述而》
⑨ 《孟子·离娄下》

径是克己、内省。克己就是依循伦理道德规范以克制一己之私欲。内省就是毫不留情地进行自我解剖，全面深刻地认识、了解自己，以修正错误，改正不当举止。孔子说："见贤思齐焉，见不贤而内自省也。"①见到贤德之人，就以他为榜样，努力学习修养，向他看齐；看到不肖之人，就引以为戒，并反观自己，省察是否也存在如此不足，进而改之。在孔子的影响下，他的学生曾参做到了"吾日三省吾身"②。孟子也主张反省自查自纠，他说："爱人，不亲，反其仁。治人，不治，反其敬。礼人，不答，反其敬。行有不得者，皆反求诸己。"③意思是在与人相处时，我爱别人，但别人没有对我好，那么就该反问自己是否真正尽了仁爱之心；从事管理工作却不见成效，就得反省是否真正开动脑筋发挥聪明才智了；礼貌待人却不被以礼相待，就得反问自己是否真正做到尊敬他人了。荀子也指出："君子博学而日参省乎己，则知明而行无过矣。"④

先秦儒家还强调知行统一，倡导个体修养既要重视学习还要重视实践。孔子主张："君子欲讷于言而敏于行。"⑤他常带领弟子门徒周游列国，进行实地考察，把握风土民情，以了解各国社会政治经济实际状况。据传，为了对礼有全面、具体及感性的认识，他还带学生到周礼的故乡去"观先王之遗制，考礼乐之所极"⑥。荀子也指出："君子之学也，入乎耳，箸乎心，布乎四体，形乎动静。"⑦君子不能仅满足于有崇高的道德意识，而且要付诸实践做到身体力行，实现学与行的统一。

另外，值得一提的是，先秦儒家历来还重视社会政治环境及风俗习惯对个体成才的影响和作用。孟子说："故天将降大任于是人也，必先苦其心志，劳其筋骨，饿其体肤，空乏其身，行拂乱其所为，所以动心忍性，曾益其所不能。"⑧荀子也指出："蓬生麻中，不扶而直；白沙在捏，与之俱黑。"⑨因此，人要善于利用环境，化不利因素为有利条件，自觉接受挑战激发潜能，能在逆境中锻炼磨砺自己，奋发图强以成就大业。先秦儒家还注意到风俗习惯的力量也很强大惊人。荀子就指出："居楚而

---

① 《论语·里仁》
② 《论语·学而》
③ 《孟子·离娄上》
④ 《荀子·劝学》
⑤ 《论语·里仁》
⑥ 《孔子家语·观周》
⑦ 《荀子·劝学》
⑧ 《孟子·告子下》
⑨ 《荀子·劝学》

楚,居越而越,居夏而夏,是非天性也,积靡使然也。"①他还说："习俗移志,安久移质。"②荀子洞察到风俗习惯可以改造人,它潜移默化地影响人们的思想意识,甚至彻底地改变一个人。因此,以先进高尚的伦理道德文化来引领、打造、建构良好的社会风俗习惯,对于实现感染人、塑造人、使人健康成长具有一定的意义和价值。

第三节　贤人的选拔与任用

先秦儒家不仅阐述了贤人治国的极端重要性、根本性,揭示了德才兼备是贤人的必备素质,划分了贤人人格的层次类型,明确了教育和修身在培养塑造贤人中的基础性作用,而且指出了识别确定贤人的方式、方法和路径,探讨了招揽、选拔、使用、考核及评价贤人的原则、策略和举措。

一、贤人的识别认定

选拔使用贤才的前提条件是把他们从人群中识别出来,那么,怎样及时准确地发现他们,从众人中筛选出符合现实社会政治发展需求的优秀人才,先秦儒家在从事教育、管理的实践过程中总结概括出了一套行之有效的甄别、判断、鉴定贤才的方法系统。

(一)听言察色观行

孔子认为知人难,指出人生在世,"不患人之不己知,患不知人也"③。当樊迟向他请教怎样才算有智慧时,他给出的答案是"知人",也就是善于识别人才。对于如何判断确定一个人是否为贤人,孔子指出应该对其进行深入细致全面的认真考察。

一个人的言谈举止,常能体现其品性才干、知识素养和思想状态,正如子贡所言："君子一言以为知,一言以为不知。"④孔子也指出："群居终日,言不及义,好行小慧,难矣哉!"⑤因此,孔子十分重视通过人的言语来对其进行分析判断,认为"不

---

① 《荀子·儒效》
② 《荀子·儒效》
③ 《论语·学而》
④ 《论语·子张》
⑤ 《论语·卫灵公》

知言,无以知人"①。当然,孔子在肯定通过辨别言论是非曲直来了解一个人的同时,也意识到仅仅做到知言还很不够,指出"君子不以言举人"②,应该重视对言行是否一致的观察:"始吾于人也,听其言而信其行;今吾于人也,听其言而观其行。"③考察一个人,不能因为他说了什么就相信他做了什么,而应既听他说了什么又看他做了什么。比如判断一个人是否为孝子,就应该将对其言行的考察结合起来,"父在观其志,父没观其行,三年无改于父之道,可谓孝矣"④。孔子主张广听、慎言、多行:"多闻阙疑,慎言其余,则寡尤"⑤"君子耻其言而过其行"⑥。他还说:"有德者必有言,有言者不必有德"⑦"论笃是与,君子者乎?色庄者乎?"⑧可见不能以言貌取人,而应观察其言行是否一致,这样才能避免被喜欢作秀说大话、哗众取宠、动机不纯却又能言善辩的人迷惑。

孔子指出观察了解一个人不能仅限于停留在表面,而要深入内在,揭示其本质特征,也就是说要"视其所以,观其所由,察其所安"⑨。判断一个人是否贤愚,不能仅以少数行为快速认定,而应考察其行为、动机、手段及结果之后,再进一步对其进行长期细致入微的全面考察,这样他就没有什么可隐藏遁形的,就能对其做出客观精准的评价了。

孟子对如何发现识别贤才也提出了多种方法路径。他指出听人言辞、观其神色就可初步判断是非真假善恶好坏,也就是察言观色。孔子也曾称赞过达者善于察言观色,他说:"夫达也者,质直而好义,察言而观色,虑以下人。在邦必达,在家必达。"⑩孟子说:"诐辞知其所蔽,淫辞知其所陷,邪辞知其所离,遁辞知其所穷。"⑪也就是说分析偏激不全面的言辞知道其片面性所在,分析夸张过分的言辞知道其错误不足所在,分析邪恶不合理的言辞知道其与正道背离分歧所在,分析遮掩躲闪

---

①　《论语·尧曰》

②　《论语·卫灵公》

③　《论语·公冶长》

④　《论语·学而》

⑤　《论语·为政》

⑥　《论语·宪问》

⑦　《论语·宪问》

⑧　《论语·先进》

⑨　《论语·为政》

⑩　《论语·颜渊》

⑪　《孟子·公孙丑上》

的言辞知道其理屈词穷所在。孟子指出："君子所性，仁义礼智根于心。其生色也睟然，见于面，盎于背，施于四体，四体不言而喻。"①也就是说君子的本性植根于心中，由其本性产生的气色必然是纯正温润的，这种气色会显现在脸上，充满在体内，延伸至四肢。仔细观察人之言论举止及姿态气色，就能大概判断其内在品德素质修养了。睿智的孟子还提出观眸以识人，他说："存乎人者，莫良于眸子，眸子不能掩其恶。胸中正则眸子瞭焉；胸中不正则眸子眊焉。听其言也，观其眸子，人焉廋哉？"②在孟子看来，眼睛最能反映一个人的真实本性，如心底无私光明磊落，眼睛必然明亮有神。

孟子还依据"物以类聚，人以群分"的原则，提出通过考察了解人的朋友交往圈来确定此人是否为贤人。他说："一乡之善士，斯友一乡之善士。一国之善士，斯友一国之善士。天下之善士，斯友天下之善士。……是尚友也。"③通过了解观察对象以什么类型的人为朋友来判断确定其才德高下，不失为一种便捷可靠的识人方法。

值得一提的是，先秦儒家还辩证地提出：在考察一个人时还要能做到"不以言举人，不以人废言"④。意思是不要因某人能说会道就举荐他，也不能因某人有过错就否定他正确合理的意见建议。孔子甚至还提出通过观察人所犯的错误来辨识人，"人之过也，各于其党。观过，斯知仁矣"⑤。的确，每个人都难免会犯错，但过错的性质会有所不同。有的十恶不赦，有的却无关大节，有的可能由种种错综复杂的原因造成，譬如动机纯正但结果逆转。凡此种种，都需要作全面细致的观察、分析以拨云见日，查找真正原因，从所犯过错中进一步认识其道德品质，发现其优点和长处，从而加以合理利用。

（二）实践考验以礼识人

在对贤才备选者进行听言察色观行的基础上，先秦儒家还强调要在实践中对其进行锻炼考验。在他们看来，只有经得起各种艰难曲折磨炼考验的人才是真正的贤者。孔子说："岁寒，然后知松柏之后凋也。"⑥真正的贤者只有经过严峻考验、

---

① 《孟子·尽心上》
② 《孟子·离娄下》
③ 《孟子·万章下》
④ 《论语·卫灵公》
⑤ 《论语·里仁》
⑥ 《论语·子罕》

实践检验后方能显示出人格的伟大和智能的高强。孔子还说："吾之于人也,谁毁谁誉? 如有所誉者,其有所试矣。斯民也,三代之所以直道而行也。"①意思是他称赞的人一定是经受了考验的,在他看来,夏商周三代的贤人也都是经过实践检验证明值得赞誉的。孟子更进一步要求"苦其心志,劳其筋骨,饿其体肤,空乏其身,行拂乱其所为,所以动心忍性,曾益其所不能"②。的确,人们只有经历过艰难困苦千锤百炼之后,才能有资格、有能力、有魄力担当起大任重任。历来被先秦儒家所称道推崇的上古圣王舜,就是经历了尧的长期考验因德才卓越而继承了王位,后来的禹也是才德显著且经过了舜的多番考察验证后才登上王位的。

务实的荀子在探讨如何辨识贤才的问题上没有涉及言,而是直接强调了行为实践。他说:"故相形不如论心,论心不如择术。形不胜心,心不胜术。术正而心顺之,则形相虽恶而心术善,无害为君子也;形相虽善而心术恶,无害为小人也。"③也就是说观察一个人的形体相貌不如考察他的思想见识,考察人的思想见识不如分析鉴别他选择的立身处世的方法。荀子还将对礼法的遵循把握运用作为考量识别治国人才的方法手段。他说:"虽王公士大夫之子孙也,不能属于礼义,则归之庶人。虽庶人之子孙也,积文学,正身行,能属于礼义,则归之卿相士大夫。"④他还指出:"好法而行,士也;笃志而体,君子也;齐明而不竭,圣人也。人无法而伥伥然,有法而无志其义则渠渠然,依乎法而又深其类然后温温然。"⑤这里荀子依据贤者对法度的把握应用情况而将他们分成了士、君子和圣人三种类别。

荀子还主张将考察对象置于具体的环境中,以礼法为标准来进行考验判断。他说:"故校之以礼,而观其能安敬也;与之举措迁移,而观其能应变也;与之安燕,而观其能无流慆也;接之以声色、权利、忿怒、患险,而观其能无离守也。彼诚有之者与诚无之者若白黑然,可诎邪哉?"⑥意思是"用礼制来考核他,看他是否能安泰恭敬;给他上下调动来回迁移,看他是否能应付各种变化;让他安逸舒适,看他是否能不放荡地享乐;让他接触音乐美色、权势财利,怨恨愤怒、祸患艰险,看他是否能不背离节操。这样,那些真正有德才的人与的确没德才的人就像白和黑一样判然

---

① 《论语·卫灵公》
② 《孟子·告子下》
③ 《荀子·非相》
④ 《荀子·王制》
⑤ 《荀子·修身》
⑥ 《荀子·君道》

分明,还能进行歪曲吗?"①事实证明,真金不怕火炼,只有经过复杂环境的洗礼考验,才能判断被考察者是否为真正的贤才。

(三)民意调查舆论分析

先秦儒家还主张通过民意调查进行社会舆论分析来对考察对象进行识别鉴定。的确,人不是生活在真空中的,马克思说人是社会关系的总和,个人是无法脱离社会而生存发展的,作为个体的人必然与社会中的他者发生这样那样的联系。同时,事实证明,广大的人民群众是社会政治经济发展的推动者,是人类历史的创造者,是人类社会的主体,具有很强的甄别辨识能力。因此,先秦儒家这一识别人才的主张是极为明智可取的。

先秦儒家认为一个人的德才状况如何是可以通过民意体现反映出来的。据《左传》记载,子产施政三年,政绩卓著,得到了人们的充分肯定。因此,舆论对他的评价是:"我有子弟,子产诲之;我有田畴,子产殖之。子产而死,谁其嗣之。"②意思是民众慨叹称颂子产谆谆教诲他们的子弟,鼓励他们大力生产,生怕子产死去没人能继承他实施善政。《论语》也有载:"齐景公有马千驷,死之日,民无德而称焉。伯夷、叔齐饿于首阳之下,民到于今称之。"③也就是说齐景公虽贵为诸侯,既有权势又十分富有,但由于没有好的品质德行,死的时候民众没有人说他好的。相反,伯夷、叔齐由于情操高尚,德才兼具,虽然饿死在首阳山下,但至今仍为人们所称道。从这两个例子可以看出,传统儒家高度重视民众的看法意见,并将其作为评价历史人物的依据。孔子说:"天下有道则庶人不议。"④意思是天下如果有道的话,平民百姓就不会有异议了。

同时,孔子也辩证地指出,众人的意见、反映不一定都全面真实可靠,对于舆论和民意不能盲目相信采纳,还要进行深入细致的调查及理性的分析研究以鉴别真伪。因此他主张:"众恶之,必察焉;众好之,必察焉。"⑤对于众人都讨厌的人,要深入考察,仔细了解是什么原因,对于人们都喜爱的人亦是如此,只有做到这样才能给出结论确定其善恶。《论语》中他与子贡的一段对话也再次阐明了这个观点:"子贡问曰:'乡人皆好之,何如?'子曰:'未可也。''乡人皆恶之,何如?'子曰:'未可也。

---

①　张觉:《荀子译注》,上海古籍出版社 2012 年版,第 174－175 页。

②　《左传·襄公三十年》

③　《论语·季氏》

④　《论语·季氏》

⑤　《论语·卫灵公》

不如乡人之善者好之,其不善者恶之。'"①一个人如果满乡的人都喜欢他还不足以证明他是好人,但假如满乡的好人都喜欢他,坏人却讨厌他,这才能说明他真的是好人。

孟子也指出:"左右皆曰贤,未可也。诸大夫皆曰贤,未可也。国人皆曰贤,然后察之,见贤焉,然后用之。左右皆曰不可,勿听。诸大夫皆曰不可,勿听。国人皆曰不可,然后察之,见不可焉,然后去之。"②识别人才要善于听取大众意见建议,但也不能偏听偏信,在全面调查广泛听取的基础上,要深入研究、冷静思考、客观分析,做到不为流言蜚语所惑,将舆论分析法的优势发挥到极致,以实现对备选考察对象的准确客观认识。当然,对人才的考察识别是一个过程,有一个周期,荀子就主张"一年与之始,三年与之终"③。荀子建议以三年为一个考察周期,考察识别的每个阶段都应有不同要求及不同侧重。

二、贤人的招揽选拔

对贤人的招引选拔是先秦儒家人事行政伦理思想体系的重要环节,决定着贤才的正确合理使用。贤才鉴别认定出来之后,还涉及使用什么办法将他们吸引纳入领导核心系统,使之能够自觉自愿充分地发挥聪明才智这一问题。当各种各类贤能俊杰被显露招引出来之后,管理者还面临着使用什么原则选拔的问题。先秦儒家对贤人的招揽方法和选拔原则都有着深入研究和独到见解。

(一)贤才的招揽方法

综合运用各种方法手段将贤才识别出来之后,如何让他们积极主动、心甘情愿地为国家、为民族、为社会、为人民效力,还需要有一定的激励措施和方法策略。先秦儒家对此问题也进行了卓有成效的研究探讨。

众所周知,先秦儒家非常重视强调伦理道德方面的因素,注重礼义、崇尚仁德是他们一脉相承、一以贯之的本质特征。同时,作为德才兼备的贤人,往往也是有思想、有个性、有骨气、有独立见解的人,因此,纯粹的指挥、强硬的命令对他们是不起作用的,管理者若想得到真正的贤才,就必须创造一些吸引招揽他们的条件,营造一个群贤毕至、贤人集聚的良好环境。先秦儒家在贤才的招揽上强调君主"礼义

---

① 《论语·子路》
② 《孟子·梁惠王下》
③ 《荀子·致士》

备而君子归之"①。

先秦儒家吸引招揽贤才见解的思想基础是义利观。在先秦儒家看来，贤才的终极目标是道义，而非一己之私利。孔子说："君子喻于义，小人喻于利。"②君子追求、信仰的是仁义道德，和君子相对的小人追求、贪婪的是物质利益。孟子也说："彼以其富，我以吾仁；彼以其爵，我以吾义。吾何慊乎哉?"③"王何必曰利，亦有仁义而已矣。"④在孟子看来富爵诚可贵，但仁义价更高。荀子也说，"志意修则骄富贵，道义重则轻王公，内省而外物轻矣"⑤，因此"君子役物，小人役于物"⑥。这些言论充分反映了先秦儒家的重义轻利观。正是基于此，在贤才招揽方法上先秦儒家尤其强调为政者要施行礼义来吸引贤才。

首先，执政者自身要做到遵循礼仪、信守仁义、贤明仁德。以论证阐述如何招引贤才为主要内容的《荀子·致士》开篇就指出"衡听、显幽、重明、退奸、进良之术"。这就告诫君王自身要做到公正贤明，要广泛听取意见发掘贤士，让其充分发挥自己的聪明才智，表彰奖励重用贤明之人，罢黜奸邪无为之吏，这样天下贤能之士就会自觉自愿向君王靠拢。

其次，招才引贤不能仅仅限于口头，还要拿出实际行动。孔子说："举尔所知；尔所不知，人其舍诸?"⑦意思是提拔任用已经被发现识别出来的贤人，那么暂时还没有被发现的贤人就不会离开了。这事实上就是在告诉君王仅有求贤若渴的心是不够的，重要的是要营建创造尚贤用能的环境，这样贤才就不会被埋没，并将脱颖而出。用现在时髦的语言表达就是要实现人才的集聚效应。

先秦儒家还强调要尊重贤才，表明诚意，以礼义待之。贤才不是唯命是从、攀附权贵的人，因此对于贤人只有以礼相待，诚心实意地尊重他们的人格，才能调动起他们的积极性、主动性。孔子说："君使臣以礼，臣事君以忠。"⑧孟子说："欲见贤人而不以其道，犹欲其入而闭之门也。夫义，路也；礼，门也。惟君子能由是路，出

---

① 《荀子·致士》
② 《论语·里仁》
③ 《孟子·公孙丑下》
④ 《孟子·梁惠王上》
⑤ 《荀子·修身》
⑥ 《荀子·修身》
⑦ 《论语·子路》
⑧ 《论语·八佾》

人是门也。"①荀子也指出："人主之患,不在乎不言用贤,而在乎不诚必用贤。夫言用贤者,口也,却贤者,行也;口行相反,而欲贤者之至、不肖者之退,不亦难乎!"②可见,先秦儒家在反复强调管理者要以诚待贤,以礼待贤,要言行一致,真正做到"尊贤使能,俊杰在位,则天下之士皆悦而愿立于其朝矣"③。正所谓"川渊深而鱼鳖归之,山林茂而禽兽归之,刑政平而百姓归之,礼义备而君子归之"④。

先秦儒家一贯强调倡导仁礼道义,信奉用伦理道德的精神力量去支持激励贤才实现治国平天下的政治理想,但他们也并不因此而否定忽视贤人为维持生存和发展而应得的物质利益和俸禄待遇。因此,先秦儒家也主张君王应赐予贤人一定的爵位、俸禄以作为一种保障和奖励。无论是孔子的"学而优则仕"⑤,还是孟子的"尊贤使能,俊杰在位",都提出了要给贤才一定的官职禄位。荀子更明确指出:人主"欲得善射""欲得善驭"都应"悬贵爵重赏以招致之"⑥。荀子还主张给贤人丰厚的物质待遇,并使其所得爵禄与其德才程度相当。他说:"以人之情为欲多而不欲寡,故赏以富厚""故上贤禄天下,次贤禄一国,下贤禄田邑,愿悫之民完衣食"⑦。

(二)贤才的选拔原则

选拔是先秦儒家人事行政伦理思想中实践性最强的环节,也是有效使用贤才的最具根本性和决定意义的部分。选拔贤才的原则与贤才的标准相统一,体现着先秦儒家人事行政伦理思想的根本特点。先秦儒家认为,国家富强、天下安泰植根于贤才的真正使用。若想实现贤者在位,就不得不重视对贤才的准确谨慎选拔。在先秦儒家的整个人事行政伦理思想体系中,居于核心地位的是贤者的标准问题,贤才的标准内在地决定着选拔贤才的原则和方法。而如何选拔贤才又真实具体地体现了贤才标准。因此可以说,贤才的选拔原则与贤才标准是一致的。先秦儒家的贤人标准是德才兼备,因而在选拔原则上既重贤也重能,不拘一格,唯求诚能。先秦儒家的这一贤才选拔原则,否定了原来的世卿世禄制血缘标准,有力地突破了宗法制度任人唯亲的禁锢,极大地拓宽了选拔的范围,不论亲疏远近,不论尊卑贵

---

① 《孟子·万章下》
② 《荀子·致士》
③ 《孟子·公孙丑上》
④ 《荀子·致士》
⑤ 《论语·子张》
⑥ 《荀子·君道》
⑦ 《荀子·正论》

贱，也不论资历深浅，只要具备才德，就可成为被选对象。先秦儒家的贤才选拔原则使选拔面对全民，具有一定的进步意义。

孔子在从事教育和参与政事的过程中，探索、积累了比较丰富的鉴别、选拔及使用贤才方面的经验。在贤才选拔方面，孔子反对世袭制，主张不论出身高低贵贱，也不论亲疏远近，只要他具备高尚的品德、突出的才干就应该被选拔出来担当重任。据《左传》记载，当魏献子为政时，分了贵族祈氏和羊舌氏田地，并进一步划分为县，接着提拔了一批德才兼备的贤人去任县大夫，他的儿子也在其中。"仲尼闻魏子之举也，以为义，曰'近不失亲，远不失举，可谓义矣。'"①也就是说孔子赞扬了魏献子这种只论德才不论亲疏远近择才用才的做法。《礼记·儒行》也有记载，当哀公向孔子请教"儒行"时，孔子也有"儒有内称不辟（避）亲，外举不辟怨"的言论。孔子还强调了统治者选拔贤才不应注重门第身份，应不论出身是否高贵，只要德才兼备就该被选用。冉雍的父亲地位卑贱，且品行也不好，一般来说，这种人的孩子在等级森严的时代是不可能被统治者青睐重用的。然而孔子却认为冉雍品行才干俱佳，是可以当大官的，他说："雍也可使南面。"②他还用比喻来加以说明："犁牛之子骍且角，虽欲勿用，山川其舍诸？"③表面上说祭祀，实际上是将冉雍比作犁牛之子，虽出身贫贱，但可凭自己的美德才学被选用。孔子极力反对世袭制，主张不拘身份地位举贤任能，这表现在他将那些没有爵位，但先学习礼乐的普通人称为"野人"，而把那些有世袭爵位却后学礼乐的卿、大夫子弟称为"君子"。两相比较，如有用人需要，他主张选用那些"野人"："先进于礼乐，野人也；后进于礼乐，君子也。如用之，则吾从先进。"④这一主张有力地打破了原来的贵族血统选拔制的藩篱，具有明显的进步性。

孟子也主张选贤任能应破除门第观念，应扩大选贤范围，甚至到社会下层去发现人才。他说："舜发于畎亩之中，傅说举于版筑之间，胶鬲举于鱼盐之中，管夷吾举于士，孙叔敖举于海，百里奚举于市。"⑤这些前人的做法真正实现了不拘一格只唯贤能，值得后人学习效法。荀子继承了孔、孟尚贤使能的思想，有力地抨击否定了世卿世禄制，他说："虽王公士大夫之子孙，不能属于礼义，则归之庶人。虽庶人

① 《左传·昭公二十八年》
② 《论语·雍也》
③ 《论语·雍也》
④ 《论语·先进》
⑤ 《孟子·告子下》

之子孙也,积文学,正身行,能属于礼义,则归之卿相士大夫。"①荀子还认为:"贤能不待次而举,罢不能不待须而废。"②也就是说要破除选贤任能时论资排辈的做法,一旦发现极其优秀的贤才可以破格选拔录用。荀子还主张强调:"外不避仇,内不阿亲,贤者予。"③选拔贤者时要公平公正,出于公心,切勿受亲疏远近的羁绊,只要是德才兼具的贤才就要大胆选拔使用。

总之,先秦儒家不拘一格唯德才是举的选拔原则,具有一定的合理性和进步意义,无论在当时还是今天都是值得肯定和借鉴的。

三、贤才的任用及考核

贤才被识别选拔出来之后,如何用好他们,使之发挥最大功效,这是国家政治生活的重中之重。对于如何科学合理地使用贤才,先秦儒家提出了一系列的真知灼见。

(一)量才任用,用人所长

先秦儒家认为,对于识别选拔出来的贤才要因事用人,量才而用。也就是说要根据贤者的德才状况安排工作,委以不同的任务,使之能尽其所长避其所短,从而实现各司其职、各尽所能。

孔子认为,对于选拔出来的贤者,要知人善任,量才使用,发挥其最大作用。他说:"及其使人也,器之。"④这里的"器之"就是要量才而用,就像对待器具一样,什么样的器具就派什么样的用场。对于贤才,要依据其各自专长将其安排在最适合的岗位上,依其特长去定其职位。孔子善于分析人的特长,《论语》中有载,他对自己的三个学生即子路、冉求及公西赤进行了评价,并指出了他们分别适合担任何种官职。他说:"由也,千乘之国,可使治其赋也""求也,千室之邑,百乘之家,可使为之宰也""赤也,束带立于朝,可使与宾客言也"⑤。对于这三个贤才,因其素质专长不同,只有量才使用,才能达到最好的治国理政效果。孔子还以郑国的政策法令从起草到完善的制定过程为例,来说明因事择人、知人善任的优势。他说:"为命,裨

---

① 《荀子·王制》
② 《荀子·王制》
③ 《荀子·成相》
④ 《论语·子路》
⑤ 《论语·公冶长》

谌草创之，世叔讨论之，行人子羽修饰之，东里子产润色之。"①宋朱熹注释为："禆谌以下四人，皆郑大夫。……郑国之为辞命，必更此四贤之手而成，详审精密，各尽所长。是以应对诸侯，鲜有败事。"②

孟子也强调对贤才要用其所长避其所短，指出当时诸侯国的一些君主不顾贤才之所学所专，硬要其"姑舍女（汝）所学而从我"③的做法是极不合理、极端错误的。在孟子看来，能否用好贤才，将关系到民心得失、国家兴衰及政权前途命运，因此国君使用贤才要谨慎从事、慎之又慎，千万不能无视贤才之所学所长去安排官职、委派任务。如果使贤才舍其长而就其短，就是在糟蹋贤才，就会形成人才资源的严重浪费，是极不可取、极不明智的愚蠢做法。

荀子也主张要用人所长避人所短，他说，"无用吾之所短遇人之所长，故塞而避所短，移而从所仕"④，只有做到用人所长，贤者才不至于丧失其官职地位，国家才可以治理好。荀子还指出："王者之论：无德不贵，无能不官，……尚贤使能，而等位不遗。"⑤意思是奉行王道的君主的英明做法是：对没有德行的就不让其显贵，没有才能的就不让其当官。他崇尚贤德，任用才能，给贤才授予的官职地位与他的德才相当。荀子也一再强调任用贤者时要依据其德能水平高低而定等级授官职。他说："论德而定次，量能而授官，皆使其人载其事而各得其所宜。上贤使之为三公，次贤使之为诸侯，下贤使之为士大夫，是所以显设之也"⑥"圣王在上，图德而定次，量能而授官，皆民载其事而各得其宜"⑦。这里就反复强调了君主应根据贤者的德行来确定等级，应考虑衡量贤者的才能来授予官衔职位，使高者就高位低者就低位，不埋没贤才也不小才大用，这样就能使不同层次的贤者都能得到适宜的安排，又都能各司其职担负起各自的职事责任。

（二）疑人不用，用人不疑

先秦儒家主张疑人不用，用人不疑。对于不了解的、受怀疑的对象就不要盲目使用，对于完全了解的忠于国家、忠于社稷、为民众谋福祉的贤才，就要充分信任之

①　《论语·宪问》
②　朱熹：《四书集注》，岳麓书社 2010 年版，第 171 页。
③　《孟子·梁惠王下》
④　《荀子·大略》
⑤　《荀子·王制》
⑥　《荀子·君道》
⑦　《荀子·正论》

并放手大胆地使用之。对于德才兼备的贤者,仅仅把他们提拔到重要岗位是不够的,还要给他们实权,不轻易怀疑他们、给他们以信心,只有这样才能真正发挥其聪明才智。否则,任而不信,用之又疑之,甚至设置重重障碍以束缚其手脚,就难以发挥其才干及潜力。

孔子认为统治者一旦相中了贤才,就应该以诚相见,尽可能做到与臣下推心置腹、肝胆相照,同时要对各种流言蜚语、世俗偏见保持警觉,不可轻易地怀疑臣下。孔子说:"不逆诈,不亿不信。"①就是在告诫用人时不要无端怀疑别人。《说苑·尊贤》有一段关于春秋时齐桓公使用管仲治国的记载:"管仲对曰:'贱不能治贵。'桓公以为上卿,而国不治。桓公曰:'何故?'管仲对曰:'贫不能使富。'桓公赐之齐国市租一年,而国不治。桓公曰:'何故?'对曰:'疏不能制亲。'桓公以为仲父。齐国大安而遂霸天下。"孔子慨叹:"管仲之贤,而不得此三权者,亦不能使君南面霸矣。"②在孔子看来,正是由于齐桓公相中了管仲后,就放手大胆使用他,并做到了绝对信任、大力支持,从而最终得以成就春秋霸业。

孟子也反复强调要信任贤能,不随意怀疑。他对弟子公都子说:"吾闻之也:有官守者,不得其职则去;有言责者,不得其言则去。"③意思是做了官却无实权,有好的意见建议却不被采纳,这样得不到信任还不如辞职离去。孟子指出鲁国之所以衰弱,正是由于鲁缪公对具备大德大才的子思,"悦贤而不能举,又不能养"④。可见,对于贤才不能不用,也不能勉强任用,而要尊重他们、信任他们、重用他们,只有这样国家才会大有希望。

荀子尤其强调君主不能犯用人之大忌,即"使贤者为之,则与不肖者规之;使知者虑之,则与愚者论之;使修士行之,则与污邪之人疑之"⑤。让贤人去做事,却和不贤的人去限制纠正他;让明智的人去谋划,却和愚蠢的人去评判他;让品德高尚的人去实施,却和品德低劣的人去怀疑他:这样贤才就会受到羁绊约束,将难以有所作为有所成就,而小人则会兴风作浪误国误民,贻害社稷政权。荀子进一步指出:"世之灾,妒贤能"⑥"士有妒友,则贤交不亲;君有妒臣,则贤人不至。蔽公者谓

---

① 《论语·宪问》
② 《说苑·尊贤》
③ 《孟子·公孙丑下》
④ 《孟子·万章下》
⑤ 《荀子·君道》
⑥ 《荀子·成相》

之昧，隐良者谓之妒，奉妒昧者谓之交谲。交谲之人，妒昧之臣，国之蘖孽也"①。如国君身边有一些奸邪诡诈之人、妒忌贤良的臣子，耳边听到的都是对忠臣贤良的诟议坏话，那么他就很难做到用人不疑，这对国家来说就是一种灾难。因此，作为一国之主，应慎重对待捕风捉影、别有用心的言论离间，做到"闻听而明誉之，定其当而当，然后士其刑赏而还与之"②。即利用奖惩刑赏以杜绝阴谋诡计流言蜚语，疏通进良言献妙计之渠道。只有真正做到了重用忠臣贤良，用之不疑，才可能实现国家富强，社稷稳定，民众幸福。

（三）宽以待人，不求全责备

俗话说：金无足赤，人无完人。传统儒家指出在使用贤才的过程中，切勿幻想使用对象完美无缺，而应把握主流、看其本质，注重大的方面，对贤才切忌百般挑剔，要宽恕忽略小过、重视大节，不求全责备。

孔子说："先有司，赦小过，举贤才。"③意思是给下级做好榜样表率，赦免犯了小错的人，不因小过失而责备人。他又说："故旧无大故，则不弃也。无求备于一人。"④这里孔子告诫统治者：对于所用贤才，不要求全责备，不能轻易撤换。因为是人就难免会犯错，只要所犯过错为小节，又勇于面对和改过，就应该给予改正机会、既往不咎，并给予信任继续使用。孔子还将君子与小人如何用才进行了鲜明对比：君子"及其使人也，器之"；小人"及其使人也，求备焉"⑤。意思是说，君子用人时能根据所用贤才的专长去分配安排工作任务；小人用人时则百般挑剔，求全责备：两者对待贤者的态度截然不同。孔子说："用人之知去其诈，用人之勇去其怒，用人之仁去其贪"⑥"成事不说，遂事不谏，既往不咎"⑦"君子尊贤而容众"⑧。在孔子看来，用才者对贤才既要尊重又要宽容，要扬长避短，对于他们所犯过失，只要无关大节，就应该既往不咎，尤其是一些小的过错失误，更不应斤斤计较求全责备。《论语·宪问》有载，大意是子贡认为管仲在公子纠被齐桓公杀了之后没有殉节，反

---

① 《荀子·大略》
② 《荀子·致士》
③ 《论语·子路》
④ 《论语·微子》
⑤ 《论语·子路》
⑥ 《孔子家语·礼运》
⑦ 《论语·八佾》
⑧ 《论语·子张》

而投靠桓公做齐国的国相,因此是犯了很大错误是极为不仁的。孔子却持相反意见,认为管仲辅助桓公九合诸侯、制服四夷、匡正天下,增进了人民的福祉,推动了社会发展,因此,尽管他有一些不良品质,诸如不知礼、不节俭、器量小,但这些仅是小节,不影响他成为优秀的政治家。可见,孔子对贤才的态度就是宽容不苛求。的确,尺有所短,寸有所长,看人要看大节。但这种宽也是有原则、有限度的。子夏说:"大德不逾闲,小德出入可也。"①意思是在德操大节上不要逾越仁德礼义的原则界限,细枝末节上有些出入是可以的,这也许是对孔子不把人当完人来苛求思想的最好诠释。

荀子也认为世上本无完人全才,人皆存在短板,故用人时要尽量发挥其所长,而不应求全责备。他说:"君子之所谓贤者,非能遍能人之所能之谓也;君子之所谓知者,非能遍知人之所知之谓也;君子之所谓辩者,非能遍辩人之所辩之谓也;君子之所谓察者,非能遍察人之所察之谓也:有所止矣。"②荀子甚至主张实行"兼术",他说:"君子贤而能容罢,知而能容愚,博而能容浅,粹而能容杂,夫是之谓兼术。"③就是说,作为一个君子,对别人要采取兼容并包的态度。

(四)考核评价,赏罚得当

先秦儒家十分重视用人过程中的考核评价环节。贤才被甄选出来授予职位后,其德能程度是否真正切合其级别官位,则需做进一步考核评价。在先秦儒家看来,对于做出政绩、有突出贡献的要给予奖励晋升,而对于没有政绩、"德不称位,能不称官"④的则要予以惩罚,甚至降职撤职,要把奖赏与惩罚作为进贤退不肖的基本措施。这种赏罚分明能上能下的思想构成了先秦儒家人事行政伦理思想的重要内容。

孔子主张通过实践来锻炼、考察、检验人才,谁是贤者君子,谁是庸者小人,只有经过试用,经过实践的洗礼才能真正见分晓。尤其难能可贵的是,孔子还指出要因人而异。国家建设、治理需要不同类型的贤才,因此,要用不同的实践活动考核评价不同类型的贤才。他说:"君子不可小知,而可大受也。小人不可大受,而可小知也。"⑤意思是根据考核对象的实际情况,区别对待,对于才能大的贤者要授予大任,用大事考验,对于才能小的则授予小任,用小事考验。考察贤才,不仅要注意其

① 《论语·子张》
② 《荀子·儒效》
③ 《荀子·非相》
④ 《荀子·正论》
⑤ 《论语·卫灵公》

平时言行，更要注重其在遇到事变、面临利害时的反应和作为。

孟子认为无论职位高低，都应该能上能下，"诸侯危社稷，则变置"①。君主一方面要选贤任能，另一方面要撤掉辞去那些不称职的官吏，做到对于有功者行赏，有过不改者则要易位或去之。孟子认同孔子将乡原视为"德之贼"，因为他们"同乎流俗，合乎污世；居之似忠信，行之似廉洁；众皆悦之，自以为是，而不可与入尧舜之道"②，告诫人们要警惕这些志大才疏、言行不一致的人。

荀子更是将能否做到言行一致作为考核评价的原则和依据。他说："口能言之，身能行之，国宝也。口不能言，身能行之，国器也。口能言之，身不能行，国用也。口言善，身行恶，国妖也。治国者敬其宝，爱其器，任其用，除其妖。"③在荀子眼里，有思想、有创见、能实干的贤者才是最优秀最宝贵的，乃国之大宝。荀子也重视、主张实施奖惩制度，他说："赏行罚威，则贤者可得而进也，不肖者可得而退也，能不能可得而官也。"④在管理中，赏罚是重要的进贤退劣的调节手段。对于那些通过考核的贤才要论功行赏、加官晋爵、委以重任，以调动其积极性发挥更大作用；至于那些无德无能的则要让其退出政治舞台。具有辩证思维的荀子还指出要奖惩有度，他说："赏不欲僭，刑不欲滥"⑤"无功不赏，无罪不罚"⑥。也就是说奖赏不能太多太广，刑罚应该慎重不能轻率滥用。

奖罚是重要的调节手段，要重奖那些德才兼备之人，充分调动其积极性，以发挥其应有作用。同时要坚持公平原则，根据实际情况实施奖惩，使贤能之人继续为国家贡献效力，使无德无能之人退出政治舞台。这样既能保证贤才队伍纯洁，又能使国家得到合理有效治理。

贤才是治国之本，但能否真正发挥其能力才干还有赖于环境、制度。也就是说，贤才能否尽其所能地发挥其效用，其中一个重要因素就是其所处的环境氛围。大到一个国家、政权，小到一个组织、团体，要想兴旺发达，在得到贤才之后，就应科学合理地予以使用，并做到尊重、爱护、信任，为其创造锻炼成长的机会，并对其实际表现、工作业绩进行考核评价，实现能上能下、能进能退。

---

① 《孟子·尽心下》
② 《孟子·尽心下》
③ 《荀子·大略》
④ 《荀子·国富》
⑤ 《荀子·致士》
⑥ 《荀子·王制》

第六章

先秦儒家行政伦理的制度设计

西周初期,周公姬旦制礼作乐,形成了一整套系统缜密的规范人们言论行为的典章制度,史称"周礼"。周礼是周公对远古尤其是夏殷以来治世经验的总结概括,是行为规范的总汇。它是对西周社会政治生活领域的一种制度安排,是涉及方方面面行为规范的制度集大成者,是当时被广泛遵循的行为准绳和价值标准。正如《礼记·经解》所言:"朝觐之礼,所以明君臣之义也;聘问之礼,所以使诸侯相尊敬也;丧祭之礼,所以明臣子之恩也;乡饮酒之礼,所以明长幼之序也;昏姻之礼,所以明男女之别也。"随着周王朝的分崩离析,历史进入大变革大动荡时期,政治结构和利益结构重新调整,周礼遭到严重挑战,礼崩乐坏、道德沦丧,违礼背礼现象屡见不鲜。《史记·太史公自序》有载:"春秋之中,弑君三十六,亡国五十二,诸侯奔走不得保其社稷者不可胜数。"作为生活在社会转型、伦理纲常严重失范时期的先秦儒家,他们一方面倡导通过德治仁政实现王道理想,另一方面积极构建落实政治理想的现实制度保障。

第一节　克己复礼为仁

面对礼崩乐坏、诸侯争霸的混乱政局,先秦儒家基于强烈的忧患意识和使命感,以重建社会政治秩序为己任,认真反思,不懈求索,指出正是由于人们对礼乐传统弃置不顾,才导致了灾难痛苦的降临。只有以周礼作参照,并对之进行损益,即取其精华,弃其糟粕,不断制定完善各项规章制度,才能重塑社会政治秩序,实现仁政善治。

先秦儒家的创始人孔子毕生孜孜不倦地致力于复兴传统礼乐文化。他出生在以推行周公之礼著称的鲁国。当时有"周礼尽在鲁矣"的说法。处于礼乐之乡的孔子,自幼就耳濡目染浓郁的礼文化,再加上其出身贵族,这种家世也向他提出了学习礼仪的要求。因此,孔子终身保持着对礼的浓厚兴趣,他不但广泛深入地研究有关礼的各种文献资料,还向社会上对礼研究造诣深厚的人们学习,《史记·孔子世家》就有"孔子适周问礼"的记载。晚年的孔子一边传道授业解惑,一边埋头编纂包括"礼"在内的六经,成为继周公姬旦之后的一代礼学大宗师。

孔子主张以礼求仁、仁与礼结合的行政管理治国模式。这种管理思路以仁为内在本质、价值目标,以礼为外在规范、工具手段。换句话说,仁是礼的内在价值依据,礼是仁的外在表现形式,两者相辅相成,密不可分。

一、仁学

"据粗略统计,《论语》一书中有 58 段文字讨论了仁,仁字共出现了 109 次,足见仁在孔子整个政治思想体系中的重要地位和作用。"[①]孔子论仁,看似杂乱无章,实则有着缜密的逻辑性。孔子深入人类的最原始最基本的血缘关系中来揭示仁的丰富内涵和精神实质。《中庸》指出:"仁者,人也,亲亲为大。"说明仁之起源与氏族血缘关系有内在直接关系。从以人类最天然的血缘关系为基础的自然情感中寻求最牢固最真实的伦理道德合理性根基,完成了由外在规范要求向内在道德自觉的价值转向。孔子将基于人的血缘亲情关系产生的孝悌这两种最本真的情感作为仁之根本,抓住了根本,就找到了分析解决问题的出发点,理论建构的大厦基础也即夯实。将最基本最天然的人伦之道即孝悌原则推而广之,便由关切具有血缘亲情关系之人自然地扩充拓展到关注社会上的一切他人。正如《论语·学而》中有子云:"其为人也孝弟,而好犯上者,鲜矣;不好犯上,而好作乱者,未之有也。君子务本,本立而道生。孝弟也者,其为仁之本与!""樊迟问仁。子曰:'爱人。'"[②]仁的延展过程同时也是德治仁政的现实政治实践之旅。孔子的仁学,其逻辑起点就是仁者爱人,通过中间环节的以礼求仁,最终实现天下归仁的根本价值目标。

孔子将仁视为个体不可能轻易达到的理想人格修养的最高境界。但他又认为仁虽然是一种较难达到的修养境界,却并非遥不可及。只要人们诚心诚意地修仁体仁,锲而不舍一以贯之,终有一天能达到这种仁的境界。因为仁之根源在于人自身,要靠认知主体的自愿自觉求索,非由外力来左右推动。

《论语》中关于仁的言论很多,但孔子没有对仁的本质作过多的阐述,更多的是他针对弟子的不同情况,因时因地不同而做的不同解答。仁的表现形式多种多样。

---

① 王杰:《先秦儒家政治思想论稿》,人民出版社 2011 年版,第 96 页。

② 《论语·颜渊》

譬如,当子贡问道:"如有博施于民而能济众,何如? 可谓仁乎?"①孔子答道:"何事于仁,必也圣乎! 尧舜其犹病诸! 夫仁者,己欲立而立人,己欲达而达人。能近取譬,可谓仁之方也已。"②当仲弓向孔子请教何谓仁时,孔子说:"出门如见大宾,使民如承大祭。己所不欲,勿施于人。在邦无怨,在家无怨。"③樊迟问仁时,孔子答:"居处恭,与人忠。虽之夷狄,不可弃也。"④此外,对于仁的阐述还有:"刚、毅、木、讷近仁"⑤"里仁为美。择不处仁,焉得知?"⑥"不仁者不可以久处约,不可以长处乐。仁者安仁,知者利仁"⑦等等。可见,孔子从不同的视角对何者为仁、仁者应何为、如何成仁进行了全面的阐述。仁的核心在于仁者爱人。溯源至理论之基,爱人源于政治意义上的敬民保民思想。那么,如何在现实层面实现人与人的和谐交往,孔子给出的答案是以爱人作为人际交往的前提和原则。由爱人产生的行为虽然多种多样,但可概括为两种:一种是由统治者推行的仁政,另一种是从个体角度而言的"己所不欲,勿施于人"。由爱人推导出的一系列内容,都体现出了孔子对于国计民生的深切关怀,以及对整个人类实现和谐全面发展的拳拳关注。

仁还派生出了一个重要的思想范畴,那就是义。当人们将调节血缘亲情关系的原则延伸推广到处理社会上的一般人际关系时,就产生了义。"仁者,义之本也"⑧"贵贵、尊尊,义之大者也"⑨"义者,宜也,尊贤为大"⑩"贵贵、尊贤,其义一也"⑪等等。这里的"贵贵""尊尊""尊贤"实乃同一含义。亲亲、尊尊是殷周以来两条重要的政治人伦原则。孔子将这两条原则纳入了自己的政治学说体系中。具体而言,将亲亲纳入仁的系统,亲亲即仁,以父权为核心,旨在维护宗法等级关系;将尊尊纳入义的系统,尊尊即义,以君权为中心,旨在维护君权至上、国家稳定。当两者产生矛盾发生冲突时,以君权为大,以君权的实现为优先选择。孔子总是将君父

---

① 《论语·雍也》
② 《论语·雍也》
③ 《论语·颜渊》
④ 《论语·子路》
⑤ 《论语·子路》
⑥ 《论语·里仁》
⑦ 《论语·里仁》
⑧ 《礼记·礼运》
⑨ 《礼记·丧服四制》
⑩ 《中庸》
⑪ 《孟子·万章下》

并称,希望建立一个"君君、臣臣、父父、子子"秩序井然和谐融洽的理想社会。在孔子看来,这样一个理想王国的构建,支点在于"克己复礼"。《论语·颜渊》中孔子说:"克己复礼为仁。一日克己复礼,天下归仁焉。"

二、礼论

孔子言说的礼,主要指周代的礼仪制度,简称"周礼"。孔子对周礼推崇备至,认为其是尽善尽美的。他说:"周监于二代,郁郁乎文哉! 吾从周。"①"甚矣吾衰也! 久矣吾不复梦见周公。"②孔子将恢复周礼作为自己终身奋斗的政治目标。

(一)周礼

孔子指出礼本身经历了一个长期的因革损益变迁过程。他说:"殷因于夏礼,所损益,可知也;周因于殷礼,所损益,可知也;其或继周者,虽百世可知也。"③孔子认为夏、商、周三代之礼一脉相承,殷商继承了夏朝的礼仪制度,周朝又继承了殷商的礼仪制度,但这种继承不是全盘接受,而是有所损益,即汲取了精华剔除了糟粕。西周初年,经过周公姬旦的自觉加工整理完善,周礼集其大成。周朝的礼仪制度十分系统完备,成为规范和调整社会政治生活方方面面的典章制度。小至民众日常生活的饮食起居、车马服饰,大到为政者的朝觐告聘、征伐盟会,周礼都对之进行了严密而详细的规定。周礼在当时对于社会政治生活所有领域皆发挥着巨大的规范作用,不仅关涉社会日常生活的有序化,更关涉建立政治运作的正常秩序,成为从上至下人人都必须恪守的根本大法。正如《礼记·曲礼》所言:"道德仁义,非礼不成;教训正俗,非礼不备;分争辩讼,非礼不决;君臣上下,夫子兄弟,非礼不定;宦学事师,非礼不亲;班朝治军,莅官行法,非礼威严不行;祷祠祭祀,供给鬼神,非礼不诚不庄。"作为处于上位的贵族统治阶层,在孔子看来,他们对于礼的遵循恪守尤为重要,是一种高度的政治责任。他们对礼的遵循与否直接决定着社会政治秩序状况。

春秋以降,诸侯纷争,各种僭越违礼行为屡见不鲜,孔子对此深恶痛绝,大加鞭挞。当他听说鲁国的仲孙氏、叔孙氏及季孙氏三家在祭祖时僭用天子之礼、唱《雍》诗时,极为愤怒,谴责他们不该如此行为。当季氏僭用天子的八佾之舞时,他更是

---

① 《论语·八佾》
② 《论语·述而》
③ 《论语·为政》

发出了"是可忍也，孰不可忍也"①的怒吼。与这些僭越背礼行为不同的是，孔子则时时、处处、事事循礼而行。他"出则事公卿，入则事父兄，丧事不敢不勉，不为酒困"②。对于他的学生，他也按照礼的规定来要求他们。当子贡认为每月初一告祭祖庙的活羊可去而不用时，他明确表示反对。

（二）礼与仪

先秦儒家十分重视对礼的起源的探讨。对礼的本源的洞察，不仅涉及对礼的产生、发展的规律性认识，还涉及对礼之所以存在的价值依据之把握。孔子一方面认为礼经历了一个因革损益的变迁过程，另一方面，他还指出制礼作乐绝非常人所能完成的伟大事业，唯有先王圣人才能担当如此重任。他说："夫礼，先王以承天之道，以治人之情，故失之者死，得之者生。"③然而先王圣人也是人，归根结底，礼是人制定出来的，是先王圣人的智慧结晶，是他们治事经验的总结概括。那么，礼何以能规范人们的行为？《礼记·礼运》的"夫礼之初，始诸饮食"作了解答，礼最初形成于人们的饮食行为之中，与原始初民的衣食住行等风俗习惯密切相关。可见礼之正当性在于其根源于自然秩序。礼制与习俗密切相关，圣人之礼来源于百姓之俗，孔子倍加推崇的周礼正是周公姬旦将远古以来至殷商的礼仪制度加以大规模改造、整合及完善的结果。

礼制来源于俗，但与俗又有着本质区别。在初民社会，人们以生活中自然积淀而成的风俗习惯来调节相互之间的关系，以维系起码的社会生活秩序。在进入阶级社会以后，初民社会中那种平等互助的经济基础已经丧失，为了维护以等级性为特征的社会机构和秩序，人们不得不对古老的风俗习惯加以改变和发展，使之形成一套完整的规则和制度体系，"故天子有田以处其子孙，诸侯有国以处其子孙，大夫有采以处其子孙，是谓制度"④。到了西周，统治者在继承古礼的同时，深感先代之礼已不能完全起到在社会生活的各种关系中制约人的作用，于是便将礼扩展成为吉、宾、军、嘉等各种礼制，使之发展成为在社会政治制度、个人的伦理道德行为等各个领域产生影响的规范系统，对社会生活的各个领域进行全面的干预⑤。

荀子以人性恶为基础，探讨了礼的起源。他也认同礼是由先王圣人而制，制礼

---

① 《论语·八佾》

② 《论语·子罕》

③ 《礼记·礼运》

④ 《礼记·礼运》

⑤ 赵明：《先秦儒家政治哲学引论》，北京大学出版社 2004 年版，第 127 页。

的目的在于制欲止乱。基于对人性恶的认识，他指出，人有两种欲望：一是来自本能的自然欲望，这就是"目好色，耳好声，口好味，心好利，骨体肤理好愉佚，是皆生于人之情性者也"①。二是社会欲望，即对名利富贵权势的渴求，他说："夫贵为天子，富有天下，名为圣王，兼制人，人莫得而制也，是人情之所同欲也。"②这两种欲望如不加遏制，任其发展，将会不断膨胀，而世间财物资源却十分有限，如此便会形成各种争夺抢占，进而导致天下大乱，荀子精辟地概括为："欲恶同物，欲多而物寡，寡则必争矣。"③因此，先王圣人制礼来调节人的欲望与有限资源之间的矛盾，对人们的行为活动进行规范约束，将人们的无穷欲望控制在合理限度，从而保证生产生活正常运转，社会政治秩序处于常态。概而言之，"人生而有欲，欲而不得，则不能无求，求而无度量分界，则不能不争。争则乱，乱则穷。先王恶其乱也，故制礼义以分之，以养人之欲，给人之求，使欲必不穷乎物，物必不屈于欲，两者相持而长，是礼之所起也"④。

通过对礼的起源、形成、发展和演变的研究探讨，可以洞察礼的本质，礼重在预防作恶，引领人向善，孔子说："性相近也，习相远也。"⑤人性若脱离了礼制的约束规范，将难以逾越动物性而向善。

作为各种典章制度的礼，往往通过举行各种礼节仪式来体现，这些礼节仪式就是礼的外在表现形式，就是仪。周朝的统治者贵族阶层尤其讲究礼仪，许多礼的实施如朝觐、军事、婚丧嫁娶等都各有一套严格的礼节仪式，通过礼仪的举行，以体现上下尊卑等级关系。春秋时期，礼和仪的分离日益成为一种趋势：一方面周礼在维护等级制的权威性上日趋衰落，另一方面礼的外在表现形式即仪却越加繁盛。鉴于社会上对礼的形式的重视却忽视礼的本质，孔子极力反对这种本末倒置现象，主张礼应回归其根本而不应徒具形式。他认为："人而不仁，如礼何？人而不仁，如乐何？"⑥如果失去了仁心，即使还维持着礼仪的形式，那又有什么意义呢？当然，孔子也没有完全忽略仪的作用，认为仪在日常社会政治生活中也是不可少的。在坚持礼的本质前提下，对礼的外在表现形式可以做了适当调整变革。

---

① 《荀子·性恶》
② 《荀子·王霸》
③ 《荀子·富国》
④ 《荀子·礼论》
⑤ 《论语·阳货》
⑥ 《论语·八佾》

（三）礼与乐

广义的礼包含乐，但狭义的礼与乐有区别、有不同。礼主别，礼是典章制度；乐主和，乐是礼的内在精神体现。如果说礼是一种外在规范体系，其功能在于调节人际关系，维持社会政治生活秩序，那么，乐是一种内在规范，其作用在于塑造构建个体内心的精神秩序。

礼乐在西周时期已经逐渐淡化了夏商期间的政治宗教性神秘色彩，彰显了政治的人性价值。人们在举行礼仪的过程中，不是仅按照事先规定的程序步骤机械地施礼行礼，而是能予以欣赏享受，产生愉悦的心理感觉，进而将具有强制性特征的外在规范转化为一种内在的精神需求，随之人性品质也得到陶冶提升。儒家先哲之所以赞赏周礼，原因主要在于，在周代的礼乐文化世界里，人不是像动物性欲望支配的对象那样，仅仅是受礼所摆弄的对象，而是最终完成礼，使礼的人性意义得以展示的伟大主体。人们在认同和遵守由礼仪形式所显示出来的各种社会关系的差别以及种种社会行为规范之时，既感受到必须服从的威严，又感受到自己在人格上所受到的尊重，遵礼不再是无奈的屈从，而是心灵的归服①。

礼是别异、辨异的，乐是和同、合同的。荀子也一针见血地指出了礼乐的区别及联系，他说："乐合同，礼别异；礼乐之统，管乎人心矣。"②《礼记·乐记》说："乐者为同，礼者为异。同则相亲，异则相敬。乐胜则流，礼胜则离。"礼确立了等级制度，等级制度易于造成人际关系的疏离紧张，而以乐辅之，则消解了这种对立，使得等级制度得以巩固不至于崩解。同时礼作为一种外在规范，具有一定的强制性，是一种他律，以乐辅之，则能由一种庄严的外在规定转化成人们的内心需求，进而使人自觉自愿地遵循，完成由他律到自律的转化。礼的功能得以实现并非轻而易举，先秦儒家对此进行了深入思考探究，将解决路径引向了人的内在心理、情感和精神追求方向。的确，如果离开人的内在精神世界的考量、真正属于人的世界，是不现实的。礼是人类世界独有的东西，但如没有乐化，就仅仅是一种赤裸裸的压迫强制，无异于动物生存的欲望和本能法则。而将礼援之于乐，则将礼进行了人性化、情感化和内在化的改造提升，将自然与人文连接贯通，将外部灌输和内部熏陶相辅相成，使人们心悦诚服地接受认同礼乐文化的熏陶教化。正如孔子所言："移风易俗，

---

① 赵明：《先秦儒家政治哲学引论》，北京大学出版社 2004 年版，第 123-124 页。

② 《荀子·乐论》

莫善于乐；安上治民，莫善于礼"①"君子明于礼乐，举而错（措）之而已。……君子力此二者，以南面而立，夫是以天下大（太）平也"②。

先秦儒家将对传统礼乐精神的阐释与社会政治生活秩序的重建结合起来，为通过恢复周礼建构秩序奠定了内在价值依据，凸显了礼乐对个体的心理情感和精神气质变化的基础作用。他们强调礼乐以仁或善为精神内涵，希望通过礼乐，使人们自觉自愿地接受教化，在内心深处培育提升其仁爱精神，还要求人们恪守礼乐求仁向善的本质属性去循礼作乐。正如《礼记·乐记》所指出的："礼乐不可斯须去身。致乐以治心，则易直子谅之心油然生矣。易直子谅之心生则乐，乐则安，安则久，久则天，天则神。天则不言而信，神则不怒而威。致乐以治心者也，致礼以治躬则庄敬，庄敬则严威。心中斯须不和不乐，而鄙诈之心入之矣。外貌斯须不庄不敬，则易慢之心入之矣。故乐也者，动于内者也；礼也者，动于外者也。乐极和，礼极顺，内和而外顺，则民瞻其颜色而弗与争也，望其容貌而民不生易慢焉。故德辉动于内而民莫不承听；理发诸外而民莫不承顺。故曰：致礼乐之道，举而错之天下无难矣。"通过观瞻一个社会的礼乐状况，可了解其人心向背、社会风貌及国势兴衰，正所谓："故观其礼乐，而治乱可知也。"③

三、仁体礼用

先秦儒家行政伦理思想体系的制度保障是礼制。孔子一生以恢复周礼为己任，但其并非完全复古，他对周礼的一贯态度是有继承，更有扬弃、发展和创新。孔子的最大贡献是将礼纳入仁的范畴，以仁为本，以礼为用，以礼求仁，从而一方面为礼找到了其存在发展的价值性依据，另一方面也为仁落实了践履的现实路径。正如王杰先生所言："孔子通过对殷周以来的礼制思想进行根本性的诠释与改造，为传统礼制思想寻找到了内在的价值依据，由于孔子援仁入礼，纳仁入礼，以仁释礼，使礼具有了内在的价值依据，使礼的政治功能发生了极大的改变，从而使之建立在仁的价值基础之上。"④

（一）复礼

随着周王室的衰微，原来的社会政治格局逐渐被打破，各种社会矛盾日益显现

---

① 《孝经·广要道》

② 《礼记·仲尼燕居》

③ 《礼记·礼器》

④ 王杰：《先秦儒家政治思想论稿》，人民出版社 2011 年版，第 123 页。

突出,周礼遭到极大冲击,已不能维系社会政治结构的和谐平衡及宗法等级制度的存续。天子失政,诸侯攻伐,"世衰道微,邪说暴行有作,臣弑其君者有之,子弑其父者有之"①。历史进入了礼崩乐坏,"礼乐征伐自诸侯出"②的时代。身处社会转型期的孔子,深切地感受到传统礼乐文化所面临的困境。具有强烈政治抱负的孔子,通过对三代以来礼乐政治文化的系统梳理及研究考察,提出了恢复周礼的主张,认为只有重树礼的权威,才能扭转混乱时局,使社会政治生活走向圆融有序。当然,作为一代圣人和礼学大宗师,孔子并不主张照抄照搬周礼,毕竟历史的车轮已经滚滚向前,当时人们所处的客观环境及个体的思想观念也迥异于周公所处的时代。因此,在坚持周礼基本原则和宗旨的前提下,必须有所损益。孔子正是本着这种态度,对周礼进行了合理继承和大胆创新。孔子认为,为了使现存社会制度处于一种不犯上作乱,君臣父子夫妇兄弟朋友各守其分、各尽其责的理想状态,必须依据社会发展的现状,从根本上寻找一种既能够补充和完善旧礼的不足,又能从人性、人伦自身及宗法制存在的根基上来说明现存社会制度合理必然性的学说。孔子认为,只有回归到人类最本质最原始的自然情感中,回归到以血缘关系为最基础最质朴的亲情关系中,以寻找潜存在人类原始基因中的道德因子,从人性内部挖掘符合人性的道德原则,才是解决所有矛盾冲突的唯一办法,这就是孔子的援仁入礼、以仁释礼的新的诠释方法③。这也是孔子对周礼进行的具有突破性意义的变革创新。至于先秦儒家的另一位重要的代表人物孟子,在继承孔子思想的基础上更是前进了一大步,提出了"辞让之心,礼之端也"④的观点。其认为人心天生就具有仁爱善良的种子,而这也正是礼的发轫。孟子极力彰显了孔子仁学的政治哲学内蕴,扩而充之为系统缜密的仁政学说,而实现仁政的制度设计就是礼,即一系列的典章制度和礼节仪式。礼是现实社会政治制度和人的内在规定性的统一,是道德意义和政治价值的合体。

（二）克己

先秦儒家的克己不是空泛地关涉个人的一般道德修养,而是有着极为明确的政治含义的。克己就是做到克制自己非礼的欲望企图,是一种政治意识的自我修

---

① 《孟子·滕文公下》
② 《论语·季氏》
③ 王杰:《先秦儒家政治思想论稿》,人民出版社 2011 年版,第 121 页。
④ 《孟子·公孙丑上》

养锤炼,目的在于通过对礼的践履实现仁,构建一种和谐顺畅的社会政治秩序。那么,谁最需要最应该克己,是普通的庶民百姓还是居于上位的为官为政者?传统儒家给出了答案。据《孔子家语·问礼》记载,哀公向孔子问礼,孔子说:"丘闻之,民之所以生者,礼为大。非礼则无以节事天地之神焉,非礼则无以辨君臣上下长幼之位焉,非礼则无以别男女父子兄弟婚姻亲族疏数之交焉。是故君子以此为之尊敬,然后以其所能教顺百姓所能,不废其会节。"孔子在这里指出了建立、维护礼制的关键所在,那就是贵族统治者阶层能否做到克己。在先秦儒家那里,克己是一个具有鲜明针对性的政治实践问题,而非单纯的个体道德修养的泛泛而论。礼崩乐坏、天下大乱的根本原因就在于为官为政者不遵循礼制规范,行为恣意、胡作非为,放纵私欲、贪婪窃取,从而颠覆了原有的政治格局、礼制秩序。因此,解铃还须系铃人,拯救礼制秩序的关键还是在于破坏秩序的始作俑者统治者集团,只有他们能做到克己制欲,以礼规范控制约束自己的社会政治行为,成为遵礼守制的楷模榜样,才能引导带动黎民百姓,使之受到感染同化,从而自觉恪守礼制规范。可见,先秦儒家睿智地抓住了复礼求仁的关键枢纽,那就是上层统治者的以身效法、以身践礼、以身作则!

（三）为仁

孔子说:"克己复礼为仁,一日克己复礼,天下归仁焉。"①克己复礼是为了行仁,只有遵照礼的规定要求来行事才能达到仁的境界。孔子阐述的仁主张要维护发展平民百姓的利益,体现了他对人民大众的重视,是一种典型的民本思想。孔子本着中庸原则,恰当地处理了仁与礼的关系。在他看来,仁是抽象的道德原则,礼是现实的社会政治制度,两者互为条件,相辅相成。仁居于主导地位,礼处于从属地位。仁是礼的内在依据和精神内涵,礼是仁的外在表现形式和有力保障。建构礼制的目的在于实现仁,仁是最终目标,礼是一种达仁的手段。换句话说,就是以礼体政,以礼求仁,仁体礼用。可见,孔子通过援仁入礼,实现了礼与仁的有机结合,从而奠定了礼的合法性基础,开启了以礼求仁的现实路径。

《中庸》曰:"仁者人也。"行政管理离不开人,人是行政管理活动的中心和主体,尊重人的价值和尊严是行政管理的前提条件之一。行政管理的终极目标是完善人,达到安人、人和。因此,作为为官为政者,首先一条,就是要做到尊重爱护管理对象,也只有做到仁爱,才能缓解管理者与被管理者的矛盾冲突,实现有效沟通,

---

① 《论语·颜渊》

提高行政效率,实现行政目标。有效行政的强有力保障是礼。孔子说:"道之以德,齐之以礼,有耻且格。"①意思是以道德来教化民众,以礼仪来约束民众,人们不但有廉耻之心,而且能心悦诚服。礼是德的外在形式,德是礼的实质内容,德、仁以一套完整的礼仪制度来体现。所谓礼治,实际上是一种制度管理模式。这种礼涵盖社会政治制度与伦理道德规范双重内容。先秦儒家高度肯定了在社会管理中制度化的礼的重要作用。在他们看来,礼是区分亲疏远近、地位高下的依据,礼能规定社会分层及分工,明确责权利,为的是建立和谐有序的社会管理系统。礼重在他律,仁或德重在自律,仁礼结合意在既注重道德的自觉自律,发挥其内驱力,也不忽视礼的外在指导约束。孔子指出"不学《礼》,无以立"②,只要社会成员尤其是为官为政者依照礼来规范行为举止,化礼的外在约束为内在要求,将他律转化成自律,社会就能实现稳定祥和、一派繁荣。

第二节　礼的社会政治功能

先秦儒家所推崇的礼既是治国安邦的根本制度,又是调节社会人际关系的基本规范,还是个人修养及行为举止的基本原则,涵盖了政治、经济、文化、外交等所有领域,对社会政治生活方方面面皆发挥着巨大的作用。先秦儒家对礼的社会政治功能进行了详尽具体的分析阐述。

一、经国家定社稷

先秦儒家高度肯定了礼在治国安邦中的根本性作用。孔子说:"礼,经国家,定社稷,序民人,利后嗣者也。"③他将礼作为救世的良方,在与子路、曾晳、冉有等弟子言志时反复强调要"为国以礼"。礼通过对社会政治层面一切活动的严格周详规定发挥巨大作用,从朝觐告聘到征伐盟会,从射御宴饮到冠婚丧祭,从车马服饰到饮食起居,从进退揖让到诗词歌舞等都有礼的细致具体规定。礼不仅调节、制约、维系着亲疏长幼及上下尊卑关系,更是一种保障社会政治结构秩序正常的运作机制。正所谓:"礼之于正国也,犹衡之于轻重也,绳墨之于曲直也,规矩之于方圆

① 《论语·为政》
② 《论语·季氏》
③ 《左传·隐公十一年》

也。"①礼是治国的根本，统治者只有以礼为国，本着礼的基本原则执政为政，才能保证国家的长治久安。正如《礼记·仲尼燕居》所言："礼之所兴，众之所治也。礼之所废，众之所乱也。"

身处动荡不安的现实社会政治环境，孔子认为，只有恢复礼的权威，发挥礼的作用，才能遏制当时那种礼崩乐坏的混乱局面，才能杜绝"礼乐征伐自诸侯出"②的僭越行径，才能建立"君君，臣臣，父父，子子"③的和谐秩序。在传统社会，礼的实质在于通过正名别异，使人们尊卑有别、上下有序、各安其位、各尽其职、和谐共处。孔子指出，春秋以降的混乱局面总根源在于礼的正名别异作用遭到破坏蚕食。一般而言，周礼在西周时期基本上切合当时的生产力发展水平和社会经济发展状况，礼之名与礼之实基本相符合。尽管周礼的政治地位辨异分层制将人们分为三六九等，使得社会在长幼、尊卑、贵贱、嫡庶、昭穆及大小宗等方面都有严格的界限，但名实关系基本上相符，也得到人们的实际认可，因此，社会结构呈现稳定平衡状态，社会政治运行没有出现较大的曲折波动。春秋时期，周礼所依据的社会政治基础发生了巨变，其凝聚力、约束力遭遇严峻挑战，其维系人心的力量日渐衰微，其一系列的规定名存实亡、可有可无，曾经被视为僭越违礼的行为却频繁出现。针对这种名实不符、名实混乱现象，孔子提出了以礼正名辨异的思想，他说："名不正则言不顺，言不顺则事不成，事不成则礼乐不兴，礼乐不兴则刑罚不中，刑罚不中则民无措手足，故君子名之必可言也，言之必可行也。君子于其言，无所苟而已矣。"④《礼记·昏义》也说："礼之大体，而所以成男女之别，而立夫妇之义也。男女有别，而后夫妇有义；夫妇有义，而后父子有亲；父子有亲，而后君臣有正""民之所由生，礼为大，非礼无以节事天地之神也，非礼无以辨君臣、上下、长幼之位也，非礼无以别男女、父子、兄弟之亲，昏姻疏数之交也"⑤。孔子对礼的张扬，其目的就在于使礼的这种别男女、辨君臣的功能得到发挥，使得君恪守君的本分，臣恪守臣的本分，及人人皆能名副其实、安居其位、各尽其职。正如赵明先生所言："先秦儒学的基本使命其实在于通过'正名'而昭示重建礼制秩序的方向和意义。"⑥

---

① 《礼记·经解》

② 《论语·季氏》

③ 《论语·颜渊》

④ 《论语·子路》

⑤ 《礼记·哀公问》

⑥ 赵明：《先秦儒家政治哲学引论》，北京大学出版社 2004 年版，第 13 页。

　　孟子也认为礼对于国家治理异常重要,指出礼关乎国家的存亡。他说:"城郭不完,兵甲不多,非国之灭也;田野不辟,货财不聚,非国之害也。上无礼,下无学,贼民兴,丧无日矣。"①也就是说,城墙不坚固、兵甲不充足、田地不开垦、物资不富裕,这些都称不上国家的灾难,但如果统治者荒废礼制,不遵循礼义治国,那么民众就得不到教化,不轨之民就会猖獗,国家离沦丧也就不远了。荀子更是反复论证、强调以礼治国为政的重要性。他说:"礼者,政之挽也。为政不以礼,政不行矣"②"人无礼则不生,事无礼则不成,国家无礼则不宁"③"彼国者,亦有砥厉,礼义节奏是也。故,人之命在天,国之命在礼"④"国无礼则不正。礼之所以正国也,譬之犹衡之于轻重也,犹绳墨之于曲直也,犹规矩之于方圆也,既错之而人莫之能诬也"⑤"礼者,治辨之极也,强国之本也,威行之道也,功名之总也"⑥。和孔子一样,荀子也看到了礼在正名辨异、明分使群中的作用。在《荀子·王制》中,他说:"人生不能无群,群而无分则争,争则乱,乱则离,离则弱,弱则不能胜物",而"分莫大于礼"。⑦分由礼来规定、体现,礼确定了人们在社会中的地位等级,决定了社会中各色人等对生产生活物质资料的分配份额。礼是社会分工的依据和保障,起着调节人与人、人与社会关系,维护社会政治秩序正常的作用。

二、协调人际关系,维持社会秩序

　　礼在社会政治生活中发挥着调节人际关系、维护社会秩序正常和谐的强有力作用。传统儒家尤其强调统治者自身尊礼循礼的重要性。在《论语·八佾》中,孔子说:"君使臣以礼,臣事君以忠""居上不宽,为礼不敬,临丧不哀,吾何以观之哉"。《论语·里仁》中,他说:"能以礼让为国乎?何有?不能以礼让为国,如礼何?"在《论语·雍也》中,他说:"约之以礼,亦可以弗畔矣夫!"孔子还十分重视家庭层面的父子之礼,他说:"生,事之以礼;死,葬之以礼,祭之以礼。"⑧

　　孟子亦指出,居于上位的贵族统治阶层应该以礼的规定作为言行的标准。他

---

① 《孟子·离娄上》
② 《荀子·大略》
③ 《荀子·修身》
④ 《荀子·强国》
⑤ 《荀子·王霸》
⑥ 《荀子·议兵》
⑦ 《荀子·非相》
⑧ 《论语·为政》

说："礼，朝廷不历位而相与言，不逾阶而相揖也。"①当万章向他请教士为什么不投靠诸侯生活时，他回答道："不敢也。诸侯失国，而后托于诸侯，礼也；士之托于诸侯，非礼也。"②意思是贵族如落难，应严格遵循礼的原则决定自己去向。孟子还提出了君子在何种情况下可以做官的建议，那就是根据接待的礼节程度。《孟子·告子下》记载了陈子咨询孟子古代在何种情境下君子可以为官。孟子说："所就三，所去三。迎之致敬以有礼，言将行其言也，则就之；礼貌未衰，言弗行也，则去之。其次，虽未行其言也，迎之致敬以有礼，则就之；礼貌衰，则去之。其下，朝不食，夕不食，饥饿不能出门户，君闻之，曰：'吾大者不能行其道，又不能从其言也。使饥饿于我土地，吾耻之。'周之；亦可受也，免死而已矣。"③孟子认为当官有三种情况，辞官也有三种。如君主恭敬有礼又言听计从就当官；如果君主虽没有采纳自己的意见建议，但始终以礼待之，也可以当官；最差的情况是为了解决温饱问题，接受君主的周济而当官。

荀子充分肯定了礼在维护社会秩序中的决定性作用。他说："礼者，贵贱有等，长幼有差，贫富轻重皆有称者也。"④他还指出："礼者，断长续短，损有余，益不足，达爱敬之文，而滋成行义之美者也。"⑤荀子也看到了贵族统治阶层在身体力行礼时的强大示范带动效应，强调他们应该首先成为施礼义的模范。他还从反面论证了君主隆礼义的重要性。他说："大国之主也，不隆本行，不敬旧法，而好诈故，若是，则夫朝廷群臣亦从而成俗不隆礼义，而好倾覆也。朝廷群臣之俗若是，则夫众庶百姓亦从而成俗不隆礼义，而好贪利矣。"⑥居上位者不尊礼循法，肆意妄为，那么就会上行下效，朝廷群臣效法君主，庶民百姓效法为官为政者，那么整个国家社会都将不隆礼义，天下就会大乱，国家离倾覆也就不远了。

三、个体自我修养安身立命

在先秦儒家看来，礼不仅仅在社会政治生活中发挥着巨大的作用，它对于个体的自我修养及安身立命也起着至关重要的规范引导作用。先秦儒家之重礼是因为他们强烈地意识到礼不但具有外在规范功能，而且具有内在价值要求特征。礼的

---

① 《孟子·离娄下》
② 《孟子·万章下》
③ 《孟子·告子下》
④ 《荀子·富国》
⑤ 《荀子·礼论》
⑥ 《荀子·王霸》

内在本质和功能特征决定了其在个体修养中的重要作用,也决定了学礼、践礼者在社会政治生活中的身份地位。孔子认为,学习和运用礼是个体修养身心和安身立命的根本条件。他说:"兴于《诗》,立于礼,成于乐"①"不学礼,无以立"②"不知礼,无以立也"③。正如葛兆光先生指出的:"因为他很明确地意识到,礼仪不仅是一种动作、姿态,也不仅是一种制度,而且它所象征的是一种秩序,保证这一秩序得以安定的是人对于礼仪的敬畏和尊重,而对礼仪的敬畏和尊重又依托着人的道德和伦理的自觉,没有这套礼仪,个人的道德无从寄寓和表现,社会的秩序也无法得到确认和遵守。"④值得一提的是,在如何践礼的现实具体问题上,孔子也给出了意见建议,那就是要做到非礼勿视、勿听、勿言、勿动。

孟子在论及个人的身心修养时认为"言非礼义,谓之自暴也"⑤,他还形象地指出:"夫义,路也;礼,门也。"⑥礼是个体成为君子的必经之门,是个体道德修养的基本内容。可见,孟子非常重视礼在个体修养中的根本作用。尤其可贵的是,孟子对礼的理解和运用还注重权变,不死板教条。我们从《孟子》中的一段对话可窥斑见豹:"淳于髡曰:'男女授受不亲,礼与?'孟子曰:'礼也。'曰:'嫂溺,则援之以手乎?'曰:'嫂溺不援,是豺狼也。男女授受不亲,礼也;嫂溺,援之以手者,权也。'"⑦可见,孟子强调遵循礼而行为,但又不拘泥僵化,认为要善于权变,针对特殊情况要特殊对待。毕竟礼之根本在于服务于人,是为了人的生存和发展。因此,对于礼的态度应该是在坚持其原则精神的前提下,要因时因地因事制宜。否则,正如《孟子·尽心上》所指出的:"犹执一也,所恶执一者,为其贼道也,举一而废百也。"⑧

依据性恶论,荀子指出礼存在的价值在于制欲止乱,礼是实现个体善的主要手段,善是最终目的。他说:"人之性恶,其善者伪也。"⑨人性天生是恶的,因此要用

---

① 《论语·泰伯》

② 《论语·季氏》

③ 《论语·尧曰》

④ 葛兆光:《中国思想史(第一卷):七世纪前中国的知识、思想与信仰世界》,复旦大学出版社 2005 年版,第 93 页。

⑤ 《孟子·离娄上》

⑥ 《孟子·万章下》

⑦ 《孟子·离娄上》

⑧ 《孟子·尽心上》

⑨ 《荀子·性恶》

礼来规范人的言行举止。"圣人制礼,凡礼义者是生于圣人之伪,非故生于人之性也"①,礼是由圣人制定出来用于教化民众的。因此作为个体,在进行修身时要用礼来端正身心,正所谓"礼者,所以正身也""故学也者,礼法也"②。个体要学习的对象就是礼乐法度。学习礼不能仅满足于知晓,停留在言语意识层面,还要身体力行付诸实践,"礼者,人之所履也"③。荀子还指出了君子言行举止贵在符合礼义,他说:"君子行不贵苟难,说不贵苟察,名不贵苟传,唯其当之为贵。"④意思是只有君子行事、言论、名声符合礼义时才是最为可贵的。荀子还将礼作为人区别于动物的重要标志。他曾从多方面分析论证了人与动物的不同,而最根本的区别在于礼为人类独有。他说:"人之所以为人者,非特以其二足而无毛也,以其有辨也。夫禽兽有父子而无父子之亲,有牝牡而无男女之别,故人道莫不有辨。"⑤此处的"辨"就是礼的基本功能。

第三节　隆礼重法

先秦时期,百家争鸣,面对动荡政局,诸子纷纷向君王建言献策,以图国富民强。在国家治理方面,当时最突出、最有影响力的是礼治和法治两种治国方略。这两种治国方略关系、地位、作用如何? 谁优谁劣? 这些问题引起了众多学派的讨论和关注,但最后真正形成礼法之争的只有儒、法两家。儒家提倡以礼治国,重德教;法家倡导以法治国,重刑罚。儒法之争的前期,孔子力倡礼治,但也不完全排除法的作用,认为治国应德主刑辅。到了战国中期,礼法之争进入白热化,这时儒家以孟子为代表,法家以商鞅为代表,两派展开了针锋相对的激烈论争。被冯友兰称为"软心的哲学家"的孟子主张行"不忍人之政"的仁政,希望能"省刑罚"。而商鞅则反对礼治,甚至视儒家的思想学说为"六虱"。随着论争的深入展开,以及两种治国方略在现实政治实践中的实际运用,礼、法的各自优势及短处日益得以显露,人们对两者关系的认识把握也更加清晰准确。到了战国后期,礼法之争渐趋缓和,儒家大师荀子站在更高的起点,以礼为本,批判性地吸收了法家的合理性因素,提出了

---

① 《荀子·性恶》
② 《荀子·修身》
③ 《荀子·大略》
④ 《荀子·不苟》
⑤ 《荀子·非相》

隆礼重法的真知灼见。正如有学者所指出的:"荀况思想的主要特征与贡献便是冶礼、法于一炉,使儒、法两家趋于合流"①"他不仅改造了孔孟的礼治,而且还修正了法家的法治,并把本来是水火不容、冷眼相向的东西,在新的理论框架上融为一体,成为儒法合流、礼法统一的先行者"②。荀子的隆礼重法思想对后世产生了极为深远的影响,为历代传统社会的封建统治者所看重。清末思想家谭嗣同曾指出:"二千年来之学,荀学也。"③

一、礼法之争

先秦时期的礼法之争由郑国的子产铸刑书拉开了序幕。西周时期奴隶主贵族统治阶级有意不公开法律,他们认为刑律不为民众所知晓,能起到威不可测的作用,也为任意执法留下了操作空间;同时,礼是当时治国理政的根本原则,如公开法律,以法断事,贵贱有等的社会秩序就将受到冲击。因此,当郑国子产铸刑书公布成文法时,一片哗然,反对声不绝。晋国大夫叔向首先发难批评:"昔先王议事以制,不为刑辟,惧民之有争心也。……民知有辟,则不忌于上。并有争心,以征于书,而徼幸以成之,弗可为矣""民知争端矣,将弃礼而征于书。锥刀之末,将尽争之。乱狱滋丰,贿赂并行。终子之世,郑其败乎?"④这里的"辟"就是成文法。子产则予以反驳,指出铸刑书的目的是拯救郑国。他说:"侨不才,不能及子孙,吾以救世也。既不承命,敢忘大惠!"⑤的确,子产铸刑书旨在救世,他虽然重视礼,但也深刻地洞察到治国仅凭礼一种手段还是不够的,因此他开始了对另一种手段的尝试,将目光转向了法。

公元前513年,历史再度重演,晋国当权者赵鞅等铸造刑鼎,以公布范宣子的刑书。孔子进行了猛烈抨击,他说:"晋其亡乎! 失其度矣。……今弃是度也,而为刑鼎,民在鼎矣,何以尊贵? 贵何业之守? 贵贱无序,何以为国? ……晋国之乱制也。"⑥这里的度其实就是孔子所强调的礼。在孔子看来,礼治能保证社会政治阶层划分有序,人们各安其位,言谈举止严格遵循礼仪规范,这样就能形成和谐有序的圆融环境。而晋国铸造刑鼎,以法治国,必将打破贵贱有等秩序,造成混乱纷争,

---

① 杨鹤皋:《中国法律思想史》,北京大学出版社2000年版,第71页。
② 武树臣:《儒家法律传统》,法律出版社2003年版,第73页。
③ 谭嗣同:《谭嗣同全集》,中华书局1981年版,第337页。
④ 《左传·昭公六年》
⑤ 《左传·昭公六年》
⑥ 《左传·昭公二十九年》

后果不堪设想。当然，孔子也不是绝对否认刑法的作用，睿智的先贤圣人也意识到法的作用，他所极力反对的是完全忽视甚至放弃礼，而只凭借法这一种手段的作为。他也曾经指出："善哉！政宽则民慢，慢则纠之以猛，猛则民残，残则施之以宽。宽以济猛，猛以济宽，政是以和。"①不可否认，德主刑辅是他的一贯主张，正如他所指出的："道之以政，齐之以刑，民免而无耻。道之以德，齐之以礼，有耻且格。"②

法家主张法治，认为法治能保障公平公正。管子将法比作尺寸、绳墨、规矩、衡石、斗斛、角量③。商鞅也认为："法者，国之权衡也。"④商鞅极端贬低礼的作用，并大肆攻击儒家，将礼、乐，《诗》《书》，修善、孝悌，诚信、贞廉，仁、义，非兵、羞战斥为"六虱"。他说："国有十二者，上无使农战，必贫至削。"⑤他还说："仁者能仁于人，而不能使人仁。义者能爱于人，而不能使人爱。是以知仁义之不足以治天下也。"⑥可见，商鞅极力否认礼、德的作用，片面地推崇法治。诚然，秦国在商鞅变法后实现了国富民强、一统天下的宏图大业，但也因为独任法治、实施暴政而迅速灭亡，犹如昙花一现。正所谓成也萧何、败也萧何也。

儒法两家的礼法之争其实根源于两者对人性的不同认识。先秦儒家认为人性本善，或趋于向善，能化性起伪。因此德政、礼治、教化能改善并完善人的道德品质，主张德主刑辅，力倡礼治、德治。孟子继承了孔子的衣钵，将孔子的仁学推广运用到政治领域发展为仁政，认为："以不忍人之心，行不忍人之政，治天下可运之掌上""以德行仁者王。……以德服人者，中心悦而诚服也"⑦。孟子强烈反对当时的统治者对民众施以重刑滥杀，主张"省刑罚，薄税敛，不嗜杀人"⑧。法家认为人性本恶，趋利避害，且后天难以教化。慎子说："君人者，舍法而以身治，则诛赏予夺，从君心出矣。然则受赏者虽当，望多无穷；受罚者虽当，望轻无已。君舍法，而以心裁轻重，则同功殊赏，同罪殊罚矣。怨之所由生也。"⑨因此，使用明文公布的法律来明朗利益分配，实现公平公正，就可铲除动乱因子以达到维护社会秩序稳定之目

---

① 《左传·昭公二十年》
② 《论语·为政》
③ 《管子·七法》
④ 《商君书·修权》
⑤ 《商君书·韩非子》
⑥ 《商君书·韩非子》
⑦ 《孟子·公孙丑上》
⑧ 《孟子·梁惠王上》
⑨ 《慎子·君人》

的。正是基于对人性的不同认识,形成了儒法两家治国方略的分歧。

先秦时期礼法之争的参与者是当时最杰出的思想家、政治家,这场旷日持久的论争是对治国方略的极有意义的探讨。他们对礼治与法治关系以及德礼与法律的政治功能进行了深入探索,提高了人们对两种治国方略的认识把握。儒家主张以礼为本,强调德治教化,是一种由内及外、由己推人的治国平天下的治国思路,闪耀着理想主义的色彩。法家的代表人物大多是活跃在治国第一线的政治家,他们看到了德治仁政的软弱一面,主张变法图强,而且在实践中也有所建树,具有现实主义精神。因此,冯友兰先生对两家的评价为:"儒家的观念是理想主义的,法家的观念是现实主义的。正由于这个缘故,所以在中国历史上,儒家总是指责法家卑鄙、粗野,法家总是指责儒家迂腐、空谈。"[1]在这场大论战中,先秦儒家的孔孟二圣弘扬了礼制和道德的作用,他们以济世救民的情怀积极入世,推崇礼、倡仁义,促进了社会文明的进程。虽然他们也不完全排斥法,但由于过分夸大礼义道德的作用,有着道德决定论的倾向。而法家高举刑法的旗帜,弘扬了法律精神,在治国理政的实际操作过程中,一定程度上也发挥了法律的功能,但由于片面强调法,否定道德作用,为统治者严刑峻法、滥用刑律提供了理论依据,一定程度上延缓了社会文明进程,导致道德滑坡,世风日下。

战国时期的集大成者荀子博采众家之长,援法入儒,主张礼法并用,隆礼重法,终结了这场绵延几百年的礼法之争,为其画上了一个圆满的句号。

二、隆礼重法

荀子是中国古代卓越的哲学家,在战国末期,他立足现实,对诸子百家思想进行批判扬弃,成为一代思想枭雄。荀子一方面继承、发展了孔孟的礼制思想,另一方面对法家的法治思想进行改造、汲取,使两者得以功能互补、有机结合,开启了政治领域隆礼重法、礼法并举的新篇章。

隆礼重法在荀子行政伦理思想中居于核心地位。荀子指出"隆礼重法,则国有常"[2],礼与法在国家治理中缺一不可。针对七国逐鹿中原的政局,荀子告诫各国诸侯,要想取得霸主地位一统天下,就必须礼法并重,"君人者,隆礼尊贤而王,重法爱民而霸"[3]。

---

① 　冯友兰:《中国哲学简史》,北京大学出版社 1996 年版,第 143 页。

② 　《荀子·君道》

③ 　《荀子·大略》

荀子作为先秦时期继孔孟之后儒家最杰出最伟大的代表人物，其治国理念与孔孟在本质上是一脉相承的，在对礼的强调上是一致的。他说："故绳者，直之至；衡者，平之至；规矩者，方圆之至；礼义者，人道之极也"①"礼义者，治之始也"②"礼者，强国之本也"③。礼为做人之道，亦为治世之道，是保障国家有效治理的根本制度。礼是贯穿荀子行政伦理思想的一根红线，正如有学者所指出的："礼是荀子政治思想的核心概念之一，这不仅可以从《荀子》32篇中的30篇343个有礼字之处，1篇关于礼的专章《礼论》之中找到充分的佐证，而且还可以从全书的总体上把握到这一点。"④

《荀子》一书反复言说礼、强调礼，全面阐述了礼的重要性及多种作用。其《劝学》篇在解答学习从哪开始到哪结束时指出："其数则始乎诵经，终乎读《礼》""故学至乎礼而止矣，夫是之谓道德之极"⑤。荀子是个典型的现实主义者，基于对人性恶的一面的认识，始终主张改造人性要靠礼制教化，"礼者，所以正身也"⑥。使人向善重在尽礼，尤其是丧礼。《荀子》中的《礼论》篇主要谈丧礼："礼者，谨于治生死者也。生，人之始也；死，人之终也。终始俱善，人道毕矣。故君子敬始而慎终，终始如一，是君子之道，礼义之文也。夫厚其生而薄其死，是敬其有知而慢其无知也，是奸人之道而倍叛之心也。君子以倍叛之心接臧谷，犹且羞之，而况以事其所隆亲乎？"⑦丧礼旨在敦厚德性、滋养善心。作为个体，如能做到善待厚待亲人，就不会对他人刻薄寡义；对送死都能做到重视，便不会轻视养生。

《君道》篇进一步指出，君、臣，父、子，兄、弟，夫、妻，这四伦关系中具有八种身份地位的人都应"审之礼也""夫有礼则柔从听侍，夫无礼则恐惧而自竦也""故君子之于礼，敬而安之；……夫是之谓圣人，审之礼也"⑧。君臣、父子等四伦明朗圆融的人际关系要靠礼来维持、巩固和加强，君子和圣人也要敬礼、重礼、遵循礼，即以礼审之。审之礼则需要分析、认识和把握礼之本源。荀子将其剖析为："礼有三本：天地者，生之本也；先祖者，类之本也；君师者，治之本也。无天地恶生？无先祖恶

---

① 《荀子·礼论》

② 《荀子·王制》

③ 《荀子·议兵》

④ 米继军：《荀子的隆礼重法观辨析》，《内蒙古社会科学》，2003年第5期。

⑤ 《荀子·劝学》

⑥ 《荀子·修身》

⑦ 《荀子·礼论》

⑧ 《荀子·君道》

出？无君师恶治？三者偏亡，焉无安人。故礼，上事天，下事地，尊先祖而隆君师，是礼之三本也。"①礼有三个根本，分别为天地、先祖和君长。没有天地焉能生存？没有祖先焉有种族？没有君长天下焉能太平？这三样一个都不能少，否则，人们便难以安定下来。所以，礼，对上侍奉天，对下侍奉地，在人间要尊重祖先、诚服君长，只有这样才能明人伦、厚德性。

礼既是个人修养厚德、安身立命的根本，也是民众社会生活应遵循的伦理道德规范，是调节人际关系的基本原则，还是治国平天下的根本制度。荀子以冷峻的眼光确立了隆礼的治国方略。《荀子·议兵》指出："隆礼、贵义者其国治，简礼、贱义者其国乱。"荀子在《富国》篇中指出："足国之道，节用裕民，而善臧其余。节用以礼，裕民以政。彼裕民故多余，裕民则民富，民富则田肥以易，田肥以易则出实百倍。上以法取焉，而下以礼节用之。余若丘山，不时焚烧，无所臧之。"②君主以礼治国，就能节用裕民，民富则国富。同理，君主只有隆礼义才能强国，强国重在强兵。荀子分析了兵弱的原因所在："上不隆礼则兵弱，上不爱民则兵弱，已诺不信则兵弱，庆赏不渐则兵弱，将率不能则兵弱。"③这五种原因中排在首位的是上不隆礼，实际上兵弱的根本原因正是上不隆礼。礼是对人与人正当适宜关系的规定。国君如隆礼义，自然会爱民，自然会信守诺言，自然会赏罚分明，自然会使贤能在位。可见，君主隆礼是实现兵强国强的决定性因素。"故凝士以礼，凝民以政，礼修而士服，政平而民安"④"故上好礼义，尚贤使能，无贪利之心，……城郭不待饰而固，兵刃不待陵而劲，敌国不待服而诎，四海之民不待令而一，夫是之谓至平"⑤。凝聚民心、众志成城依靠礼，实现天下大治、太平盛世也要依靠礼。正所谓"人之命在天，国之命在礼"⑥。

荀子在强调隆礼的同时，也突出了法在治国中的重要地位。古语有云："无德必亡，唯德必危。"具有强烈思辨能力的荀子在隆礼的基础上还重法，主张通过礼义教化和法律强制这两手来进行有效的国家治理。他说："治之经，礼与刑，君子以修

---

①　《荀子·礼论》

②　《荀子·富国》

③　《荀子·富国》

④　《荀子·议兵》

⑤　《荀子·君道》

⑥　《荀子·强国》

百姓宁,明德慎罚,国家既治四海平。"①礼与刑并重,用今天的语言来表达就是德治与法治并用。荀子的这一治国理念一方面是对孔孟德政仁政思想的继承和发挥,另一方面是对先秦法家法治思想的合理汲取和借鉴。正如李泽厚先生所指出的:"孔孟以'仁义'释'礼',不重'刑政',荀子则大讲'刑政',并称'礼''法',成为荀学区别于孔孟的基本特色。"②荀子认为:"法者,治之端也。"③法的政治功能独特不可替代,法与礼皆是实现国家有效治理的根本保证。荀子的礼法并用思想不仅注重个体的内在道德自律,而且还力图建构完善法律规章制度体系从外部来约束改造人的自然恶性,"故圣人化性而起伪,伪起而生礼义,礼义生而制法度。然则礼义法度者,是圣人之所生也"④。圣人制礼作法意在"化性起伪",即借礼法来调控限制人们基于自私贪婪等劣根性而产生的恣意放纵行为。

和法家一样,荀子认同法是公平公正的保证。荀子也仿效管子对法做了形象类比,他说:"合符节、别契券者,所以为信也""探筹、投钩者,所以为公也""衡石称县者,所以为平也""斗斛敦概者,所以为啧也"⑤。荀子还将法比作标明水深以防止人溺水的标尺。他说:"水行者表深,表不明则陷;治民者表道,表不明则乱。"⑥将法比作标尺,生动地说明了君王治理国家,需制定及公布法律规章制度的重要性。当然,先秦时期的法与现代意义的法在内涵和外延上是有差异的,多数情况下,荀子的法类似于今天的刑。事实上,在中国古代,法即刑持续了很长的历史阶段。荀子说:"人或触罪矣,而直轻其刑,然则是杀人者不死,伤人者不刑也。罪至重而刑至轻,庸人不知恶矣,乱莫人焉。凡刑人之本,禁暴恶恶,且征其末也。杀人者不死,而伤人者不刑,是谓惠暴而宽贼也,非恶恶也"⑦"故刑当罪则威,不当罪则侮"⑧。对犯法之人不能姑息,应使其受到法律的惩罚,轻罪轻罚,重罪重罚,也就是要罪罚相称。反之,对杀人伤人者不给予刑罚制裁,或者重罪轻罚、轻罪重罚,法律就会丧失权威,民心就会背离,社会就会混乱,国家就会不稳定。当然,法律面前人人平等,王公贵族犯法,也要同庶民一样接受法律制裁,对于犯法的官吏,也要依

① 《荀子·成相》
② 李泽厚:《中国古代思想史论》,天津社会科学院出版社2003版,第99页。
③ 《荀子·君道》
④ 《荀子·性恶》
⑤ 《荀子·君道》
⑥ 《荀子·天论》
⑦ 《荀子·正论》
⑧ 《荀子·君子》

法给予惩处。荀子认为君主只有做到"正法以齐官"①，才会实现"百吏畏法循绳"②的局面，国家才能得到有效治理，实现国富民强，稳定持续发展。荀子还指出："有法者以法行，无法者以类举。"③也就是说有现成的法律只要做到依法量刑就可以了，如果没有则可以参照现行律法执行。

荀子对法的重视强调并不是提倡统治者实施严刑峻法。相反，荀子极力反对统治者滥施刑罚，主张慎刑，他大力抨击当时的执政者"不教其民而听其狱，杀不辜也"④的暴行，认为正是由于贵族统治集团荒淫无耻、奢侈挥霍、贪婪摄取，不断加重百姓负担，才造成了犯罪多、刑罚多的局面，正所谓："多积财而羞无有，重民任而诛不能，此邪行之所以起，刑罚之所以多也。"⑤荀子还指出法律应明确，统治者要明文公布法律以让民众知晓，"君法明，论有常，表仪既设民知方"⑥。作为规章制度、行为规范、言行准绳的法，只有明确，不模棱两可，才能真正成为老百姓的行为准则。

三、礼法关系

荀子隆礼重法、礼法并用的政治思想，对于维护、稳定中国两千年的封建社会有着积极正向的功效。荀子的这种治国政治思想，显然是基于对礼法具有不同政治功能的认识，两者各有所长。《史记·太史公自序》就用一句很简明的话进行了概括说明："夫礼禁未然之前，法施已然之后。"礼长于教化劝善，能起到防患于未然的作用。礼主要用于倡导人们应该怎么做，是一种正面、积极的方法手段，目的在于导人向善而不至于出现违法违规的作恶行为。而法则长于事后惩戒，是一种事后惩恶的消极补救措施。正如冯友兰先生曾言："礼所规定，多为积极的。法所规定，多为消极的。"⑦礼、法各有其优势，也有其不足。礼治由于没有国家的强制力作后盾，不能进行制裁，只能是一种软约束。而且，劝善教化非一日之功，需待时日，非短期能奏效。孔子的政治理想是实现"无讼"，而他对这种局面形成的乐观估计是一百年。因此，即使是在先秦礼法之争中站在斗争第一线的儒家代表孔孟两

---

① 《荀子·富国》
② 《荀子·王霸》
③ 《荀子·大略》
④ 《荀子·宥坐》
⑤ 《荀子·大略》
⑥ 《荀子·成相》
⑦ 冯友兰：《中国哲学史（上册）》，中华书局 1961 年版，第 414 页。

人，在力倡礼治的同时也并非断然否定法治，如孔子就指出"礼乐不兴则刑罚不中，刑罚不中则民无所措手足"①，孟子也认为"徒善不足以为政，徒法不能以自行"②。

当然，这里需要指出的是，在人类早期，对于违礼行为也不是毫无办法、束手无策。其实，在上古三代，礼是个综合体，是将刑法包含在内的，对刑罚等强制性手段也是有具体规定的。可见，法来源于礼。荀子就睿智地指出："《礼》者，法之大分，群类之纲纪也。"③在荀子看来，礼是法的本源，是法以外规范规定等的要领总纲，换句话说，礼是治国之根本。荀子还反复强调这种根本性，他说："彼国者，亦强国之剖刑已。然而不教诲，不调一，则入不可以守，出不可以战；教诲之，调一之，则兵劲城固，敌国不敢婴也。彼国者，亦有砥厉，礼义节奏是也。故人之命在天，国之命在礼。人君者，隆礼尊贤而王，重法爱民而霸，好利多诈而危，权谋倾覆幽险而亡。"④礼攸关国家前途命运，以礼治国实现王道政治是先秦儒家的政治理想。但若在现实社会中无法推行王道，那么以法治国成就霸道也未尝不是一种权宜之计。荀子的隆礼重法思想是一种以礼为本的礼法并用、功能互补的治国思路。以礼为本是对孔孟治国之道精髓的继承。礼乐教化具有典型的人文主义精神，具有法治欠缺的和风细雨、潜移默化的劝善功效。倘若人人向善为善，能够和平共处，社会必将和谐圆融、井然有序，那么，刑罚制裁还有存在的必要吗？但这种理想境界的实现不是一蹴而就的，也非孔子的百年之功，而是一个极其漫长的过程。因此荀子的礼法兼行思想，即"明礼义以化之，起法正以治之，重刑罚以禁之，使天下皆出于治，合于善也"⑤"以善至者待之以礼，以不善至者待之以刑"⑥，将礼法并用，有机结合，使其扬长避短，实现功能互补才是明智的应时之举。

荀子是务实的，他的隆礼重法思想成为历代盛世明君治国的指导思想。礼和法适应于不同领域，功能不可相互替代、不可偏废，是社会调控系统中相辅相成、相得益彰的必要制度规范。作为治国的两种路径和方略，礼重在治本，法倾向于治标。法是刚性的，是一种强制力，是一种外在的他律。法治即是依法治国，制定并颁布各种法律法规，以国家强制力为后盾来树立法律的权威，从而实现国家有效治

---

① 《论语·子路》
② 《孟子·离娄上》
③ 《荀子·劝学》
④ 《荀子·强国》
⑤ 《荀子·性恶》
⑥ 《荀子·王制》

理,达到社会秩序正常。而礼治侧重于道德教化,主要以具体行为规范为依据,说服劝导人们按礼行事,以实现社会和谐稳定。儒家先哲崇尚礼治,正是因为他们敏锐地捕捉到了礼治能提升人们的思想道德境界,对培养民众的道德自觉比法治更有优势。正如梁漱溟先生所言:"抽象的道理,远不如具体的礼乐。具体的礼乐,直接作用于血气,人的心理情致随之顿然变化于不觉,而理性乃油然现前,其效最大最神。"①礼与法在社会治理中缺一不可,礼治长于柔化,比较温和,易于移风易俗,形成良好的社会风尚,但治国如独用礼治,则容易导致国力衰退、社会混乱。西周由盛而衰就是一个典型的例子。法治刚健强硬,易于打造国力,秦国商鞅变法,以法治国,从而迅速崛起乃至一统天下,但也因为只任法治,排斥礼治,滥用刑罚,最终民心背离,走向衰败崩溃。可见,治国如仅用礼或仅用法都会产生严重偏差,只有兼用礼法,充分发挥两者优势长处,以礼治之长弥补法治之短,以法治之长填补礼治缺位,才能取得最佳的治国效果。

荀子的隆礼重法、礼法兼用思想丰富发展了儒家传统行政伦理思想,自此,孔孟的德治仁政思想得以从理想层面落实到现实操作层面。荀子援法入礼,将礼治和法治水乳交融,将人文精神与法治精神交相辉映,对中国封建社会的巩固发展影响极为深远。礼与法如鸟之两翼、车之两轮,不可偏废,不可替代,不可缺失,两者各有其优势和局限,可喜的是,彼之优势正是此之局限,此之优势正是彼之局限。所以,在治理国家平定天下时将两者并用,实现功能互补、良性互动才是最佳选择。荀子的隆礼重法思想在诸子百家中独领风骚,成为中国封建社会最实用最有影响力的政治思想。即使在注重科学发展、构建社会主义和谐社会的新时期,这一思想仍具有积极的借鉴意义。

---

① 梁漱溟:《中国文化要义》,学林出版社 1987 年版,第 109 页。

第七章
先秦儒家行政伦理思想的当代启示

　　研究历史是为了现实发展,研究传统是服务于当前社会改革和建设的实际需要。当然我们也不可能摆脱传统、脱离历史影响,任何社会都不可能抛弃历史拔根而起。我们有源远流长的五千年悠久历史,有博大精深的华夏优秀传统之文化,尽管时代与历史的局限性使得精华与糟粕并存,积极面与消极面并立,但不能否认其精髓为我们提供了源源不竭的智慧能量和精神动力。我们所应做的是着眼于现实需要,对传统文化进行深入研究挖掘,以扬弃的态度进行继承、发展和创新,正如毛泽东所指出的:"今天的中国是历史的中国的一个发展;我们是马克思主义的历史主义者,我们不应当割断历史。从孔夫子到孙中山,我们应当给以总结,承继这一份珍贵的遗产。"[1]先秦儒家行政伦理思想是我国传统文化极其重要的组成部分,无论对于当时还是之后以至现在的政治和思想心理都有着深远的影响。借鉴先秦儒家行政伦理思想的合理内核及积极因素,以汲取有益营养来服务于当前的行政伦理建设实践,是进行理论研究探索的应有之义和价值所在。

　　先秦儒家行政伦理思想是先秦儒学的一部分,产生于春秋战国这一特定的历史时期,由孔子首创,后经孟子、荀子继承发扬并进一步充实发展,日益丰富,形成体系。这一行政伦理思想体系是先秦儒家政治智慧的结晶,是他们对治国实践中管理经验的总结、概括及提炼,为后世提供了弥足珍贵的行政伦理思想资源。这一行政伦理思想资源不仅体现了人民对德治仁政美好社会的向往,反映了民众的心声,而且成为历代统治者进行社会治理、国家管理的借鉴范本,奠定了封建社会长期稳定的坚实基础。不可否认,先秦儒家行政伦理思想对后来的思想家、政治家也产生了深刻影响,他们大多以此为思想理论来源,并在其基础上做进一步发挥扩展。今天,作为历史唯物主义者,我们在研究、挖掘、梳理及借鉴儒家传统行政伦理

---

　　① 《毛泽东选集》(第二卷),人民出版社1991年版,第534页。

思想积极成分、合理因素的同时,也要具有分析头脑、辩证思维及敏锐眼光,明晰这一思想资源是特定历史时期的产物,具有不可避免的历史局限性,譬如封建等级思想、抽象的人性论等等。当然,瑕不掩瑜,先秦儒家行政伦理思想作为我国传统文化中的一枚瑰宝,对于当前的行政伦理建设有着极其重要的借鉴意义和参考价值,以下拟从执政为民、官德建设及制度建设三个角度谈谈其对当代的重大启示。

第一节　执政为民

先秦儒家强调人民大众是为政之根本,确认了人民群众的社会地位和历史作用。在他们看来,如果民众的生活生产得不到保障,生存发展权得不到认可,必然民心不稳,社会不安,国家难以有效治理,政权社稷将危在旦夕。尽管由于历史的局限,先秦儒家提出了君权天授说,但他们却认为天命由民意来体现,君权存续之合法性依据乃民众承认与否。传统儒家的民本思想虽然不能改变古代社会劳苦大众受奴役遭迫害的悲惨命运,但对人民的基本生存权利予以充分肯定,将人民的利益确立为衡量社会国家治理水平的价值尺度,这在一定程度上缓和了阶级矛盾和对立冲突,实际上也有利于民众生活状况的改善及社会政治局势的稳定和谐。先秦儒家民为政本的行政伦理思想对于今天的行政伦理理论建设和实践发展仍然具有一定的借鉴意义和作用。

一、牢固树立以人为本的执政理念

先秦儒家行政伦理思想,不论其为政以德还是民为政本,不论其以德教化还是选贤任能,皆彰显了其以人为本的民本思想。先秦儒家确立了民为政本这一行政伦理根本原则,充分肯定了人民群众的价值,强调了人的尊严,是对上古三代以来民本思想的传承和发扬。他们提出了一系列重民、富民、利民、惠民、养民及乐民的主张和观点,要求为官为政者修德正己,施德治仁政于天下,虽然具有理想主义的色彩,但真实体现了人民的意志和愿望,在一定程度上揭示了人民群众是历史的决定者和创造者的社会规律。先秦儒家的民本思想对于当前牢固树立以人为本的执政理念、确立全心全意为人民服务的行政原则大有裨益。

我们党自成立伊始,就注意密切联系群众,在革命、建设及改革开放的过程中始终坚持和突出人民群众的主体地位,注重发动群众依靠群众,以发挥他们的积极性、主动性及创造性。在这一过程中,凝练了群众观点,形成了群众路线。党的历代领导集体反复强调以人为本、为人民服务的执政理念。毛泽东就曾指出:"为什么人的问题，是一个根本的问题，原则的问题。"①党的七大确立了全心全意为人民服务的价值取向。1957 年，毛泽东在《坚持艰苦奋斗，密切联系群众》的讲话中再次强调："共产党就是要奋斗，就是要全心全意为人民服务，不要半心半意或者三分之二的心三分之二的意为人民服务。"党的第二代领导集体进一步提出了以人民群众高兴、拥护、满意及答应与否作为党和国家大政方针政策制定的主要依据，将改善人民生活状况、提高人民生活水平作为社会主义建设和发展的重点。党的第三代领导集体强调了我党代表并服务于中国最广大人民的根本利益这一性质。江泽民指出："不断改善人民生活，是我们党全心全意为人民服务的宗旨和'三个代表'要求的最终体现。"②在《在庆祝建党八十周年大会上的讲话》中，江泽民还就如何实现人民群众的根本利益问题做了精辟阐述："各级领导干部时刻都要把人民群众的安危冷暖放在心上，关心群众疾苦，努力为群众办实事，办好事。"③党的第四代领导集体则正式提出了以人为本的执政理念。以习近平同志为核心的新一代党的领导集体，在十八大中进一步强调："只有植根人民，造福人民，党才能始终立于不败之地。"习总书记还指出："检验我们一切工作的成效，最终都要看人民是否得到了实惠，人民生活是否得到了改善""我们要坚持党的群众路线，坚持人民的主体地位，时刻把人民群众的安危冷暖放在心上，及时准确了解群众所需、所盼、所忧、所急，把群众工作做实、做深、做细、做透。要正确处理最广大人民根本利益、现阶段群众利益、不同群体特殊利益关系，切实把人民利益维护好、实现好、发展好。要认真贯彻落实中央各项惠民政策，把好事办好，实事办实，让群众时刻感受到党和政府的关怀"④。在中国共产党成立 100 周年之际，习总书记在考察农村时指出："100 年前，中国共产党成立就是为了让老百姓过上好日子，而不是为了自己的私利。我们党的百年奋斗史就是为人民谋幸福的历史。人民就是江山。我们共产党打江山、守江山，都是为了人民幸福，守的是人民的心。"可见，我党始终以全心全意为人民服务为宗旨，以不断增强人民群众的根本利益为行动准则，将以人为本或以民为本作为执政理念及施政纲领。这不光是对优秀的传统政治文化精华的继承发展，也是我党成立以来艰苦卓绝奋斗的经验总结，是我党区别于任一剥削阶级政党的本质特征。

---

① 《毛泽东选集》(第三卷)，人民出版社 1991 年版，第 857 页。
② 江泽民：《论"三个代表"》，中央文献出版社 2001 年版，第 90 页。
③ 《江泽民文选》(第三卷)，人民出版社 2006 年版，第 279－280 页。
④ 中共中央文献研究室：《论群众路线：重要论述摘编》，中央文献出版社 2013 年版，第 137 页。

　　先秦儒家主张德治仁政的深层次原因也正是他们敏锐地捕捉到了只有实施德政才能得民心,民心向背决定着政权存亡。在我国,不仅我党的宗旨明确为全心全意为人民服务,国家根本大法宪法也体现了人民当家作主的主体性地位,人民代表大会制度是我国的根本政治制度,人民是国家主人,为权力之源,一切国家行政机关及公务人员行使的权力皆来源于广大人民群众的赋予委托。立党为公、执政为民是我们党和政权的真实写照,党和政府以人民为本位,为人民谋利益谋幸福,以人民利益为出发点和归宿。我党没有任何特殊利益,党的事业就是最大化地为人民谋取最大利益,党的宗旨体现在共产党人的言论行动上,任何共产党员和国家公务员都应该忠实为人民服务,维护好、实现好及发展好最广大人民群众的根本利益,保持并密切与人民群众的血肉鱼水关系。不能将全心全意为人民服务看成一个响亮空洞的口号,而要落到实处。为人民服务是我国行政伦理的基本原则,应将其贯穿渗透于行政管理职业道德伦理规范系统中,使之真正成为统领行政管理职业伦理道德的精髓和灵魂。一切国家行政机关及公务员是人民的公仆,代表人民行使国家权力,但由于诸多原因,有个别人民代表没有摆正自己的公仆位置,竟以主人自居反将人民看成自己的奴仆,使得党和政府形象及公信力受到一定程度的损害。因此,汲取借鉴先秦儒家民为政本的进步思想,并赋予其新的时代内容,建设服务型政府乃重中之重。

　　为人民服务具有层次性,有最高标准和最低要求之别。最高标准就是对于领导干部和国家公务员而言,要求切实做到全心全意为人民服务、为社会造福。最低要求则是指在一般性的人际交往过程中,要尽量做到换位思考,替他人着想,力求有益于他人及社会。党员干部手握人民赋予的权力,承担为人民办事、为群众造福的行政责任义务,因此,不但要树立为人类整体利益而奋斗的远大理想,更要做到踏踏实实、兢兢业业履行岗位职责,关心群众疾苦,扶贫救弱,关爱并帮助身边有需要的普通民众。党员干部要始终坚持优先考虑人民的利益,秉持人民利益高于一切的原则,在处理行政事务决断具体问题时,要切实维护好人民利益。

　　根据马克思历史唯物主义群众史观,人民群众是唯一的历史创造者及推动者。改革开放的总设计师邓小平带领中国人民开创了一条具有中国特色的社会主义建设道路,制定了以经济建设为中心的一系列改革开放方针政策,取得了举世瞩目的建设成就。但邓小平从不夸大个人作用,他谦虚地指出,他所做的事无非反映了党和人民的愿望,推动社会进步民富国强的政策方针也是由集体制定完善的。江泽民同志对邓小平的评价是:热爱人民,尊重群众,时刻关注人民利益和愿望,并以其作为各项方针政策制定的出发点及归宿。可见，以人为本、以人民为本始终是中国共产党人和国家政权的价值取向。历史的创造者是人民群众，人民群众的实践乃智慧源泉，方针政策源于群众实践，要体现群众的愿望和要求。正确科学的方针政策都是以民为本这一价值取向的逻辑结果。行政机关及其工作人员在贯彻执行政策的过程中，要始终将人民利益放在优先位置。当执行的某项政策与群众利益发生矛盾冲突时，就要果断暂停以查找原因，调整完善政策以确保人民利益不受损害。当然，政策能否达到预期效果，虽然与执行推动者有很大关联，但最终离不开群众的大力支持和自觉行动。因此，忽视群众的主体地位和作用，任一科学决策也将失去存在之价值，成为一纸空文。政策方针的制定要体现民意，在执行过程中也要坚持以民为本。政策方针正确与否，不取决于个人的倡导主张，取决于是否对人民有利及人民的态度。以民为本原则的一个重要内容就是由人民去检验衡量确定方针政策科学正确与否。

二、物质文明与精神文化及生态建设长抓不懈

先秦儒家行政伦理民为政本基本原则的一个重要内容就是先富后教。富民就是使老百姓发展生产，大力创造物质财富，从而实现衣食无忧安居乐业。教民就是对百姓进行教育引导使之遵循礼仪法度，学会做人信守仁义礼智。传统儒家这种先富后教的思想体现了朴素的唯物史观。古语有言"饥馑盗贼多"，管仲也曾指出："仓廪实而知礼节，衣食足而知荣辱。"①富民是德治的应有之义，然而，百姓解决了衣食温饱问题逐渐富裕起来之后，并不必然地或者说自然而然地就知礼义、守法度、向善为善，所谓"欲壑难填"②，俗语也有云"饱暖思淫欲"，这些都揭示了进行伦理道德教育的必要性、紧迫性。

人类社会存续发展，最基本的是需要有衣食住等方面的物质生活资料，否则，人的生存都难以为继，就无从谈起进行政治道德文化艺术等精神文明方面的创造活动。因此，人们从事生产劳动进行物质文明建设是精神文明建设的基础。精神意识又反过来作用于物质生产活动，任何物质生产活动或曰经济活动皆由活生生有血有肉的人来从事，人的思想觉悟、道德水准及教育科学文化水平对社会发展起着重大的方向引领及智力支持作用。对于一个国家的执政者来说，带领广大人民群众大力发展经济、追逐创造物质财富并非最终目标，因为人毕竟不同于禽兽，人

---

① 周瀚光、朱幼文、戴洪才：《管子直解》，复旦大学出版社 2000 年版，第 355 页。
② 《国语·晋语八》

是有思想有意识有价值追求的。因此,明智的执政者会注重社会的全面发展进步。在物质贫乏、经济建设起步阶段,以经济建设为中心,关心物质财富的增长是无可非议的,但当经济发展、物质积累达到一定程度后,就要加大精神文明建设的力度,通过教育引导,不断提高人们的思想道德素质和科学文化水平。

先秦儒家先富后教思想对于今天的社会主义建设也有着重大的启示作用。物质文明建设与精神文化建设及生态建设同是人类进行的创造性实践活动。物质文明建设起着决定性作用,是精神文化建设的基础,为精神文化建设提供丰富多彩的创造源泉。而精神文化建设对物质文明发展也起着促进推动作用,能够为物质文明建设提供科学正确的指导思想以及强大的精神动力支持。可见,在社会主义建设中两者不可偏废一方,要长抓不懈实现同步发展,使两者相辅相成、相互促进。十一届三中全会以来,由于确立了一个中心两个基本点的基本路线,以经济建设为中心,通过改革开放,经济得到飞速发展,物质文明建设成就有目共睹,物质财富极大丰富,人民群众的生活状况大为改观,物质生活水平不断得到提高。然而,由于大开国门,在引进西方先进生产技术及管理经验的同时,其腐朽没落的思想观念及方式也随之潜入国门产生负面影响。同时,由于错误地认为搞市场经济难免会产生腐败现象、拜金主义,对加强精神文化建设的重要性、必要性和紧迫性缺乏认识,在困难面前畏首缩脑,不敢硬碰硬有所作为,因此社会风气受到严重挑战,道德滑坡,人情冷漠,消极腐败现象滋生严重。大力加强精神文化建设势在必行。当前,在经济建设得到极大发展的形势下,应充分重视强调精神文化建设,使之落到实处并见诸成效。具体而言,应大力发展教育、培养塑造"四有"新人,采取有效措施,净化打造文化环境。目前在笔者看来,尤其重要的是要发挥学校在造就人才中的决定性作用。一个人成长的关键期都处于接受学校教育期间,孩子从上幼儿园到大学毕业几乎三分之二的时间都是在学校度过的,一个学校的校风学风状况,以及授课老师的思想道德、科学文化素质如何,对于一个孩子能否正常健康成长具有重大影响。学校教育不能仅仅限于科学文化知识的传授,更重要的是要教会孩子如何做人。但令人担忧的是,目前的学校教育虽然经过几轮改革在一定程度上对于素质教育有所重视,但过度侧重书本知识的传授教学还是普遍存在的,特别是所谓的一些名校,对于书本知识的学习考核压力很大,孩子们除了全天在课堂上学习书本知识参加考试外,课外还要完成无穷无尽的作业,更可怕的是,很多家长还对这样的所谓名校趋之若鹜。因此,对现有的教育制度、高考制度进行大刀阔斧的改革势在必行。学校要真正发挥塑造全面发展人才的主力军作用。当然,家庭及社会在个人成长发展过程中的作用也不可小视。在一个家庭中，父母的言谈举止对孩子的影响是巨大的，可悲的是，现在的有些父母只知生不知养，譬如在农村，有些年轻夫妇生了孩子之后就丢下孩子由长辈照看，自己则出外打工，根本就没有承担起最基本最起码的对孩子的教养责任。在城市里也存在这样的现象。更可怕的是，有些人只知生不知怎样养，到现在还有很多人信奉棍棒底下出孝子的陋习。因此，开办家长学校，向为人父母者普及科学的育儿理念及知识是十分必要的。社会是锻造人才的大熔炉，良好的社会风气对个体发展成才起着正向的推动作用。

在进行社会主义精神文化建设的过程中，要借助大众媒体充分发挥其正确的舆论导向作用。在互联网迅速发展的今天，尤其要重视突出网络媒体的教育引导作用。要对网络媒体提供的信息进行适当的引导监控，坚决杜绝低级下流庸俗无耻的内容对青少年的腐蚀毒害，要从中华优秀传统文化中汲取智慧精华，弘扬正气，构建安顿灵魂的精神家园。

三、切实有效解决重大民生问题

先秦儒家民为政本思想要求执政者切实解决好民生问题。"民生"一词据考证最早出现于春秋末期。关于民生，孙中山先生的诠释为："民生就是人民的生活，社会的生存，国民的生计，群众的生命。"[1]孙先生还指出了民生与政治、经济的关系，他说："民生就是政治的中心，就是经济的中心和种种历史活动的中心。"[2]民生问题事关重大，关系社会治乱、政权存亡。我党在取得执政地位后始终以改善民生为奋斗目标。胡锦涛在党的十七届二中全会上指出："保障和改善民生，是我们搞革命、搞建设、搞改革开放的出发点和落脚点，也是党的全心全意为人民服务的根本要求。"[3]党的十八大以来，以习近平同志为核心的新一届党的领导集体提出了统筹兼顾协调发展的五位一体民生战略，将生态文明建设纳入民生建设的领域，使之与经济、政治、文化及社会建设并列，成为中国特色社会主义建设的重要内容。2021年6月，习总书记在青海考察调研时再一次强调："生态是资源和财富，是我们的宝藏。"

改革开放以来，在以经济建设为中心、发展就是硬道理的思想指导下，我国经济建设硕果累累，物质生活极大丰富，人们的生存需求已由温饱型向小康型转化，

---

① 《孙中山选集》，人民出版社1981年版，第803页。
② 《孙中山选集》，人民出版社1981年版，第825页。
③ 胡锦涛：《在党的十七届二中全会第二次全体会议上的讲话》，《人民日报》，2008年2月27日。

人民群众对提高生活质量有了迫切要求。然而，经济建设领域长期以 GDP 的增长作为衡量考核发展的硬指标，虽然中央一再强调要可持续协调发展，要科学发展，要转变粗放式发展为内涵式发展，但由于地方上盲目追求发展速度，急功近利，不切实际地希望用几十年时间完成西方发达国家几百年完成的事，结果造成了环境严重污染并持续恶化的后果。2013 年及 2014 年，我国反复出现大范围的雾霾天气，人们对呼吸干净空气的需求竟然成了一种奢望，治理污染、大力加强生态文明建设成了最大的民生问题。因此，将绿色 GDP 作为一项基本的政绩考核指标势在必行。著名的医学专家钟南山也曾建议将治理污染纳入官员政绩考核系统。人们"还我青山绿水"的呼声十分强烈，以牺牲人民群众的健康为代价来换取 GDP 的高速增长是本末倒置的。因此，真正落实科学发展观，实现可持续协调发展，以惠及子孙后代，将预防、治理污染作为最大的民生问题来抓是十分必要的。经过几年的有效治理，当前，很多城市的空气质量有显著好转，全国生态环境质量得到总体持续改善。党的十九大报告更是强调：必须树立和践行"绿水青山就是金山银山"的理念，坚持节约资源和保护环境的基本国策。此外，努力创造安定团结的政治局面也是一个重大的民生问题。无论是物质文明建设、政治文明建设、精神文明建设、社会文明建设还是生态文明建设都需要一个稳定、祥和、安全的社会政治环境，治安状况良好、社会井然有序关系到人民群众的切身利益。

改革开放以来，我党高度重视发展改善民生，在教育、就业、收入分配及社会保障四大基本民生建设上取得了可喜进展。党的十八大以来，民生理论得到丰富，改善民生决策落到了实处。"十三五"期间，我国脱贫攻坚成果举世瞩目，五千五百七十五万农村贫困人口实现脱贫，人民生活水平显著提高，高等教育进入普及化阶段，城镇新增就业超过六千万人，世界上规模最大的社会保障体系建成，基本医疗保险覆盖超过十三亿人，基本养老保险覆盖近十亿人，新冠肺炎疫情防控取得重大战略成果，文化事业和文化产业繁荣发展，人们幸福美好的生活又有了一个崭新开端。

第二节　官德建设

先秦儒家指出为政在人，主张任贤使能，强调为政以德，推崇德治仁政，认为统治者要善待民众以德服人，要修身以德率先垂范。《论语》还反复论证阐释其重要性,诸如:"为政以德,譬如北辰,居其所而众星共之。"①"政者,正也。子帅以正,孰敢不正?"②"君子之德风,小人之德草,草上之风必偃。"③"苟正其身矣,于从政乎何有? 不能正其身,如正人何?"④这些言论深刻揭示了为政以德的重要性、必要性,为官从政者的道德品质决定着国家社稷政权的兴衰成败,决定着整个社会的道德水准、风气状况。人类社会发展的历史也反复证明:但凡德才双馨的圣贤经世济国就会国运昌盛,国泰民安;反之,缺德败德之人把持重要岗位就会因吏治腐败而民怨四起,最终失去民心导致江山易主。可见,德治仁政的关键在官德建设。借鉴先秦儒家为政以德、贤人治国的思想,对于当前大力加强官德建设具有重要意义。

一、提升官员以德从政意识

官德建设的前提条件和基础是要着力提升国家公务人员以德修身、以德从政的意识,让他们深刻认识到为政以德、忠实履行社会责任的极端重要性。官德就是官员为政的职业道德,在社会道德系统中居于核心地位。以德为政要求国家公务人员在从事政务、进行管理活动中要遵循行政伦理道德原则及规范,时刻牢记所承担的社会责任、政治责任,本着为大众服务的伦理道德精神从事行政管理,开展各项政务活动,进而成为道德模范表率,以发挥道德感化及引领作用,促进社会政治秩序稳定及各项事业协调发展。

2001 年 1 月,江泽民在全国宣传部部长会议上,明确提出"把依法治国与以德治国紧密结合起来",将德治与法治并重,使两种治国方略有机结合以实现功能互补、相辅相成。以德治国将行政伦理道德建设,特别是对领导干部的伦理道德要求提到了一个新的认识高度。这既是对传统儒家为政以德思想的继承弘扬,也是对马克思主义伦理道德学说的创新发展,更是应对官德危机挑战、迫切加强官德建设的现实需要。

习近平也强调要既讲法治又讲德治,要重视发挥道德教化作用,把法律和道德的力量、法治和德治的功能紧密结合起来,把自律和他律紧密结合起来,引导全社会积极培育和践行社会主义核心价值观,树立良好道德风尚。习总书记认为治党治国之要,在于要"筑起思想道德和党纪国法两道防线",既要搭得高也要守得住。

---

① 《论语·为政》
② 《论语·颜渊》
③ 《论语·颜渊》
④ 《论语·子路》

官员代表民众行使治理国家的公权力,民众对他们有很高的期许,官德好坏直接影响国家政权稳定及社会和谐关系构建。如果官员清正廉洁,有良好官德,为群众着想善待群众,就能得到群众的支持拥护,就能密切干群关系进而巩固党的执政地位,国家政权也随之稳固,社会关系也将日趋和谐。反之,官德败坏、腐败丛生,官员贪污受贿,进行权钱交易,中饱私囊,就会招致群众厌恶憎恨,干群关系就会恶化,政府公信力就会降低弱化,国家和人民利益就会受损,长此以往国家政权就将动摇,和谐社会构建也将无从谈起。官德居于社会伦理道德系统的核心位置,对整个社会的职业伦理道德及公民道德起着引导及辐射作用,正所谓上行下效,官德引领社会道德,党风政风决定民风社风,官德好社会风气就好,民风就淳,社会关系就和谐。官员具备良好官德还有利于树立领导权威,提高行政效率。官员道德品质优良,有高尚的情操,就会产生人格魅力,在群众中自然就会有威望,有影响力、号召力及凝聚力。人们信任拥戴他,其处理政务、化解危机、解决矛盾冲突的效率就高。

当前,改革进一步开放,进一步扩大,中华民族处于伟大复兴关键期,面对复杂的百年未有之大变局,党员干部要充分认识到官德建设在提升执政能力、稳固国家政权及推动社会全面发展进步中的决定性作用,从而自觉加强思想品德修为,践履社会主义核心价值观,不断提高政德涵养及官德素质,以德从政、施德政于民,做到勤政廉政公平理政,积极主动尽心尽力为群众办事谋利。

二、加强行政伦理道德教育

改革开放以来,我国经济发展形势一片大好,人民群众生活水平得到大幅度提高。然而行政伦理失范现象也频繁发生,诸如权力寻租、官商勾结、渎职失职等腐败现象层出不穷、屡禁不止,极大地损害了党和政府的形象。官德危机严重的强烈信号昭示了大力加强官德建设的迫在眉睫。十一届三中全会以来,党和政府高度重视党风廉政建设,不断加大反腐倡廉的力度,并努力建设一支公正、廉洁、高效的干部队伍。党的十八大以来,以习总书记为核心的党中央重拳惩贪反腐,坚持有腐必反、有贪必肃。当前,反腐败斗争压倒性态势已经形成并得到巩固发展,反腐败正由治标向治本迈进,"治本之策"密集启动,相关党纪国法不断完善,反腐败工作逐步走上法治化、规范化。2019年反腐成绩单引人注目,查处的中管干部、省管干部这些"关键少数"干部数量相比较前两年仍然保持高位并呈现增长态势。官德提升与制度建构密切相关,但良法要有好人来制定,好的政策制度设计也需要有好人来执行落实。西方发达国家尽管法律制度完备,但仍然杜绝不了贪污腐败行为。

这些皆说明了官员的内在涵养、思想道德品质在合理正确使用公权力过程中的重要性。

我党提出以德治国方略的核心任务就是从严治党、治政、治吏,唤醒党政领导干部的道德自觉自律,不断提高其政治素养和道德品质,逐步建立完善与社会主义市场经济发展相适应的行政伦理道德体系,发挥官德在社会道德建设中的风向标作用,以官员的高尚道德人格力量来促进社会整体道德的发展与进步。教育家陶行知曾经指出教育是立国之本。先秦儒家也强调了教育在培养造就德才兼备贤者中的基础性作用。的确,教育乃强国之基,当前,官德建设的根本是大力加强行政伦理道德教育。

对党员干部进行行政伦理道德教育的首要任务是加强思想政治道德教育,树立科学的世界观、人生观及正确的价值观、权力观。要将远大理想、历史任务与现阶段实际及履行岗位职责有机结合起来,坚定政治立场,不断提高思想政治觉悟,以及对行政伦理道德建设的认知水平,深刻洞察到优良的行政伦理道德乃为政之本。做官先做人,做人先修德。其次是要教育党员干部做到官升德长。当地位升高、权力增大时,道德水准也需相应提高,要以更高标准要求自己,加强自律,率先垂范,树立更严格的权力观。还要教育党员干部特别是领导干部,在面对各种形形色色诱惑时要算好政治法纪账、经济利益账、良心亲情账,做到严于律己、廉洁从政。

同时,行政伦理道德教育内容要尊重规律,体现时代特征,还要汲取传统文化之精华,以彰显民族特色。要着力健全完善行政伦理道德教育体系,创造一种把伦理道德教育与科学文化知识教育及法制纪律教育融会贯通、协调互补的教育机制,做到官德教育制度化、常态化、多样化,切实提高党员干部的思想政治道德素质,推动行政管理活动逐步实现科学化、法制化、民主化。

优良官德素养的形成与教育培养、有效监督及制度建构密切相关,但究其根本还在于个体自律自觉。加强行政伦理道德教育的最终目的是激活党员干部的自律机制,将外因转化为内因。"社会学中的'横山法则'表明,最有效并且能够持续不断地控制,就是触发个人内在的自发控制,也就是人的自律。"[①]科学的世界观、人生观及正确的价值观、权力观,这些都是激励官员进行自我教育,进而自觉自愿提升伦理道德素养的内驱力。当前,加大行政伦理教育力度旨在唤醒个体内在的道

---

①　杨冬丽:《官德建设的重要性及主要路径》,《人民论坛》,2014 年第 11 期。

德修养自觉,将外在约束转变为内在要求,将"要我做"变成"我要做"。

先秦儒家在个体进行自我修养完善方面进行过卓有成效的探索,提出了很多至今仍有重大参考价值的方法路径。诸如"躬自厚而薄责于人"①"见贤思齐焉,见不贤而内自省也"②"吾日三省吾身"③"毋意、毋必、毋固、毋我"④"视思明,听思聪,色思温,貌思恭,言思忠,事思敬,疑思问,忿思难,见得思义"⑤等等。这些自我道德修养层面的方法手段值得今天的党员干部借鉴使用。总之,只要各级各类官员始终自觉做到坚定行政伦理道德信念、陶冶高尚情操、培养道德情感、磨砺道德意志,高标准严要求,淡泊名利,克己、反省、慎独,将道德修养与道德实践相结合,经过长期不懈努力锻造,就能树立起厚德为民的美好行政伦理道德形象。

三、健全考核评价监督机制

在大力进行官德建设的过程中,建立、健全和完善考核、评价及监督机制是尤为重要的。我党历来重视强调选拔任用干部要德才兼备、以德为先,并注重对德的考核评价。2011 年,中组部印发《关于加强对干部德的考核意见》,提出要加强考核干部的道德品行,主要对其社会公德、职业道德、个人品德及家庭美德进行考察评价,并将其在关键时刻、重要事件中如何表现作为考核德的重要途径。同时,将考核结果体现在选拔任用、培养教育及管理监督等方面,对于品质不好、为政不廉的人坚决不用。那么,如何建立健全科学、系统的考核评价机制,确立考核内容及标准,拓展考核途径及方法,对考核评价指标进行量化、细化,突出可操作性,以确保对于德的考核评价结果客观公正,是当前建立、健全、完善官德考核评价机制的重点及难点。

研究、参考及借鉴先秦儒家及西方发达国家在官员德行考察评价中的有益做法及经验,古为今用、洋为中用,对于今天的官德建设必将具有一定的推动及促进作用。首先,要加强考核评价的规范化、制度化工作,制定完善相关法律法规,使考核评价机构、标准、程序得以明确,以解决考核评价工作的法律支持、制度安排及组织保障问题。其次,要设计全面、系统、具体的考核标准及内容,突出对完成工作质量及群众满意度的考评。同时要注重采用科学、实用及多样的考评方法,体现可操

---

① 《论语·卫灵公》
② 《论语·里仁》
③ 《论语·学而》
④ 《论语·子罕》
⑤ 《论语·季氏》

作性，对考评对象进行多角度多侧面的细致考量，力求考核结果客观公正。并将考核结果作为奖惩依据，以充分发挥考评在党员干部管理中的重大作用。

对权力机关及其工作人员进行有效监督，是保障官员以德修身、以德从政的有力手段和重要途径。权力的使用要置于监督之下，有效的权力监督是预防腐败、实现廉政的重要保证。当前，首要任务是要加强阳光政府建设，大力推进政务公开，使行政权力的运行公开透明，以便于监督。新中国成立以来，特别是改革开放以来，我国的行政监督体制、机制得到了长足的发展，制定并公布了一系列行政监督及相关配套法律法规，采用了诸多有效监督方法措施，行政监督制度、体制及机制日益规范完备，但也存在薄弱环节，有待加强完善。譬如，相关的法律法规还有待细化，要增强可操作性。再比如，在实施行政监督时，比较侧重于事后监督，注重追惩，忽视起预防作用的事前监督和起控制作用的过程监督，因此，应加强对行政权力使用过程的全方位监督监控，纪检监察部门要从细节着手，防微杜渐。同时，要加强行政监察队伍建设。毛泽东曾指出："政治路线确定之后，干部就是决定的因素。"[1]要把好入口关，将政治道德素质高、业务能力强的人选拔充实到纪检监察队伍，并对其进行经常性的教育培训，以不断提升其综合素质。要保障监督监察机关的独立性，使其在机构、权力、人事、财务等方面能够独立，并树立权威，以充分发挥其监督功能。要有效整合、协调体制内各种监督力量，以形成强大的监督合力，"在充分发挥各种监督形式优势的基础上，使各方面的监督相互支持，互相补充，协调作战，形成一个系统严密、立体式的监督网络"[2]。随着互联网的发展，网民数量日益攀升，利用网络平台实现舆论监督已成为现实。积极主动利用网络媒体实施监督，打造网络监督平台，拓宽网络监督渠道，充分发挥广大网民的监督作用，以实现对官员德行的随时性、全面性监督。发动人民群众的力量，重视经常性民主测评和民意调研考察，及时准确了解掌握官员的实际品德操守及以德行政情况，以提升官员依法行政、科学行政的能力和水平，推动廉政建设、官德建设向纵深发展。

第三节　制度建设

先秦儒家在强调为政以德的同时，并没有忽视制度的刚性约束作用。孔子以

---

① 《毛泽东选集》（第二卷），人民出版社 1991 年版，第 526 页。
② 王凯伟：《当前我国权力监督机制存在的问题及其对策》，《湘潭大学学报（哲学社会科学版）》，2004 年第 4 期。

恢复周礼为己任,这个周礼就是一系列的典章制度的总称。荀子更是基于人性恶的认识,提出了隆礼重法、礼法兼用的务实主张。只有将德治和法治两种治国方略并用,才能实现教化与强制、预防与惩处、自律与他律的有机结合,相得益彰。因此,在大力加强官德建设的同时,还要注重制度特别是行政伦理制度的建设。

不但中国的哲人深刻洞察到人具有出自本能的自然欲望,而且具有对财富权力渴求的社会欲望,西方的思想家也如是说:"一切有权力的人都容易滥用权力。这是条万古不易的经验。有权力的人使用权力一直到遇有界限的地方才会休止。"①"人们爱好权力,犹如好色,是一种强烈的动机,对于大多数人的行为来说发生的影响往往超过他们自己的想象。"②"人来源于动物界这一事实已经决定人永远不能完全摆脱兽性,所以问题永远只能在于摆脱得多些或少些,在于兽性或人性的程度上的差异。"③可见,人是有欲望的动物,人是天使和野兽的结合体,人性存在局限,是不完美的,人有私欲,难以达到至公无私的境界。因此,仅仅依靠伦理道德教育及个体自律,是难以进行有效约束,并抵制各种私欲诱惑的,应以此为政治考量的逻辑起点,着力加强制度建设,以提供来自外部的他律制约环境。正如邓小平所指出的:"我们过去发生的各种错误,固然与某些领导人的思想、作风有关,但组织制度、工作制度方面的问题更重要。这些方面的制度好可以使坏人无法任意横行,制度不好可以使好人无法充分做好事,甚至会走向反面。"④当代著名学者万俊人先生也指出:"任何因素都无法保证所有的政府官员或整个官僚阶层达到这种过高的社会伦理期待。缺乏必要的社会法制约束,不仅是官僚阶层,就是某一部分被视为清廉治吏的正直官僚,也难担保他们自己不会因为某种或某些特殊原因的干扰而失节败政。"⑤因此,只有建立健全一系列配套合理的制度规范,才能保证公权力得到科学、正确使用并防止被滥用。

改革开放以来,我国经济建设成就显著,发展喜人,但在公权力使用领域以权谋私、假公济私等贪污腐败行为时有发生。究其原因,一方面是个别官员不重视政治理论学习及道德节操修养,另一方面是对行政伦理制度及机制建构的重要性认识不够。同时,由于当前我国正处于社会变革转型的关键期,各方面制度还有待健

①　[法]孟德斯鸠:《论法的精神(上册)》,张雁深译,商务印书馆1982年版,第154页。

②　[英]罗素:《权力论:新社会分析》,吴友三译,商务印书馆1991年版,第189页。

③　《马克思恩格斯选集》(第三卷),人民出版社1995年版,第442页。

④　《邓小平文选》(第二卷),人民出版社1994年版,第333页。

⑤　万俊人:《"德治"的政治伦理视角》,《学术研究》,2001年第4期。

全完善，监督制约机制也有待建立加强。在市场经济条件下，个人的正当利益得到了普遍认可，追求利益最大化成为推动经济发展的内驱力。在社会财富极大增加的条件下，面对经济诱惑，一些私德欠缺的官员就有可能突破道德底线，滑向损公肥私、贪污腐败的深渊。因此，加强行政伦理道德建设，构建制度堤坝是预防腐败、实现廉政的当务之急。

一、制度的伦理道德意蕴

关于制度，罗尔斯定义为："一种公开的规范体系，这一体系确定职务和地位及它们的权利、义务、权力、豁免等等。这些规范指定某些行为类型为能允许的，另一些行为为被禁止的，并在违反出现时，给出某种重罚和保护措施。"①优良制度存在的价值在于一方面为人们提供了基本的行为规范和活动准则，另一方面则通过所蕴含的伦理道德精神对人们起着潜移默化的影响，为伦理道德建设提供良好的社会环境保障。正如有学者指出："人是在制度中生活的，如果制度不合理、不道德，那么，个人的道德行为所起的作用是微不足道的，而只能作为修身养性、独善其身的手段。反过来，如果制度是合乎道德的，即使某些个体有不道德行为，它对社会的危害也会受到抑制。就此而论，制度的道德比个体的道德更为重要。"②制度是否符合基本的伦理道德要求，换句话说制度是否具有伦理道德性决定着整个社会的伦理道德水平。优良的社会制度将激励人们自觉为善抑恶，反之，将纵容恶行，久而久之还会造成恶性循环：为善得不到张扬，德行成为取笑对象，恶行却大行其道，社会是非黑白颠倒，世风日下，道德滑坡，秩序紊乱。因此，良法也即优良制度具有根本性，决定着个体的伦理道德选择及伦理道德生活。古今中外无数事实也验证了这一真理。

制度的合伦理道德性具有强大的正向引导功能，是个人道德所无法比拟的，对于社会和个人皆能产生实质性的巨大影响。只有制度具有伦理道德意蕴，个体才会有德行，社会整体道德水平才会提高。罗尔斯曾指出：建立并巩固具有良好秩序的社会取决于制度公正，个体的责任义务明确依附于制度规定，"一个人的职责和义务预先假定了一种对制度的道德观，因此，在对个人的要求能够提出之前，必须确定正义制度的内容。这就是说，在大多数情况下，有关职责和义务的原则应当在

① ［美］罗尔斯：《正义论》，中国社会科学出版社1988年版，第50-51页。
② 李建华：《中国官德》，四川人民出版社2000年版，第274页。

对于社会基本结构的原则确定之后再确定"①。制度的合伦理道德性是伦理道德建设的基础和前提条件。

先秦儒家注重制度建设,孔子毕生以恢复周礼为最大理想追求,但对待周礼他并非原封不动地拿来就用,而是汲取精华弃其糟粕批判地继承发展,并结合实际需要,将某些伦理原则及道德要求以制度的形式固化下来。先秦儒家对待制度的态度值得我们学习借鉴。改革开放以来,由于长期处于社会主义初级阶段,我国经济制度有待完善、政治制度有待调整、法制建设有待加强,各方面制度本身存在的诸多问题导致社会整体道德状况不尽如人意,伦理道德领域问题重重,究其根源在于制度不够健全完善,最基本的解决方法还是要完善制度伦理,赋予各种基本制度以公平、公正、合理的伦理道德精神。所谓制度伦理,有学者就定义为:"一种制度化、法律化的伦理规范,它是体现在社会基本制度,如经济、政治、法律、行政等制度中的道德理念和精神,强调的是社会基本制度的合理性。"②因此,也可以说大力加强制度伦理建设是贯彻实现德治的根本途径,也即通过各种基本制度的设计安排,维护公序良俗,彰显社会公平正义。

当前,在着力加强行政伦理建设过程中,应将行政制度、体制及机制的伦理道德导向问题置于首要地位。正如张康之先生所言:"公共行政的道德化首先是其法律制度、权力体制、组织结构、公共政策及典章制度等具有道德的合理性。"③制度、体制及机制设计蕴含伦理道德精神、体现基本伦理道德原则是官德建设的基础性工程。官员德行提高离不开道德教育及官员的自觉自律,但提升制度的伦理道德意蕴更具根本性。因此,将两者有机结合使之相辅相成,才有可能从根本上有效预防治理腐败,从而实现廉政。现实社会中,官员或者说国家公务员接受民众委托行使公权力,掌握着人、财、物的支配大权,比普通群众有更多机会、条件获取不正当利益。因此,加强行政伦理制度建设,将公务员履行职责应具备的行政伦理道德以制度的形式确定下来,将基本的行政伦理道德精神通过制度体现出来,是行政伦理制度建设的内在要求和重要举措。

二、行政伦理制度建构路径

在建构行政伦理制度的实践过程中,应积极汲取借鉴我国传统文化中有益的

---

① ［美］罗尔斯:《正义论》,中国社会科学出版社 1988 年版,第 105 页。

② 梁禹祥:《制度伦理与道德建设》,《道德与文明》,2000 年第 3 期。

③ 张康之:《寻找公共行政的伦理视角》,中国人民大学出版社 2002 年版,第 210 页。

政治思想资源，特别是先秦儒家行政伦理思想中具有进步意义和普世色彩的精华，诸如民为政本、为政以德、礼法并重等思想，坚持执政为民、立党为公理念，一切以提高人民利益为重，以人民满意、拥护与否作为评判事业成功与否的标准。同时，应注重参考借鉴西方近现代行政伦理研究成果及实践经验，将其科学合理成分应用到健全完善有中国特色的行政伦理制度建设中，结合实际需要实现古为今用、洋为中用。

突出制度伦理与伦理制度的有机结合、相互促进。制度伦理就是制度中的伦理，上文已作阐释论证，指制度本身蕴含并体现伦理道德精神。在行政伦理建设领域，制度伦理要求行政伦理各种制度蕴含伦理道德价值，彰显执政党及政府的行政伦理追求及最终价值取向。无论何种制度建立，在创建之前都会有为谁服务、对谁有利的伦理价值考量和目标宗旨设计，在制定建立的过程中则会将其渗透贯穿于制度的方方面面。当然，制度是否合理、正当，换句话说，制度是否为良法，还有待社会的检验，即其善恶如何还有待于社会的伦理评判。行政伦理各项制度应切合以民为本、以德行政、依法行政、公平公正等行政伦理基本原则，蕴含责任、诚信、廉洁等重要的伦理要义。只有充分体现行政伦理价值意蕴的制度才能有效激励并督促行政组织及公务员加强自律、修炼内功，从而做到积极主动尽心竭力履行职责，自觉自愿实施切合行政伦理道德的行为。行政伦理制度指将行政伦理原则、道德准则及相关具体要求予以系统化、规范化及法制化，上升为制度形式，突出制度规则的刚性强制及约束矫正作用，使其成为实现弘扬行政伦理价值观的坚实后盾及基础保障。制度伦理与伦理制度既有区别也有联系，两者虽具有不同的功能却又是辩证统一、缺一不可的。忽视制度伦理建设，正确合理的伦理道德价值取向就无从体现，长此以往，行政、执政就有可能背离服务人民的宗旨，甚至会抑善扬恶，为恶行大开方便之门。当然，伦理制度建设也不能忽视，否则，行政伦理道德要求就会因为没有明确具体的规定及可操作性而成为空洞抽象的存在。在当前的行政伦理建设中，应做到使制度伦理与伦理制度有机融合、相得益彰，从而为实现社会和谐、圆融、有序提供价值支撑和制度保障。

在以前的行政伦理制度建设中，往往异常重视对公务人员个体实施伦理道德行为的要求规制，却忽视反复置个体于伦理困境而难以实施道德行为的行政组织及其权力结构的规范制约，忽视了行政组织内部的制度规定及相关程序可能存在的对个体合伦理道德行为的打压。因此，不但要强化对官员个体的职业道德规范，更要通过加强制度建设突出对行政组织、机构的规范，从而将集体失范行径遏制在萌芽状态,将组织环境设计打造成有利于促进公务人员个体以德行政的场所。改革开放以来,我国对公务员尤其是党员领导干部的伦理道德方面提出了一系列要求,并制定了一些法律法规及相关规定,但总体效果欠佳,究其原因在于这些规范还比较粗略,其操作性、针对性还不强。因此,根据当前社会形势需要,切实做好官德规范的细化、量化及可操作化工作,突出科学合理性及现实针对性,是加强行政伦理制度建设的又一条重要路径。

三、行政伦理建设制度框架

行政伦理的良好践履需要系统完备、配套协调及具体详尽的制度体系提供支持。行政伦理制度建设的首要任务是要建立健全从上至下的工作责任制,通过建构必要的规章制度将责任分解细化,尤其要重视健全完善领导干部的个人责任制度。为了更好实现领导职能,发挥领导作用,提高工作质量及效益,就要建立健全结构合理、配套协调的工作制度,逐步实现领导班子工作规范化、制度化及程序化。

建立健全对权力进行有效监督的制度机制也是行政伦理建设的重点和难点。正如上文所述,人有追逐权力的本性,而权力容易被滥用,具有易腐性。掌握公权力的行政组织及公务员是受群众委托以权力为基本工具来治理国家、服务大众的,是人民的公仆,但如缺乏有力监督、有效约束,公仆就有可能滥用权力摇身一变而成主人。正如有学者指出:"政治腐败的性质并不会因为权力性质的改变而改变,任何性质的权力都可能被用来搞政治腐败。历史往往展示出这样一种情景:不是政治权力改变腐败,往往是腐败改变政治权力。"[①]因此,为防止公仆将私利凌驾于公共利益之上,就必须大力加强权力监督制约机制制度建设。当前,我国已初步形成了行政权力监督制约的制度体系。这些监督包括权力机关人大的监督、检察及审判机关的监督、党及政府自身的纪检监察及审计监督以及人民群众、民主党派、社会团体及新闻媒体等的社会监督。可以说监督种类比较全面、监督体系比较严密,这些监督也发挥了一定的效用。但权力运作领域腐败现象的反复发生则说明了我国目前的权力监督力度还有待加强,制度体系还存在缺陷,有待完善。因此,健全完善权力监督制约制度机制是当务之急。

要健全完善干部的选拔任用、考核评价、教育培训、轮岗交流及公正待遇等管理制度机制。要改革完善现有的干部人事制度,将民主公开、公平竞争、规范透明及法治原则应用到干部队伍建设中,以逐步形成优秀人才脱颖而出、充满生机和活

---

① 　王沪宁:《论中国产生政治腐败现象的特殊条件》,《上海社会科学院学术季刊》,1989 年第 3 期。

力的选才用人机制。要健全完善公正待遇及道德回报激励制度机制。公务员肩负治理国家、服务大众的艰巨任务，他们履行职责、兢兢业业辛勤付出，理应受到尊重认可并有所回报。国家应遵循按劳分配原则给予公正待遇，使其能依靠合法正当收入生活得比较幸福。目前我国公权力运行领域的道德回报激励制度机制已初步形成并开始运作。譬如对公务员的德、能、勤、绩、廉状况进行考核评价，将考核评价结果与奖惩、工资待遇等环节相联系。近年来，一大批德才兼备的优秀公务员因工作突出、德行显著受到表彰奖励，既激励带动了公务员队伍廉洁为政勤政为民的良好风气，也鼓舞了民众，让他们看到了希望，坚定了对党和政府的信心。当然，人是有精神追求的，道德回报激励可采用多种形式。除物质奖励外，还要注重精神奖励，可以通过舆论媒体大力宣传其美德德行，也可以为其提供学习深造进一步发展的机会，等等。尤其需要指出的是，在出重拳打击惩治腐败行为时，更要注重宣传廉洁自律、以德行政的正面典型。正如有学者睿智地指出："不断以消极和乏力的批评攻击整个行政机构和行政人员，将从整体上降低行政人职业群体的自我要求水准，同时也会实质性地降低公众和社会对于行政人的角色期望。久而久之，行政腐败将成为常态，而'清官'只属凤毛麟角。"①

同时，要加强行政伦理立法。近年来，我国行政伦理制度建设成绩显著，制定了一系列的法律法规及相关规定，诸如《中华人民共和国公务员法》《国务院工作规则》《中国共产党党员领导干部廉洁从政若干准则》《中共中央　国务院关于党政机关厉行节约制止奢侈浪费行为的若干规定》等等。这些规章制度的建立为行政伦理制度建设的深入发展完善打下了良好的基础。但我们也不得不承认，当前我国行政伦理制度系统的科学性、权威性、统一性、完备性及可操作性还有待加强，尤其是还没有一部专门的针对行政伦理的立法。目前已有的行政伦理制度规定主要是以党纪政纪的形式零零碎碎地散见于党政文件中，而且多为一些内容模糊的原则性规定，缺乏具体详尽的量化指标，执行措施欠缺，可操作性差。因此，应结合实际需要加大行政伦理立法力度，不断健全完善切合中国实际的行政伦理制度框架及体系。

---

① 李春成：《行政人的德性与实践》，复旦大学出版社 2003 年版，第 274 页。

参考书目

一、马克思主义经典著作

1. 《马克思恩格斯选集》,北京:人民出版社 1995 年版
2. 《毛泽东选集》,北京:人民出版社 1991 年版
3. 《邓小平文选》,北京:人民出版社 1994 年版
4. 《毛泽东邓小平江泽民论社会主义道德建设》,北京:学习出版社 2001 年版
5. 《江泽民文选》,北京:人民出版社 2006 年版
6. 《习近平谈治国理政(第一卷)》,北京:外文出版社 2018 年版
7. 《习近平谈治国理政(第二卷)》,北京:外文出版社 2017 年版
8. 《习近平谈治国理政(第三卷)》,北京:外文出版社 2020 年版

二、中国传统典籍

1. 班固撰,颜师古注:《汉书》,北京:中华书局 1997 年版
2. 陈成国:《尚书校注》,长沙:岳麓书社 2004 年版
3. 陈成国:《四书校注》,长沙:岳麓书社 2004 年版
4. 何建章:《战国策注释》,北京:中华书局 1990 年版
5. 桓宽撰,张之象注:《盐铁论》,上海:上海古籍出版社 1990 年版
6. 黎靖德:《朱子语类》,长沙:岳麓书社 1997 年版
7. 《论语》,北京:中华书局 2006 年版
8. 孟子等:《四书五经》,北京:中华书局 2009 年版
9. 上海师范大学古籍整理研究所校点:《国语》,上海:上海古籍出版社 1998 年版
10. 《尚书》,长春:吉林人民出版社 1996 年版

11. 司马迁：《史记》，北京：中华书局 1982 年版

12. 许慎：《说文解字》，天津：天津古籍出版社 1991 年版

13. 杨伯峻：《春秋左传注》，北京：中华书局 1981 年版

14. 朱熹：《四书集注》，长沙：岳麓书社 2010 年版

三、中国现当代著作

1. 白寿彝、苏秉琦：《中国通史》，上海：上海人民出版社 1994 年版

2. 贲国栋：《行政执法的伦理研究》，北京：法律出版社 2011 年版

3. 蔡思尚：《孔子思想体系》，上海：上海人民出版社 1982 年版

4. 蔡元培：《中国伦理学史》，北京：中国社会科学出版社 2008 年版

5. 陈来：《古代思想文化的世界：春秋时代的宗教、伦理与社会思想》，北京：生活·读书·新知三联书店 2002 年版

6. 陈来：《古代宗教与伦理：儒家思想的根源》，北京：生活·读书·新知三联书店 1996 年版

7. 陈寿灿：《当代中国伦理学若干前沿问题研究》，北京：金城出版社 2011 年版

8. 程潮：《儒家内圣外王之道通论》，长沙：湖南人民出版社 2005 年版

9. 冯契：《中国古代哲学的逻辑发展》，上海：上海人民出版社 1983 年版

10. 范瑞平：《儒家社会与道统复兴：与蒋庆对话》，上海：华东师范大学出版社 2008 年版

11. 冯友兰：《中国哲学史（上、下）》，北京：中华书局 1961 年版

12. 冯友兰：《中国哲学简史》，北京：北京大学出版社 1996 年版

13. 葛兆光：《中国思想史（第一卷）：七世纪前中国的知识、思想与信仰世界》，上海：复旦大学出版社 2005 年版

14. 葛兆光：《中国思想史》，上海：复旦大学出版社 2009 年版

15. 郭宝钧：《中国青铜器时代》，北京：生活·读书·新知三联书店 1963 年版

16. 郭广银：《伦理学原理》，南京：南京大学出版社 1995 年版

17. 郭广银、杨明：《当代中国道德建设》，南京：江苏人民出版社 2000 年版

18. 郭广银、杨明：《伦理新论：中国市场经济体制下的道德建设》，北京：人民出版社 2004 年版

19. 郭广银、杨明：《应用伦理学的热点探索》，南京：江苏人民出版社 2004 年版

20. 侯外庐：《中国思想史纲》，上海：上海书店 2004 年版

21. 黄俊杰：《中国孟学诠释史论》，北京：社会科学文献出版社 2004 年版

22. 金德建：《先秦诸子杂考》，郑州：中州书画社 1982 年版

23. 靳凤林：《制度伦理与官员道德：当代中国政治伦理结构性转型研究》，北京：人民出版社 2011 年版

24. 景海峰：《中国哲学的现代诠释》，北京：人民出版社 2004 年版

25. 李春成：《行政伦理两难的深度案例分析》，上海：复旦大学出版社 2011 年版

26. 李春成：《行政人的德性与实践》，上海：复旦大学出版社 2003 年版

27. 李建华：《中国官德》，成都：四川人民出版社 2000 年版

28. 李建华、左高山：《行政伦理学》，北京：北京大学出版社 2010 年版

29. 李孔怀：《中国古代行政制度史》，上海：复旦大学出版社 2006 年版

30. 李幼蒸：《儒学解释学：重构中国伦理思想史》，北京：中国人民大学出版社 2009 年版

31. 李泽厚：《中国古代思想史论》，天津：天津社会科学出版社 2003 年版

32. 梁启超：《先秦政治思想史》，北京：东方出版社 1996 年版

33. 梁漱溟：《中国文化要义》，上海：学林出版社 1987 年版

34. 刘福元：《行政自制：探索政府自我控制的理论与实践》，北京：法律出版社 2011 年版

35. 刘祖云：《行政伦理关系研究》，北京：人民出版社 2007 年版

36. 吕思勉：《中国制度史》，上海：上海教育出版社 2002 年版

37. 吕振羽：《中国政治思想史》，上海：上海书店 1992 年版

38. 罗根泽：《诸子考索》，北京：人民出版社 1958 年版

39. 罗国杰：《伦理学（修订本）》，北京：人民出版社 2007 年版

40. 罗国杰：《中国传统道德：简编本（重排本）》，北京：中国人民大学出版社 2012 年版

41. 罗国杰：《中国伦理思想史》，北京：中国人民大学出版社 2008 年版

42. 钱穆：《中国文化史导论（修订本）》，北京：商务印书馆 1994 年版

43. 任剑涛：《伦理王国的构造：现代性视野中的儒家伦理政治》，北京：中国社会科学出版社 2005 年版

44. 沈士光：《公共行政伦理学导论》，上海：上海人民出版社 2008 年版

45. 谭嗣同：《谭嗣同全集（增订本）》，北京：中华书局 1981 年版

46. 唐凯麟：《伦理学》，北京：高等教育出版社 2001 年版

47. 万俊人：《寻求普世伦理》，北京：北京大学出版社 2009 年版

48. 王邦雄：《生命的学问十讲》，北京：中国人民大学出版社 2009 年版

49. 王海明：《新伦理学》，北京：商务印书馆 2008 年版

50. 王杰：《先秦儒家政治思想论稿》，北京：人民出版社 2011 年版

51. 王伟：《行政伦理概述》，北京：人民出版社 2001 年版

52. 王伟、车美玉、［韩］徐源锡：《中国韩国行政伦理与廉政建设研究》，北京：
    国家行政学院出版社 1998 年版

53. 王伟、鄯爱红：《行政伦理学》，北京：人民出版社 2005 年版

54. 王云萍：《公共行政伦理学论纲》，北京：社会科学文献出版社，2018 年版

55. 王泽应：《20 世纪中国马克思主义伦理思想研究》，北京：人民出版社 2008
    年版

56. 魏英敏：《当代中国伦理与道德》，北京：昆仑出版社 2001 年版

57. 魏英敏：《新伦理学教程》，北京：北京大学出版社 2003 年版

58. 武树臣：《儒家法律传统》，北京：法律出版社 2003 年版

59. 吴祖明、王凤鹤：《中国行政道德论纲》，武汉：华中科技大学出版社 2001
    年版

60. 夏书章：《行政管理学》，广州：中山大学出版社 1998 年版

61. 萧公权：《中国政治思想史》，北京：新星出版社 2005 年版

62. 谢承仁：《中华传统思想文化渊源》，北京：人民出版社 2004 年版

63. 杨国荣：《善的历程：儒家价值体系研究》，上海：上海人民出版社 2006
    年版

64. 杨鹤皋：《中国法律思想史》，北京：北京大学出版社 2000 年版

65. 杨贺男：《行政伦理学》，哈尔滨：黑龙江人民出版社 2010 年版

66. 杨明：《宗教与伦理》，南京：译林出版社 2010 年版

67. 杨明：《现代儒学重构研究》，南京：南京大学出版社 2002 年版

68. 杨明、张伟：《唐君毅新儒学论集》，南京：南京大学出版社 2008 年版

69. 杨明：《中国特色社会主义研究（第 2 辑）》，南京：江苏人民出版社，2015
    年版

70. 阴法鲁、许树安：《中国古代文化史（一）》，北京：北京大学出版社 1989

年版

71. 余英时：《士与中国文化》，上海：上海人民出版社 1987 年版

72. 余玉花、杨芳：《公共行政伦理学》，上海：上海交通大学出版社 2007 年版

73. 袁行霈、严文明：《中华文明史（第一卷）》，北京：北京大学出版社 2006 年版

74. 詹世友：《公义与公器：正义论视域中的公共伦理学》，北京：人民出版社 2006 年版

75. 张岱年：《中国伦理思想研究》，上海：上海人民出版社 1989 年版

76. 张国庆：《行政管理学概论》，北京：北京大学出版社 2000 年版

77. 张觉：《荀子译注》，上海：上海古籍出版社 2012 年版

78. 张康之：《行政伦理学》，北京：中央广播电视大学出版社 2007 年版

79. 张康之：《寻找公共行政的伦理视角》，北京：中国人民大学出版社 2002 年版

80. 赵明：《先秦儒家政治哲学引论》，北京：北京大学出版社 2004 年版

81. 中共中央文献研究室：《论群众路线：重要论述摘编》，北京：中央文献出版社 2013 年版

82. 江泽民：《论"三个代表"》，北京：中央文献出版社 2001 年版

83. 周奋进：《转型期的行政伦理》，北京：中国审计出版社 2000 年版

84. 周瀚光、朱幼文、戴洪才：《管子直解》，上海：复旦大学出版社 2000 年版

85. 周红：《行政伦理学》，天津：南开大学出版社 2009 年版

86. 朱贻庭：《中国传统伦理思想史》，上海：华东师范大学出版社 2003 年版

四、国外著作

1. ［德］包尔生：《伦理学体系》，何怀宏、廖申白译，北京：中国社会科学出版社 1988 年版

2. ［德］费希特：《伦理学体系》，梁志学、李理译，北京：商务印书馆 2007 年版

3. ［德］黑格尔：《逻辑学》，杨之一译，北京：商务印书馆 1996 年版

4. ［德］康德：《道德形而上学原理》，苗力田译，上海：上海人民出版社 2002 年版

5. ［德］尼采：《善恶之彼岸：未来的一个哲学序曲》，程志民译，北京：华夏出版社 2000 年版

6. ［德］朋霍费尔：《伦理学》，胡其鼎译，上海：上海人民出版社 2007 年版

7. ［德］韦伯：《儒教与道教》，王容芬译，北京：商务印书馆 1999 年版

8. ［古希腊］柏拉图：《理想国》，郭斌和、张竹明译，北京：商务印书馆 1986 年版

9. ［古希腊］亚里士多德：《尼各马可伦理学（注释导读本）》，邓安庆译，北京：人民出版社 2010 年版

10. ［法］孟德斯鸠：《论法的精神（上册）》，张雁深译，北京：商务印书馆 1982 年版

11. ［荷兰］斯宾诺莎：《伦理学》，贺麟译，北京：商务印书馆 1997 年版

12. ［美］彼彻姆：《哲学的伦理学：道德哲学引论》，雷克勤等译，北京：中国社会科学出版社，1990 年版

13. ［美］道格拉斯、［美］瓦克斯勒：《越轨社会学概论》，石家庄：河北人民出版社 1987 年版

14. ［美］弗雷德里克森：《公共行政的精神》，张成福等译，北京：中国人民大学出版社 2003 年版

15. ［美］费舍、［美］拉维扎：《责任与控制———一种道德责任理论》，杨韶刚译，北京：华夏出版社 2000 年版

16. ［美］郝大维、［美］安乐哲：《孔子哲学思微》，蒋弋为、李志林译，南京：江苏人民出版社 1996 年版

17. ［美］郝大维、［美］安乐哲：《通过孔子而思》，何金俐译，北京：北京大学出版社 2005 年版

18. ［美］江文思、［美］安乐哲：《孟子心性之学》，梁溪译，北京：社会科学文献出版社 2005 年版

19. ［美］蒂洛、［美］克拉斯曼：《伦理学与生活》（第 9 版），程立显、刘建等译，上海：上海世界图书出版公司 2008 年版

20. ［美］库珀：《行政伦理学：实现行政责任的途径》，张秀琴译，北京：中国人民大学出版社 2010 年版

21. ［美］里奇拉克：《发现自由意志与个人责任》，许泽民等译，贵阳：贵州人民出版社 1994 年版

22. ［美］列文森：《儒教中国及其现代命运》，郑大华等译，北京：中国社会科学出版社 2000 年版

23. ［美］罗尔斯：《正义论》，北京：中国社会科学出版社 1988 年版

24. ［美］罗森布鲁姆、［美］克拉夫丘克：《公共行政学：管理、政治和法律的途径(第五版)》，张成福等校译，北京：中国人民大学出版社 2002 年版

25. ［美］麦金太尔：《伦理学简史》，龚群译，北京：商务印书馆 2003 年版

26. ［美］梯利：《伦理学概论》，何意译，北京：中国人民大学出版社 1987 年版

27. ［美］希尔斯：《论传统》，傅铿、吕乐译，上海：上海人民出版社 1991 年版

28. ［英］鲍曼：《后现代伦理》，张成岗译，南京：江苏人民出版社 2003 年版

29. ［英］罗素：《权力论：新社会分析》，吴友三译，北京：商务印书馆 1991 年版

30. ［英］西季威克：《伦理学史纲》，熊敏译，南京：江苏人民出版社 2007 年版

31. ［英］西季威克：《伦理学方法》，廖申白译，北京：中国社会科学出版社 1993 年版

32. ［英］休谟：《人性论》，关文运译，北京：商务印书馆 1980 年版

33. ［法］维谷鲁：《法国行政伦理理论与实践》，张欣玮等译，上海：上海译文出版社 2019 年版

34. Barbara MacKinnon, Ethics：Theory and Contemporary Issues, Cambridge：Wadsworth，2011

35. Bernard Williams, Ethics and the Limits of Philosophy, London：Fontana Press，1985

36. Carol Gilligan, In a Differ ent Voice：Psychological Theory and Women's Development，Cambridge：Harvard University Press，1993

37. Fritz Morstein Marx, Administrative Ethics and the Rule of Law, *The American Political Science Review*，1949，Vol. 43(6)，pp. 1119 - 1144

38. Hans Jonas. The Imperative of Responsibility, Chicago：The University of Chicago Press，1984

39. Wayne A. Leys，Ethics and Administrative Discretion, *Public Administration Review*，1943，Vol. 3(1)，pp. 10 - 23

40. Peter A. French, Collective and Corporate Responsibility, New York：Columbia University Press，1984

五、期刊论文

1. 陈必龙：《孔孟荀行政伦理思想及其当代价值》，《理论学刊》，2001 年第 4 期

2. 王栋、庞海珍：《儒家行政伦理及其现代意义》，《河北学刊》，2007 年第 3 期

3. 陈建勋、凌媛媛、刘松博：《领导者中庸思维与组织绩效：作用机制与情境条

件研究》，《南开管理评论》，2010 年第 2 期

4. 冯春芳、刘爱莲：《儒家行政伦理思想基本内涵解读》，《盐城师范学院学报（人文社会科学版）》，2004 年第 3 期

5. 郭广银：《从道德层面推进和谐社会的构建》，《江海学刊》，2005 年第 4 期

6. 郭广银：《德治：政治文明的伦理维度》，《苏州大学学报（哲学社会科学版）》，2009 年第 6 期

7. 郭广银、李克海：《和谐社会与执政道德建设》，《南京政治学院学报》，2005 年第 6 期

8. 郭广银、罗肖泉：《继承中华民族的传统美德》，《党建》，2002 年第 1 期

9. 郭广银：《树立正确政绩观是落实科学发展观的保障》，《群众》，2010 年第 9 期

10. 韩作珍：《儒家传统行政伦理思想及其现代价值》，《重庆社会科学》，2008 年第 10 期

11. 何颖：《论制度伦理的功能与局限》，《中国行政管理》，2007 年第 8 期

12. 江荣海、佟福玲：《中国古代行政伦理思想与现代行政伦理学》，《北京大学学报》，1999 年第 3 期

13. 孔毅：《儒家构建和谐社会的行政伦理思想及其启示》，《重庆社会科学》，2009 年第 6 期

14. 李春成：《美国行政伦理学的兴起》，《广东社会科学》，2001 年第 5 期

15. 梁禹祥：《制度伦理与道德建设》，《道德与文明》，2000 年第 3 期

16. 廖名春：《论荀子的君民关系说》，《中国文化研究》，1997 年第 2 期

17. 林桂榛：《简论〈大学〉三纲八目的人生图式》，《道德与文明》，2000 年第 2 期

18. 刘红卫：《王、霸的时序性——试析由王道向霸道转变的原因》，《管子学刊》，2004 年第 1 期

19. 刘祖云：《行政伦理何以可能：研究进路与反思》，《江海学刊》，2005 年第 1 期

20. 龙静云：《仁政：先秦儒家政治伦理的核心及其借鉴价值》，《道德与文明》，2000 年第 3 期

21. 陆娟、戎辉兵：《试析先秦儒家"贤人政治"思想》，《湖北社会科学》，2011 年第 12 期

22. 罗德刚：《行政伦理的涵义、主体和类别探讨》，《探索》，2002 年第 1 期

23. 罗蔚：《我国行政伦理研究状况的分析与反思》，《公共行政评论》，2009 年第 1 期

24. 米继军：《荀子"隆礼重法"观辨析》，《内蒙古社会科学》，2003 年第 3 期

25. 钱维道：《试论先秦儒家贤人治国思想》，《安徽大学学报》，1998 年第 4 期

26. 任剑涛：《天道、王道与王权——王道政治的基本结构及其文明矫正功能》，《中国人民大学学报》，2012 年第 2 期

27. 孙晓春：《先秦儒家王道理想述论》，《政治学研究》，2007 年第 4 期

28. 谭绍江：《论荀子的"民本"政治哲学》，《武汉大学学报（人文科学版）》，2011 年第 5 期

29. 唐凯麟、龙兴海：《现代理性视野中的传统行政伦理观——儒家官德思想的合理内核及其价值》，《求索》，2004 年第 7 期

30. 涂平荣：《孔子行政伦理观及其当代价值》，《北京工业大学学报（社会科学版）》，2006 年第 6 卷第 3 期

31. 万俊人：《"德治"的政治伦理视角》，《学术研究》，2001 年第 4 期

32. 王沪宁：《论中国产生政治腐败现象的特殊条件》，《上海社会科学院学术季刊》，1989 年第 3 期

33. 王杰：《论孔子的天命、人性及政治价值依据》，《孔子研究》，2005 年第 6 期

34. 王凯伟：《当前我国权力监督机制存在的问题及其对策》，《湘潭大学学报（哲学社会科学版）》，2004 年第 4 期

35. 王岳川：《"中庸"的超越性思想与普世性价值》，《社会科学战线》，2009 年第 5 期

36. 汪志强：《先秦儒家治国思想及其历史启示》，《求实》，2001 年第 2 期

37. 熊建文：《孟子行政伦理思想探微》，《唯实》，2009 年第 Z1 期

38. 杨冬丽：《官德建设的重要性及主要路径》，《人民论坛》，2014 年第 11 期

39. 杨明：《社会主义市场经济条件下的道德体系建设》，《道德与文明》，2002 年第 4 期

40. 杨明：《中国传统和谐观的内容特质与时代价值》，《伦理学研究》，2008 年第 2 期

41. 杨清荣：《忠恕之道的特质及其现代价值》，《伦理学研究》，2005 年第 6 期

42. 张怀承、姚站军：《"内圣外王"思想及其时代价值新探》，《湖南大学学报

（社会科学版）》，2010 年第 6 期

43. 张舜清：《从知天命到制天命》，《武汉大学学报（人文科学版）》，2009 年第 5 期

44. 张艺华：《略论传统行政伦理的现代转化》，《行政论坛》，2006 年第 1 期

45. 张增田、骆小琴：《我国行政伦理研究文献统计分析》，《中国行政管理》，2008 年第 9 期

46. 赵法生：《孔子的天命观与超越形态》，《清华大学学报（哲学社会科学版）》，2011 年第 6 期

47. 赵法生：《孔子人性论的三个向度》，《哲学研究》，2010 年第 8 期

48. 高云、杨明：《先秦儒家行政伦理思想探析》，《南京政治学院学报》，2014 年第 2 期

49. 黎红雷：《"恭宽信敏惠"：儒家治国理政思想的现代启示》，《孔子研究》，2015 年第 3 期

50. 葛荃：《论孟子仁政思想的历史合理性与政治正当性》，《政治思想史》，2018 年第 1 期

51. 张康之：《寻找行政管理学中国话语建构的基石——读葛荃教授主编〈中国古代行政管理思想史〉》，《公共管理与政策评论》，2018 年第 6 期

52. 郭广银：《不断以改革创新推进国家治理现代化》，《红旗文稿》，2020 年第 5 期

53. 郭广银：《习近平总书记对党内政治文化建设的历史贡献》，《唯实》，2020 年第 11 期

后　记

　　本书是在博士论文《先秦儒家行政伦理思想研究》的基础上修改完善而成的。2011年金秋，承蒙恩师郭广银教授信任接纳，我终于如愿以偿进入南京大学哲学系伦理学专业攻读博士学位。衷心感谢恩师的悉心教导、鼓励鞭策。恩师渊博的学识、敏捷的思维、对学术的激情以及对社会的深切关怀让我无比钦佩，深深敬仰。恩师宽厚谦和的人格魅力和严谨求实的治学精神时时感染激励着我：要踏踏实实做人，认认真真做事，扎扎实实做学问。本书虽然由我执笔完成，但饱含凝聚着恩师的心血、智慧！

　　由衷感谢杨明教授精彩出色的传道、授业、解惑！杨老师温文儒雅，睿智博学，底蕴深厚，见识卓越！杨老师的授课总是充满激情、旁征博引、生动有趣，使我们既能增长伦理学知识、开拓视野、领略到学术前沿的魅力，又能启迪心智、引发思考，甚至每每让我们醍醐灌顶、茅塞顿开！真诚感谢张晓东老师、赵华老师和郭良婧老师多次给予指点和启发，本书也凝结着他们的才智和汗水。

　　真诚感谢张异兵教授、唐正东教授、王恒教授以及顾肃教授，他们充满睿智与激情的讲授，为我提供了丰富优质的精神食粮，让我领略到了不同学科领域的旖旎风光，使我得到了诸多智慧启迪，提升了我的学术旨趣，拓展了我的学术视野，活跃了我的学术思维，增强了我的学术自信。

　　真诚感谢同窗赵东坡、郭小军、杜云、韩玉胜等的帮助支持！真诚感谢孔南刚、徐椿梁、孙小民、朱晓雪、习龙等学长的砥砺促进！同时还要感谢我的家人，感谢父母的无私奉献和呵护，他们不仅在生活上无微不至地关怀我，更是在精神上鼓舞我不断奋发进取！感谢我的先生白先春教授，在我遇到挫折失意时劝慰鼓励我要继续坚持，并尽力为我创造良好的生活与研究条件，更难能可贵的是虽然我们分属不同的学科，在就相关学术问题进行研究探讨时，他也能提出一些独到实用的见解！还要感谢我的儿子白云龙，他是个精力充沛、好学上进的孩子，他的到来为我的生活涂抹了一层亮色，为我注入了前进奋斗的不竭动力，也使我深刻体悟到责任重大。所有这些都在督促我不断提升自我，超越自我。

本书在出版过程中得到南京财经大学、南京特殊教育学院和东南大学出版社的大力支持，南京特殊教育学院习近平新时代中国特色社会主义思想研究中心主任涂平荣教授给予了悉心指导与鼎力相助，东南大学出版社各位编辑工作认真严谨，为本书的顺利出版付出了大量辛勤劳动，在此表示诚挚的谢意！